경매 초보가
꼭 알아야 할 질문
TOP 88

부자의 나침반

2

경매 초보가
꼭 알아야 할 질문
TOP 88

투자N 지음

동양북스

13년간 경제 전문기자로 일하며 대한민국에서 '실력' 있다는 투자전문가들을 수없이 만났습니다. 분야도 노하우도 달랐지만, 순자산 100억 원 이상을 일군 고수들은 공통점이 있더군요. 한 분야에 10년 이상 무섭도록 몰입했다는 점과 예고 없이 찾아오는 위기를 스스로 기회로 만든다는 점입니다. 이 책의 저자 투자N도 그런 분입니다.

무일푼에서 악착같이 일해 종잣돈 5,000만 원을 모으고 그 돈으로 투자를 시작했습니다. 17년간 한눈팔지 않고 오직 경매에만 몰입했습니다. 부동산 활황기도 겪었지만 무섭도록 싸늘한 경제위기도 여러 번 경험했습니다.

17년간 경매 하나만 바라보고, 그 안에서 온갖 굴곡을 겪은 투자자는 흔치 않습니다. 경매투자를 1~2년만 해도 책 쓰고 강의하는 세상에서, 투자N의 존재는 오히려 희귀하죠.

오랜 기간 저자가 겪었을 시행착오는 감히 상상하기 어렵습니다. 남들이 모두 시장을 떠날 때 끝까지 남아 자기만의 노하우를 쌓아온 노력이 지금의 투자N을 만들었습니다. 그 피땀 어린 노력을 가만히 앉아 책 한 권으로 배울 수 있으니, 독자 여러분은 복 받은 분들이 아닌가 생각해봅니다.

투자N은 얄팍한 기술보다 투자의 본질을 좇는 투자자입니다. 길게 보고 투자하는 투자자들은 좋은 자산을 꾸준히 모아갑니다. 단기간 돈 되는 자산을 샀다 팔았다 하지 않습니다. 저자가 어떤 투자자인지는 보유한 부동산 자산의 포트폴리오만 봐도 알아챌 수 있습니다.

오래 보유할수록 가치가 높아지는 자산, 위기에 가격이 조정을 받아도 굳이 팔 이유가 없는 자산, 그런 자산들을 알아보고 오래 들고 가는 게 투자N만의 저력이 아닌가 생각합니다.

저도 투자N의 투자법을 옆에서 지켜보며 많은 것들을 배웠습니다. 17년차 경매기술자라고 스스로를 당당히 소개하는 저자에게서 경매에 대한 애정과 진심을 배웁니다. 저자가 앞으로 더 큰 부를 축적한 자산가가 될 거라는 생각에는 한 치의 의심도 없습니다.

이 책을 읽는 분들도 경매투자에 대한 열정과 노력을 놓치지 않으시길 바랍니다.

신희은
밀레니얼머니스쿨 대표,
〈100억 젊은 부자들이 온다〉 저자

투자N을 안 지 7년이 되었다. 그동안 자산을 불리고 치열한 삶을 살아온 과정을 모두 지켜봤다. 추천사를 부탁했을 때 기꺼이 쓸 수 있었던 이유는 그 과정을 모두 곁에서 지켜봤기 때문이다.

투자는 이론을 바탕으로 강의하는 수단이 아니라, 경험을 바탕으로 자산을 증식시키는 수단이 되어야 한다. 내가 아는 투자N은 경매를 경험하고 자산을 증식시켰을 뿐만 아니라 전 재산을 목숨 걸고 투자해서 용기 있게 결실을 낸 경매 전문가다. 내가 아는 사람 중에 좋은 기술과 노하우를 깊이 있게 아는 경매 전문가는 투자N이 단연 최고다.

저자의 깊이 있는 투자 노하우를 이 책에 모두 담기에는 부족하겠지만, 경매 초보에게 '거인의 어깨'가 될 것이라 확신한다. 거인의 어깨에 올라타야 하는 이유는 더 멀리 더 빨리 자산 증식의 노하우를 습득할 수 있기 때문이다. 투자N의 어깨는 깊이가 있음에도 편안하고 쉬운 설명이 장점이다. 그래서 이 책은 이런 사람에게 추천하고 싶다.

첫째, 경매 경험에 현실적인 조언이 필요한 사람에게 추천한다.

경매 초보는 무엇부터 시작해야 할지 모른다. 용어조차 어렵다. 이 책을 통해 경매의 필요성, 시장 대응 전략, 경매의 절차를 쉽게 파악할 수 있을 것이다. 특히, 다양한 사례를 통한 시각자료가 큰 도움이 된다.

둘째, 빚을 두려워하는 사람에게 추천한다.

효율의 극대화를 이루는 것이 바로 경매다. 값싼 주택을 낙찰가 기준으로 대출을 받을 수 있는 것이 경매의 큰 묘미다. 이런 효율성을 위해 생산적인 빚을 잘 활용하는 것이 중요한데, 빚에 대한 마인드와 개념을 정립할 수 있다.

셋째, 물건 가치를 올리는 노하우를 발견하고픈 사람에게 추천한다.

경매는 낙찰받고 명도가 되면 끝이 아니라, 이를 상품화해야 한다. 투자N의 가장 큰 노하우는 이런 상품화 전략이다. 경매물건의 가치를 올리는 궁금증을 해소시키는 좋은 가이드가 될 것이다.

마지막으로 실수를 최소화하고 싶은 사람에게 추천한다.

투자N은 투자의 실패를 경험했고, 그 실패가 기반이 되어 성공의 궤도에 올라선 자산가다. 뼈아픈 실수와 치명적인 실수는 최소화하는 것이 좋다. 이 책은 낙찰 과정, 대출 노하우, 임대사업자 활용한 경매투자 방법, 명도 방법, 권리분석을 쉽게 설명한다. 투자N이 고통으로 얻어낸 노하우를 이 책 한 권으로 편안하게 발견할 수 있다.

우리는 반복하는 실수로 과거를 후회하고 미래를 두려워하기에 아무것도 시작하지 않는다. 가만히 있겠다는 선택은 경험이 없기 때문에 용기가 생기지 않는 것이고, 용기가 없기에 실천하기 어렵다. 이제 이 책이 용기를 줄 것이다. 몰라서 실천하지 못하는 사람에게, 실천하다 실패한 사람에게 지혜로운 경매 가이드가 될 것이다. 이 책을 통해 제2의 투자N이 많아지길 기대하고 응원한다.

이건록
미래공간연구소장,
유튜브 '부동산 쿨TV'

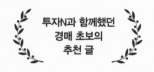

열정이 담긴 눈빛과 실행력을 가진 투자N의 책, 경매의 바이블이 될 것입니다.
– 재테크 강사로 활동하는 리치맘맘

투자N 멘토를 만난 지 벌써 4년. 서울에 내 집을 마련하고 싶어서 경매를 시작
했고, 꾸준히 3년 동안 등기를 치면서 벌써 집이 10채인 다주택자의 삶을 살고
있다. 투자N 멘토의 경매 기술은 현장에서 항상 통했고, 그 방법으로 꾸준하게
낙찰받을 수 있었다. 경매 고수를 멘토로 만난 건 내 간절한 마음의 텔레파시
가 통했던 것 같다. 초보 시절의 나처럼 간절한 사람들에게 이 책은 러닝메이
트가 될 것이다.

– 3년 만에 10채의 집으로 임대인의 삶을 사는 주행

투자N은 사랑하고 좋아하는 일을 하면서 돈도 많이 벌 수 있다는 걸 알려주신
분입니다. 언제나 현장에서 답을 찾는 분이기도 하지요. 경매는 너무 어렵고,
명도는 두려운 마음이 든다면 이 책을 추천드립니다. 모두가 불경기라고 하지
만, 경매로 미리 준비해서 앞으로 다가올 부의 사다리에 오르시길 바랍니다.

– 서울 송파구 거주, 40대 음악가 겸 투자자 그레이스박

저는 온라인 쇼핑몰에서 상품을 판매하고 있습니다. 그래서 좋은 상품을 저렴
하게 사서 합리적인 가격으로 파는 방법을 잘 압니다. 그런데 부동산 경매는
늘 어렵게 느껴졌습니다. 그때 운명처럼 투자N을 만났고, 경매 또한 같은 방법
으로 가치가 올라간다는 것을 알게 되었습니다. 늘 현장에서 답을 찾는 투자N
을 보면서 믿음이 생겼습니다.

– 성남 분당구 거주, 사업가 겸 투자자 앨리스정

배가 고프면 어떤 식당에 갈지, 어떤 메뉴를 먹어야 할지만 알면 된다. 그리고 후식으로 어떤 카페에 갈지, 어떤 음료를 먹어야 할지만 알면 된다. 나에게 투자N 선생님은 이런 분이다. 족집게로 물건을 찍어준다는 말이 아니라, 경매를 통해 부를 이뤄갈 수 있는 핵심기술만을 알려준다.

       – '언니네 사진관' 사장으로 만나 애제자가 된 최우진

교사라는 안정된 직업과 세 아이의 엄마라는 자부심으로 열심히 살아온 50대 중반의 '월수금'입니다. 혼자 책을 읽고 강의를 듣다가 2022년 8월 투자N 님의 오프라인 특강을 듣고 선생님의 매력에 빠졌습니다. 후기를 남기면서 인연이 시작되었고, 매주 선생님의 열정적인 강의를 듣고 있습니다. 공포스런 부동산 하락기지만, 선생님의 말씀을 들으며 신세계를 만나고 있습니다.

            – 남양주 신도시 사는 김은아

"어디가 좋아요? 저 찍어주세요"라고 바라는 것보다, 가치가 상승할 곳을 알아보는 눈을 먼저 키워야 합니다. 이제 돈을 모으기 시작하는 20대 후반과 30대가 내 돈을 100% 들이지 않아도 되는 경매를 잘 활용해서 빛나는 미래를 준비하길 바랍니다.

    – 재테크로 경매를 선택한 30세 마케팅 컨설턴트 김민정, 《마케팅 첫키스》 저자

투자N을 통해 경매에 필요한 지혜와 방법은 따로 있다는 것을 느꼈습니다. 이것이 바로 투자N의 이야기를 기다리는 이유입니다.

          – 서울 거주 20대 직장인, 사회초년생

서울·수도권에서 매년 10건 이상
17년째 낙찰받은 투자샘의 경매 성공비결은?

대한민국에서 부동산은 생명이 있는 생물체입니다.

부동산이 살아있다고 인정하고 습성, 상태, 과거와 현재의 모습, 앞으로의 움직임을 알아가다 보면 '부의 원리'를 깨닫게 됩니다.

진짜 부자 중에 부동산을, 그리고 경매를 모르는 사람은 없을 겁니다. 본인이 직접 공부해서 배우거나, 경매를 잘하는 사람에게 의뢰하거나 둘 중 하나입니다.

경매는 일단 부동산 물건을 제값보다 싸게 사는 것입니다.

**"좋은 물건을 제값보다 싸게 사서
되팔 때 가격을 더 많이 받는 것"**

이런 원리인데요. 일단, 물건을 저렴하게 구매해서 살짝 손을 보고 다시 시장에 상품으로 내놓습니다. 이 과정을 거치며 상품은 처음 가져올 때보다 높은 가격을 받을 수 있습니다.

이것은 장사의 한 방법입니다. 즉, 경매기술에는 값어치가 높아질 물건을 보는 안목과 비싸게 받을 수 있는 기술이 담겨 있습니다.

저는 지금도, 실제로 현장에서 투자하고 있는 경매투자자로서, 17년 동안 경험했던 것을 경매에 처음 입문하는 새내기들에게 하나하나 설명하려 합니다.

단지 유명했다고, 경매를 잘하는 건 아닙니다. 과거의 경험으로는 급변하는 현재에서 우리의 재산을 늘리는 투자를 할 수 없습니다. 경매는 꼭 '지금' 투자에 성공하고 있는 검증된 멘토에게 배우셔야 합니다.

2017년 이후 경매를 시작한 투자자들은 상승장만을 겪었기 때문에 반쪽짜리 투자를 하기 쉽습니다. 시장에 영향을 받지 않는 투자를 배워야 합니다. 이제 경매로 돈 버는 방법을 알려드리겠습니다.

이 책에 나오는 '꼭 알아야 할 질문 88가지의 답'을 찾다 보면 많은 것이 달라질 것입니다.

황금열쇠로 하나하나 그 비결을 열어보겠습니다.

황금열쇠 하나
경매 초보가 꼭 알아야 할 질문 88가지만 뽑아내다

2017년 각종 부동산 규제가 쏟아지는 상황 속에서, 제가 직접 현장경험으로 만든 소자본 투자법을 실행하기 위해 (워낙 자본이 없어서 어쩔 수 없는 선택) 하루에 적어도 3만 5천 보를 걸으며 임장하자는 목표를 세웠습니다. 그리고 지금껏 숨가쁘게 살았습니다.

덕분에 2년 동안 초기 자본이 40배로 늘었고, 아주 적은 종잣돈으로도 성공할 수 있다는 확신이 생겼습니다. 그 경험을 나누기 위해 지지옥션에서 하는 전국 강연을 다니기도 했습니다.

2019년 전국(서울, 대전, 광주) 경매 특강을 다닐 때 반신반의하는 청중들의 따가운 눈초리를 받으며, 다른 강연자보다 많은 질문을 받았습니다.

유명하지도 않은 사람이 나와서 "돈이 없어도 가능하다", "절실하다면 가능하다", "성실하면 가능하다"라고 말하는데, 어느 누가 선뜻 믿을 수 있었을까요? 그럴수록 저는 더욱 경매 초보자분들이 하는 질문에 성심껏 거짓 없이 답변드렸습니다.

이후에도 저는 계속 저만의 방법으로 경매투자를 이어나갔고, 시간이 지나면 '나와 같은 방법으로 함께 경쟁하면서 경매 부자가 많이 배출되겠지?'라고 생각했습니다.

그러나 그때의 경매 초보들은 시간이 지나도 모르는 것이 똑같았습니다. 그리고 매년 경매 초보의 질문은 항상 똑같았습니다.

"직장인인데 경매해도 되나요?"
"낙찰 후 연락이 안 되는데 어떻게 해야 하나요?"
"얼마를 모아야 가능한가요?"

이런 상황이 반복되면서 한 가지 결심을 했는데요. '경매로 인생을 바꾼 사람'으로서 경매 초보가 가장 궁금해 하는 것만 모아서 알려주는 것이 가치 있는 일이라고 생각하기에 이르렀습니다.

그런데, 초보가 꼭 알아야 할 질문의 답을 한 권의 책으로 풀어낼 수 있을까요?

의심되겠지만, 현장에서 경험한 노하우를 최대한 이 책에 담았습니다. 꼼꼼하게 읽는다면 궁금증이 풀릴 것입니다.

경매와 부동산 투자에 대한 정보가 넘쳐나지만, 저처럼 돈이 부족한 상태에서 시작하며 연구했던 투자방법은 독창적입니다. 돈이 없어도 할 수 있는 투자법을 찾아야 했고, 지금 질문의 답변들이 제가 연구하며 현재 실행하고 있는 투자법입니다.

황금열쇠 둘
보증금 500만 원짜리 월세에 살던 흙수저가
경매로 자산 1,600배 상승, 26채의 집주인이 된 비결

저는 무척 가난한 집에서 자랐습니다. 부모님은 성실함, 선함, 간절함을 가지고 열심히 살았지만, 가난을 이겨내지는 못했습니다. 갈수록 형편은 점점 더 쪼그라들었지요. 더욱이 부모님께서 어렵게 마련한 집이 한순간 경매에 넘어가면서 앞날은 더 어두워졌습니다. 현실을 믿을 수 없었고, 이 사건을 계기로 '경매에 대해 좀 더 알아야겠다'라고 결심했습니다.

이후 17년간 경매라는 한 길을 달려왔고, 지금은 당시 대비 자산 1,600배 상승이라는 놀라운 성과를 이루었습니다. 고비와 위기가 없었던 것은 아닙니다. 잘되던 순간이 있었지만 자만하다가, 보증금 500만 원짜리 집에서 월세를 내야 할 만큼 추락한 적도 있었지요. 그때는 투잡을 넘어 쓰리잡을 뛰면서 종잣돈을 모았습니다.

2015년 다시 시작할 돈 5,000만 원이 모였고, 2007년 첫 낙찰보

다 더 기쁜 낙찰을 받게 되었습니다. 현실에서 도망치듯 읽었던 3천 권의 책들은 사고의 틀을 확장시켰고, 신도시에 배달을 가느라 이용했던 다양한 도로망은 부동산 입지 전문가가 되는 데 도움이 되었습니다.

저는 제 직업을 '경매기술자'라고 말합니다. 경매로 부동산을 사고, 부동산으로 수익을 내면서 살아가기 때문입니다. 아직도 많은 사람이 경매는 어렵고, 위험하고, 무섭다고 생각합니다. 그래서 더더욱 '쉽게 경매할 수 있는 법'을 알려주고 싶습니다. 경매를 잘만 활용하면 원하는 삶을 살아가는 데 유용한 기술이라고 자신 있게 말할 수 있습니다.

경매는 권리분석이 어렵다고요?
➡ 쉬운 물건으로 값어치 나가도록 만들면 됩니다.

소액으론 경매할 수 없다고요?
➡ 경매의 경우, 경락잔금대출을 통해 감정가의 70%, 낙찰가의 80%까지 대출할 수 있습니다. 레버리지를 활용해 좋은 물건에 투자하면 소액으로도 높은 수익률을 낼 수 있습니다.

경쟁이 너무 치열하다고요?
➡ 경쟁이 심한 물건은 피하면 되죠. 나만 아는 좋은 물건을 찾아내서 단독낙찰을 받고 인테리어로 가치를 끌어올리는 것이 투자N의 핵심전략입니다.

황금열쇠 셋

위기를 기회로 다시 시작하는 힘, 경매로부터

경매투자는 하락기든 상승기든 통하는 부동산 투자법입니다.

하락기라서 다른 재테크 수단이 없다면, 지금이 경매를 공부하기 가장 좋은 시기입니다. 상승기라서 모든 재테크에 불이 붙었다면, 그때도 역시 경매를 공부하기 가장 좋은 시기입니다.

경매를 시작해도 되는 시기만 기다리면서 가만히 있다면, 아무리 좋은 시기가 와도 경매를 시작할 수 없습니다. 오직 준비된 사람만 기회를 얻을 수 있습니다. 공부 없이 기회가 언제 올지 생각만 하는 것은 의미 없는 일입니다. 공부하지 않은 사람은 그 기회조차 모릅니다. 과거 부동산 흐름을 파악해보며 공부하세요. 공부는 단순히 부동산 공부가 아니라 세상 공부를 말합니다.

대한민국의 모든 부자도 불안한 미래를 고민합니다. 그들이 보통 사람들과 다른 점은 실천했다는 것입니다. 부자들은 더 나은 미래와 은퇴 시기를 준비하기 위해 끊임없이 공부하고 노력합니다.

제가 활동하는 이름, 투자N에서 N은 나침반의 북쪽을 의미합니다. '방향성을 잡고 투자한다'라는 뜻도 담겨 있습니다. 이 책이 여러분의 경매투자에 방향키가 되길 기원합니다.

낙찰의 기운을 담아서

투자N

1부

경매를 시작할 때 꼭 알아야 할 15가지

2부
본격! 경매 6단계 입찰부터 낙찰까지

1단계 | 경매물건 검색

2단계 | 권리분석 / 경매물건 분석

3단계 | 임장 (현장조사)

4단계 | 경매 입찰

5단계 | 경매 낙찰 / 잔금 납부

6단계 | 경매 명도

3부

내 경매물건을 가치 있게 만드는 법 7가지

1부

경매를 시작할 때
꼭 알아야 할 15가지

살면서 경매를
꼭 알아야 할까요?

부자가 되고 싶은데 '경매'를 몰라도 괜찮을까요? 오히려 되묻고 싶습니다. 무주택자라면, 부자가 되고 싶다면 꼭 알아야 할 재테크 방법이 바로 경매입니다.

경매에는 '그림 경매', '골동품 경매', '자동차 경매' 등 여러 가지가 있습니다. 그런데 이 중에서 부동산 경매에 대한 인식이 유독 안 좋은데요.

흔한 드라마 스토리를 보면 원래 부자였던 주인공의 집안이 망하고, 살던 집이 나쁜 사람들에 의해 경매로 넘어가고, 결국 집에서 쫓겨납니다. 이런 흐름이 많다 보니 일반인들은 경매가 착한 사람에게 피해를 준다고 오해하는 경우가 많습니다.

하지만, 현실에선 부동산 경매가 인맥도 없고, 돈도 없었던 저 같은 흙수저에게 인생을 반전시킬 무기가 되어줍니다.

어느 날 뜬금없이 '취미로 경매나 해볼까?' 하는 생각으로 경매를 시작하는 사람은 없을 겁니다. 이미 여러 경로를 통해 경매를 잘만 배워두면 큰 수익이 난다는 것을 어렴풋이 알 것입니다.

무주택자라면 당연히 내 집을 마련하고 싶은 꿈이 있습니다. 그들에게 희망을 주는 제도가 '청약'인데요. 지난 정부에서는 집값 안정과 내 집 마련을 위해 3기 신도시 청약을 진행했습니다. 사전청약에 당첨이 되면 일단 당첨자들은 부동산 시장에 바로 뛰어들지 않기 때문에 집값이 안정될 거라는 정부의 전략이었습니다.

하지만 부동산 시장은 예측대로 흘러가지 않습니다. 늘 변수가 많고 오히려 계획한 대로 진행되는 것이 더 이상할 정도입니다.

최근에도 역시 '사전청약 연기'라는 변수가 발생했고, 3기 신도시 역시 입주가 지연되었습니다. 3기 신도시 완성은 2025년(남양주 왕숙, 하남 교산 등), 2026년(부천 대장 지구)으로 예정되어 있었습니다. 이 계획에서 1~2년 미뤄졌기 때문에 2021년 사전청약 당첨자들은 입주까지 총 5~6년을 기다려야 하는 일이 발생했습니다. 추가로 지연 가능성이 있는 토지 보상, 문화재 발굴 등 많은 변수가 언제 일어날지 예측할 수도 없습니다.

이때 우리가 할 수 있는 선택은 무엇일까요?
청약 준비와 경매 공부를 병행하며, 기회의 폭을 넓힌다면?

내 집 마련을 하고 싶지만, 청약을 준비하지 않는 무주택자라면 갭투자와 경매라는 선택지가 있습니다. 갭투자는 실매물을 보면서 다양한 매물 중에 고를 수 있다는 장점이 있지만, 그만큼 들어가야 하는 비용이 커집니다.

물론, 경매는 고를 수 있는 물건의 범위가 작아지는 단점이 있습니다. 하지만, 비용을 적게 투자한다는 점과 청약보다 본인이 원하는 지역의 구축아파트에 대해 층, 구조, 환경 변화를 더 상세하게 알고 입찰할 수 있는 장점이 있습니다.

이렇게 설명하면 간혹 이런 질문을 합니다.

"돈이 없는데 어떻게 경매로 집을 살 수 있나요?"

여기에도 해결책이 있습니다. 경매 역시 집을 사야 하는 일이므로, 청약, 갭투자와 같이 대출이 가능합니다. 똑같이 대출을 받을 수 있는 내 집 마련의 방법이고, 경매는 법원의 감정가를 바탕으로 대출금액을 산정해주기 때문에 대출금액을 더 받을 수 있는 장점이 있습니다.

집을 구매할 때 청약 순위권에 들어갈지 알 수 없는 불확실한 방법뿐 아니라, 남들과 경쟁해서 경매로 구매하는 확실한 방법도 있다는 것을 꼭 알아주세요.

이제 경매의 필요성이 더 구체적으로 느껴졌을 거라 믿습니다.

상황별 경매도 알아보면 좋겠네요.

자신의 상황에 맞는 경매 방법을 찾는 것부터

1주택자는 경매를 이용하면 더 좋은 집으로 갈아탈 수 있습니다. 만약 비과세 혜택을 포기한다면 다주택자(임대사업자)로 살아갈 수도 있습니다.

현재 사는 집에서 더 좋은 집으로 업그레이드하고 싶을 때, 경매로 잘만 낙찰받으면 똑같이 1주택을 유지하면서도 상위 레벨의 집으로 이사갈 수 있습니다.

보통은 내가 사는 집값에 플러스 알파로 돈을 더 모아야 더 나은 집으로 이사를 갑니다. 하지만 경매를 할 줄 안다면 내가 사는 집과 같은 가격이거나 심지어 더 저렴한 가격으로 상위 레벨의 집으로 옮겨갈 수 있습니다.

여기서 더 나아가 1주택자를 유지하는 것과 비과세 혜택을 포기한다면, 적은 돈으로 계속 부동산을 늘려가는 다주택자의 길도 가능합니다. 시세보다 저렴한 가격으로 낙찰받아 플러스피(추가로 돈을 얻게 되는 경우), 무피(투자금이 전혀 들어가지 않는 경우)를 만들 수 있게 임대차를 만들고 (여기서 전제는 시세보다 과하지 않은 임대가로) 다주택자가 될 수 있습니다. 또한, 재개발이 예정인 지역에 낙찰받아 새 아파트를 기다릴 수도 있고, 중간매도를 해서 큰 시세차익도 볼 수 있습니다.

물론 다주택자의 삶이 쉽지는 않습니다. 그렇다고 어렵지만도 않습니다. 경매로 충분히 가능합니다. 다주택자로 자산을 늘리는 사람들이 부러웠다면 경매로 도전해볼 수 있습니다.

실거주용으로 추천하는 경우

• 빌라

1. 재개발(동의서 걷는 곳) 예정인 빌라 : 본인의 라이프 스타일에 맞게 인테리어를 고칠 수 있다.

2. 역세권 구축 빌라 : 교통이 편리하고 역세권 인프라를 누리면서, 추후 신축 가능성이 있는 곳

3. 학군이 좋은 빌라 : 명문 학교에 배정이 가능한 곳

• 아파트

1. 1~2회 유찰로 전세가와 비슷해진 저렴한 아파트

2. KB 시세가 높아서 대출이 용이한 아파트

3. 전세를 살던 중, 같은 단지나 주변으로 이사를 원할 때

4. 현재 살고 있는 집보다 높은 수준의 아파트로 업그레이드를 원할 때

투자용으로 추천하는 경우

1. 전세가와 낙찰가가 비슷하거나, 전세가가 낙찰가보다 높은 물건

2. 교통 호재, 인프라 등 지속적으로 시세차익을 볼 수 있는 성장성 높은 물건

3. 개발될 지역을 낙찰받아, 개발호재로 인한 매매가 상승 시 매도가 가능한 물건

4. 개발호재 가능성이 있으며, 동시에 현금흐름이 필요할 때 월세 세팅이 가능한 물건

5. 지가가 높은 지역에 대지지분도 넓어 재개발 시 수익이 높은 물건

꼭 알아야 할
질문

02

경매 공부를 얼마나 오래 해야
시작할 수 있나요?

이 질문에서 잘못된 단어는 '오래'입니다. 오래 한다는 건 이론 공부에만 많은 시간을 쏟는다는 것이겠죠?

김연아 선수가 스케이트 실력만 높이고 동계올림픽에 참가하지 않았다면 세계에서 스케이트를 제일 잘 탄다고 해도 금메달을 딸 수는 없었을 겁니다.

우리가 권리분석 공부를 열심히 하는 이유는 경매 공부를 통해 법정에서 금메달을 따기 위함입니다. 매일 임장을 다니고, 매일 권리분석 공부를 하고, 실제로 경험하며 자신을 트레이닝 하다 보면 법정에서 수익이 많은 금메달을 목에 거는 날이 옵니다.

물론 이론을 모르고 실전부터 한다는 건 불가능합니다. 그렇다고 모든 걸 알고 시작한다는 것도 말이 안 됩니다.

예를 들어, 농사를 지을 때 학교에서 농사 이론을 착실히 배우고 연구한 후 농사를 짓기 시작하진 않습니다. 또한, 냉장고를 구매한 후 냉장고의 제조원리부터 사용설명서까지 꼼꼼히 읽은 후 코드를 꼽아서 쓰지도 않고요.

공부는 언제나 실천보다 선행되어야 하지만, 공부를 위한 공부는 결과를 만들어 낼 수 없습니다. 경매 공부도 딱 거기까지만 필요합니다. 경매에 대해 이론적으로 많이 알고 능숙하다 해도 이론만 많이 알고 낙찰 한번 받아보지 않으면 수익으로 연결될까요?

경매 법률과 이론만을 달달 외워서 지식을 자랑하는 경매 강사를 경매 고수라고 떠받드는 것을 봤습니다. 경매 초보라면 그런 해박한 지식이 멋있어 보일 수 있습니다. 그러나 그런 이론 고수가 수익을 냈던 적은 결코 없습니다.

이론 전문가와 수익이라는 두 가지 선택지에서 어느 것을 선택할 지는 여러분의 몫입니다. 저는 정확히 그 경매물건에 필요한 공부와 그것을 가지고 수익 내는 방법만 연구합니다. 한 건, 한 건 수익을 내면서 생긴 경험치가 지금은 만렙입니다. 아이템이 아주 많은 고수일 겁니다. 이 경험으로 꼭 알아야 할 것들만 뽑아봤습니다. 여러분은 실전에 꼭 필요한 공부만 하길 바랍니다.

경매는 정말
누구나 할 수 있나요?

"경매는 치매 걸리기 전까지 평생 써먹는 기술이다."

경매하는 사람들 사이에서 농담처럼 하는 말입니다.

실수로 이상한 숫자만 쓰지 않는다면 위험하지도 않고, 수익도 계속 낼 수 있다는 말입니다. 그런데 경매를 아무나 못 하는 이유는 기술을 배우는 진입장벽이 높기 때문이 아니라, 경매에 대한 마인드의 진입장벽이 높기 때문입니다.

그런 의미에서 경매를 누구나 할 수 있냐고 묻는다면, 미성년자만 아니라면 누구나 할 수 있다고 대답하겠습니다.

반대로, 경매를 할 수 없는 사람은 누구일까요?

누구나에서 빠지는 '자격을 잃은' 몇몇 경우를 살펴보겠습니다.

먼저 채무자와 미성년자는 참여하지 못합니다.

민법상 법률행위를 할 수 없어 부동산을 매수하지 못하므로 입찰할 수 없습니다. 다만 법정대리인의 동의가 있는 경우라면 미성년자도 입찰할 수 있습니다.

다음으로, 경매사건 진행과 관련이 있는 사람들입니다.

매각절차에 관여한 집행관, 계장, 매각 부동산을 평가한 감정인(감정평가법인이 감정인일 때는 그 감정평가법인 또는 소속 감정평가사) 등 일반 개인 입찰자들보다 정보 접근이 쉽고 빠른 사람들입니다.

그리고 재매각 사건의 전 최고가매수인도 입찰할 수 없습니다.

한 물건에 입찰해 낙찰된 최고가매수인(낙찰자)이 정해진 날짜 안에 잔금을 내지 않으면 해당 물건은 재매각을 통해 새로운 주인을 찾게 됩니다.

이 경우에 이전 매각절차에서 최고가매수인이었던 입찰자가 재매각 절차에 다시 입찰을 들어온다면 이것도 무효한 입찰이 됩니다. 또 한 번의 잔금 미납을 막기 위해서입니다.

더불어 민사집행법 제108조에서는 다른 사람의 매수신청을 방해한 자, 부당하게 다른 사람과 담합하거나 매각의 적정한 실시를 방해한 자, 이들을 교사한 사람 및 민사집행 절차에서의 매각에 관해 형사상 공무집행방해죄, 부동산강제집행효용침해죄, 경매 및 입찰방해죄 등으로 유죄판결을 받고 그 판결 확정일로부터 2년이 지나지 않은 사람은 매각장소에 들어오지 못하며 매수신청을 금지하도록 규정하고 있습니다.

앞에서 말한 사람이 아니라면, 누구든지 경매에 참여할 수 있습니다. 경매에 대한 마인드와 사전 준비, 여건이 충족되었다면 경매에 참여할 수 있습니다.

자신이 가진 종잣돈을 파악한 후 투자대상 지역, 금액, 물건을 정해서 실전 경험을 쌓는 것이 중요합니다. 그리고 충분한 실력과 경험을 갖출 때까지 노력해야 합니다.

법정에서 사소한 실수로 무효처리가 되거나 보증금을 모두 날리지 않도록 세심한 것까지 주의해야 합니다.

패찰했을 때는 첫술에 배부를 수 없다라는 생각으로 '좋은 경험을 했다' 또는 '더 좋은 물건에 입찰하겠다'라는 생각으로 임하는 것이 중요합니다. 경매는 꾸준한 시간과 노력이 요구되는 작업입니다. 이론과 실전 경험을 쌓으며 자신에게 맞는 경매 전략을 찾고, 꾸준히 업그레이드 해야 합니다. 진정한 성공은 단순히 낙찰이 아니라 '제대로 된 낙찰'임을 기억하세요.

꼭 알아야 할
질문

04

경매가 일반매매보다
좋은 점이 뭘까요?

경매에 나온 부동산들은 모두 제각각 사연이 있습니다. 일부 사람들은 경매 나온 집을 '재수 없는 집', '집터가 나빠 망하는 집'이라고 말합니다. 그런데 생각을 한번 바꿔보면 어떨까요?

예전 주인은 집과 서로 합이 안 좋았지만, 새로운 주인이 정성껏 대한다면 가치 있는 상품이 될 수 있습니다.

경매가 좋은 이유 중에서 첫 번째는, 시세보다 저렴한 가격에 부동산을 사들일 수 있다는 점입니다. 특히 유찰될 경우 20~30%나 가격이 내려가기 때문에 금액 면에서 큰 이익을 얻을 수 있습니다.

두 번째는, 일반매매보다 안전합니다. 일반매매에서 부동산 거래는 등기부 등본에 소유권이 이전되기 전까지는 안정성을 보장받을 수 없습니다. (소유권 이전 후에도 등기부 등본 사고가 종종 있죠.)

하지만 경매로 부동산을 취득한다면 법원 주도하에 진행되기 때문에 일반매매보다 안전한 거래를 할 수 있습니다. 부동산 사기를 당하는 수많은 사건이 발생하지만, 아직도 등기부 등본의 공신력이 개선되지 않는 것은 안타까운 현실입니다.

만약 경매 진행 시 해당 물건에 권리상, 물리적 하자가 있으면, 매각 불허가 신청 또는 매각 허가결정 취소를 통해 보증금, 잔금을 돌려받고 원점으로 돌릴 수 있습니다.

예를 들어, 매각물건명세서와 현황조사서에 실제와 다른 부분이 기재되어 있는 경우가 이에 속합니다. 경매 진행 시 책임의 소지는 법원과 매수자 본인 모두에게 있지만, 일반매매 시 책임의 소지는 매수자 본인에게만 있습니다.

세 번째는, 대출 면에서 일반매매보다 쉽습니다. 법원에서 권리관계를 깨끗하게 청산해주기 때문에 비교적 쉽게 대출을 받을 수 있습니다. 법원의 감정가 또한 해당 부동산의 가격을 정해준 것이기에 이를 바탕으로 대출을 실행하는 것입니다. 그래서 실거래가를 책정하기 어려운 다세대나 다가구 주택을 경매로 낙찰받는다면 일반매매보다 대출이 더 쉽습니다.

물론, 일반매매보다 경매가 힘든 점도 많습니다. 하지만 걱정하는 것과 달리 장점 역시 많다는 점을 알아두세요.

경매로 살 수 있는 것은
무엇인가요?

경매는 크게 부동산과 동산으로 구분할 수 있습니다.

부동산이란 토지나 주택건물, 농지, 공장처럼 한곳에 자리를 잡고 정착해 있는 것으로 움직이지 않는 것을 말합니다. 반면에 동산은 움직이는 것입니다. 동산(유체동산)은 재산권을 대상으로 하고 있으며 회원권, 채권, 가전, 가구 등과 같은 것입니다. 드라마나 영화에 등장하는 빨간딱지를 붙이는 행위도 이에 해당하는 경매입니다.

추가로 준 부동산이 있습니다. 준 부동산은 부동산으로는 볼 수 없지만, 부동산만큼의 경제적 가치가 있으며 등기나 등록을 하는 물건입니다.

쉽게 말해 부동산은 아니지만, 부동산에 준하는 것으로 취급합니다. 예를 들면, 자동차, 선박, 항공기, 광업권, 어업권 등이 있습니다. 이들은 저당권의 대상이 될 수 있으며, 자동차처럼 등기등록이 가능한 물건은 경매 신청이 가능하므로 경매 절차를 통해 구매할 수 있습니다.

결국, 부동산 경매는 목적물을 압류해 현금화한 후 채권자의 채권을 갚아주는 과정입니다.

▌부동산 경매 과정 이해하기

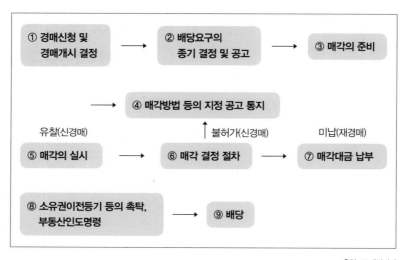

출처 : 모세컴퍼니

TIP

강제집행 완료 후 동산경매를 신청할 수 있습니다.
즉, 유체동산 경매는 강제집행 완료 2주 후에 신청 가능합니다.

경매 초보가 꼭 알아야 할 질문 TOP 88

동산(유체동산) 경매 입찰사례

셰어하우스를 운영하던 A씨는 몇 가지 가전제품이 필요했습니다. 셰어하우스는 여러 명이 함께 사는 공간으로, 항상 다양한 가구와 많은 가전제품이 필요하지요. A씨는 동산 경매를 이용하면 가전제품을 저렴하게 구매할 수 있다는 말이 어렴풋이 떠올랐고, 저에게 조언을 구하러 왔습니다.

그래서 저는 셰어하우스에 사용할 만한 TV, 옷장, 전자레인지, 냉장고 등이 동산 경매로 나왔는지 물품을 알아봤습니다. 그리고 동산 경매가 진행되는 곳을 알아내서 경매 당일 현금을 준비해 현장으로 갔습니다. 동산 경매는 부동산 경매와 다르게 법원에서 진행하는 것이 아니라 물건이 있는 장소(집 또는 상가)에서 바로 진행됩니다.

제가 참여했던 경험으로는, 해당 장소에 가보니 현관문이 열려 있었고 내부로 들어가자 경매 물품뿐 아니라 실제로 살고 있던 거주자도 함께 있었습니다. 시작 시간이 되자 경매를 진행하는 집행관이 도착해 물건에 대한 브리핑을 한 후 본격적인 입찰이 시작되었습니다.

집행관이 "1번~5번 물건 일괄매각"이라고 외치면 입찰을 원하는 사람들이 가격을 부릅니다.

이때, 동산 경매도 부동산 경매와 마찬가지로 가격을 제시한 사람 중에 가장 높은 금액을 제시한 사람이 낙찰자가 되는 것입니다. 최종적으로 물건이 5개까지 진행되었고, 높은 금액을 부른 사람이 해당 물건을 가져갔습니다.

여기서 주의할 점은 동산 경매에 진행되는 모든 물건은 개별매각이 아닌 일괄매각으로 진행되기 때문에 본인에게 필요 없는 물건도

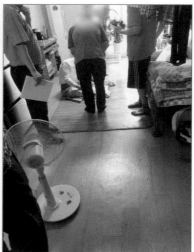

※거주자의 집 내부가 사진에 포함되어 있어 일부 바닥만 촬영함.

출처 : 모세컴퍼니

가져가야 합니다. 따라서 득실을 잘 따져보는 것이 중요합니다.

아직 동산 경매는 호가 입찰방식을 유지한다는 점이 단점입니다. 중고제품만 전문으로 취급하는 업자분들과 호가 경쟁에서 이긴다는 것은 쉽지 않습니다.

진행방식도 초보 입찰자를 배려하기보다 전문 입찰자들을 위해 빠르게 진행되기 때문에 대중화되기는 힘든 제도입니다. 하지만 생각보다 좋은 제품이 동산 경매에 나올 수도 있으므로, 필요하다면 더 알아보는 것도 좋습니다.

돈을 얼마나 모아야
경매를 할 수 있나요?

운전면허 이론을 말하고 싶습니다. 운전면허를 따는 시점을 예로 들어봅시다. 차 살 돈을 모으면서 운전면허를 따는 사람이 있고, 차 살 돈을 모은 후에 운전면허를 따는 사람이 있습니다. 정답은 없습니다. 선택은 본인들 각자의 몫이고, 성향에 따라 선택이 달라지겠죠.

대신 17년을 경매 현장에서 살아온 선배로서는 확실히 말씀드릴 수 있습니다. 운전면허는 차 살 돈을 모으는 과정에 따놓으시라고!

만약에 돈을 다 모아 놓고 운전면허를 따러 갔을 때 한 번에 혹은 두 번 만에 면허를 못 딸 수도 있습니다. 그러면 그 돈은 다른 급한 용도로 쓰입니다. 반대로, 운전면허를 미리 따 놓은 상황이라면 멋진 자동차 카탈로그를 보고 있겠죠?

돈을 모을 때까지는 긴 시간이 필요합니다. 그동안 우리에겐 경매 공부를 제대로 할 수 있는 시간도 함께 주어집니다.

▌돈을 모을 수 있는 4가지 계획

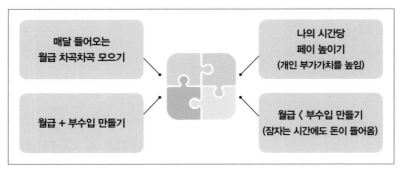

출처 : 모세컴퍼니

이왕 이렇게 되었으니, 종잣돈을 모으는 방법도 살펴볼까요?

요즘은 돈을 모을 때 참 기발한 아이디어가 많습니다. 제가 종잣돈을 모을 때는 몸을 많이 괴롭혀서 일하는 노동밖에 몰랐습니다. 그러니 지금과 같은 환경에서 살아가는 여러분은 저보다 훨씬 유리하다는 점을 알아주세요.

제가 다시 종잣돈을 모아야 하는 시점으로 돌아간다면 요즘 흐름에 맞게 짠테크, 유튜브, SNS 마케팅 등 부가가치 높은 일을 실천해 볼 것 같습니다.

그러나 종잣돈을 모으는 기본은 항상 같습니다. 그 돈을 모으기까지 얼마나 성실한가? 얼마나 노력하는가? 이 시간은 종잣돈만 쌓이는 것이 아니라 성실함이 쌓이는 귀한 경험의 시간이기도 합니다. 경험을 소중히 쌓으면 경매를 하는 데 도움이 될 것입니다.

하락기? 상승기?
경매에 유리한 시기는?

경매의 시기는 365일 1년 내내 매일입니다.

사실 부동산 시장은 하락기 또는 상승기에 맞는 재테크 유행이 있습니다. 상승기에는 전세가율도 높게 올라서 일명 갭투자(전세금과 매수가격의 차액이 별로 없음)가 수도권 밖 지방에서 유행합니다. 그래서 대부분의 부동산 투자자들은 전국 부동산 매물을 손품으로 찾습니다. 전세가율과 매매가가 80% 이상 심지어 전세가가 높은 곳도 있습니다. 주로 지방 아파트를 이렇게 손품으로 찾아서 집을 보지도 않고 전화로 계약금을 보냅니다. (지역에 대한 공급수요 조사보다 전세가율만 보고 하는 투자는 하락기에 역전세가 날 수 있으므로, 추천하지는 않음.)

반면, 수도권은 부동산 매매가격이 가파르게 상승해 매매가와 전세가의 차이가 벌어져서(전세가율이 낮음. 대략 60% 이하) 갭투자에 많은 자금이 들어가므로 갭투자를 못 하게 됩니다. 이럴 때(2021년부터)

전세가율이 높은 수도권 오피스텔에 투자자가 몰린 이유입니다.

그러나 유행만 좇다 보면, 유행이 끝난 후 처치 곤란한 옷장 속의 옷처럼 매도 시 어려움을 겪습니다. 전세가가 높다는 건 매매가가 밀려서 올라갈 여지는 있습니다. 하지만 해당 지역에서 전세로는 거주하고 싶지만, 매매로는 인기가 없다는 뜻일 수 있습니다.

그런데 경매는 하락기, 상승기가 별다르지 않습니다. 그러니 기억하세요! 어느 시기든지 경매는 무조건 싸게 사는 겁니다. 그 당시 유행하는 상품을 공략했다면 유행하는 시기에는 매수자가 대기하고 있을 테니 단타가 가능합니다. 물론 유행을 무시해도 됩니다.

하락기에는 지난번 상승기에 만들어진 감정가에서 많이 할인된 금액에 낙찰받으면 됩니다. 경쟁자가 적어져서 유찰을 시키고 낙찰받을 기회가 온 겁니다. 심지어 한 번이 아닌 두 번 이상의 유찰을 경험하는 신기한 장이 온 겁니다.

상승기는 나와 입찰을 경쟁하는 경쟁자가 많아지는 장입니다. 이때는 갑자기 '경매나 해볼까?' 하고 재테크 종목을 바꾼 경매 초보와 경쟁해야 합니다. 누구나 쉽게 찾을 수 있는 좋은 물건에 수많은 경쟁자와 함께 입찰하여 높은 금액을 쓰면 낙찰이 어렵습니다. 이때는 꾸준히 경매에 익숙해진 실력을 발판으로 나만 볼 수 있는 가치 있는 물건을 찾아서 수익을 끌어올리는 방법을 사용해야 합니다.

경매는 시기가 따로 있지 않습니다. 여름엔 여름농사가 있고, 겨울엔 농한기라서 쉬는 게 아니라 겨울농사를 지으면 됩니다. 이런 마인드가 멋진 경매인으로, 우수한 수익을 내는 경매 부업인으로 만들어줄 것입니다.

▌ 법원 기준 경매 과정

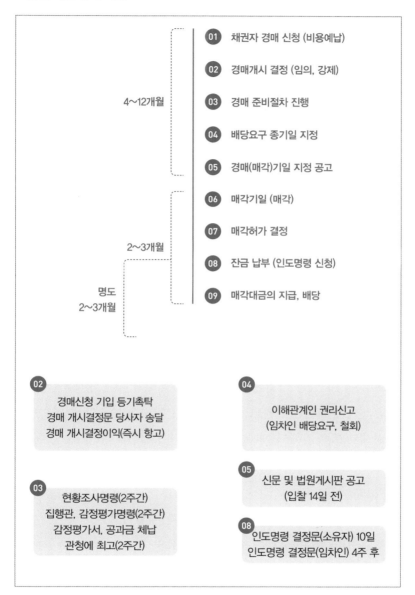

	01 채권자 경매 신청 (비용예납)
	02 경매개시 결정 (임의, 강제)
4~12개월	03 경매 준비절차 진행
	04 배당요구 종기일 지정
	05 경매(매각)기일 지정 공고
	06 매각기일 (매각)
2~3개월	07 매각허가 결정
명도	08 잔금 납부 (인도명령 신청)
2~3개월	09 매각대금의 지급, 배당

02 경매신청 기입 등기촉탁
경매 개시결정문 당사자 송달
경매 개시결정이익(즉시 항고)

03 현황조사명령(2주간)
집행관, 감정평가명령(2주간)
감정평가서, 공과금 체납
관청에 최고(2주간)

04 이해관계인 권리신고
(임차인 배당요구, 철회)

05 신문 및 법원게시판 공고
(입찰 14일 전)

08 인도명령 결정문(소유자) 10일
인도명령 결정문(임차인) 4주 후

출처 : 모세컴퍼니

하락기에는 경매를
많이 하나요? 적게 하나요?

부동산 시장은 크게 두 가지로 나눌 수 있습니다. 바로 상승기와 하락기입니다.

상승기에 경매하려고 하면 집값이 너무 높은 것 같고, 내가 가진 돈으로 살 수 있는 물건은 시장에 없는 것 같습니다. 경매의 목적이 무조건 싸게 사는 것이라면 상승기에서는 맞지 않는 것 같은데요.

반대로, 하락기에 경매하려고 하면 집값이 쭉쭉 내려가는 탓에 집을 사면 안 될 것 같고, 주변에서는 사지 말라고 말리곤 합니다.

그렇다면, 경매를 해야 하는 시기는 언제일까요?
집을 사도 되는 시기는 또 언제일까요?

2022년 하반기에는 "경매 시장이 얼어붙었다", "역대 최저 낙찰률"

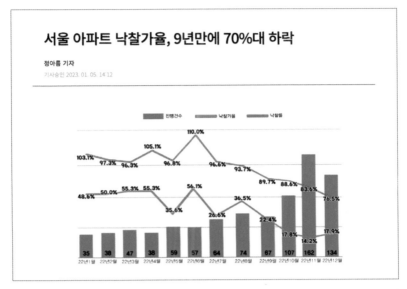

서울 아파트 낙찰가율, 9년만에 70%대 하락

정아름 기자
기사승인 2023. 01. 05. 14:12

출처 : 아시아투데이

등의 제목을 단 뉴스들이 많이 등장했습니다.

자료에 따르면 서울 아파트 낙찰률은 17.8%로 역대 최저치를 나타냈습니다. 평균 응찰자 수는 9월 4.0명에서 1.4명이 감소한 2.6명으로, 낙찰률과 함께 매우 낮습니다.

하락기에는 입찰하는 사람도 없어서 경쟁이 적고, 낙찰되지 못하고 유찰되는 물건이 대부분입니다. 이런 현상은 집값이 내려가는 하락기여서만은 아닙니다. 뉴스로만 상황을 판단하거나 경매 초보라면 단순히 집값 하락 때문이라고 생각합니다. 그래서 경매 시장에서 아예 발을 빼 버립니다.

그러나 진짜 고수들은 하락기에 타이밍을 보기 위해 몸을 웅크리고 있습니다. 절대 발을 빼거나 관심을 다른 곳에 쏟는 게 아니라는 뜻입니다.

경매 시장도 대출 규제와 금리 인상의 영향을 피해갈 수 없습니다. 그래서 금리가 계속 오르는 시기에는 원금과 이자 상환 부담을 견디지 못한 물건들이 경매 시장에 우르르 쏟아져 나옵니다. 하락기가 시작되면 경매물건이 많이 나오고, 이런 물건들이 다음 상승기에서는 '빛'을 보게 됩니다. 여기서 말하는 '빛'이란 다음과 같습니다.

경매물건의 감정가는 대략 6개월 전에 평가됩니다. 그래서 이전에 시장이 좋을 때 평가된 매물은 감정가가 높고, 하락기에 평가된 물건들은 하락 시점의 가격이 반영되어 감정가가 매우 낮습니다. 그리고 다음 상승 시점에 경매물건으로 나옵니다.

결국, 하락기를 거친 경매물건은 '빛'을 가지게 됩니다. 감정가가 낮다는 것은 경매 시작가가 낮다는 것과 같으므로 가격 면에서 훨씬 저렴하게 매수할 가능성이 커집니다.

▌월별 임의경매 신청현황

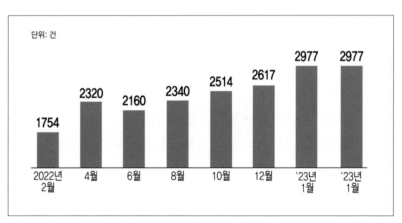

출처 : 법원등기정보광장

하락기에 실전 투자를 하기에는 용기와 인내가 부족하다면, 다음 상승기나 상승기가 시작될 때 투자할 수 있도록 제대로 된 공부와 타이밍을 익히는 것이 필요합니다. 누구나 알 수 있는 상승기는 경쟁이 치열하다는 점도 참고하시고요.

하락기라고, 투자할 자본이 없다고 경매를 멀리하다가, 상승기일 때만 단기적으로 접근한다면 좋은 물건을 낙찰받을 수 없습니다. 노력한 만큼 결실을 주고 요행이 없는 것 또한 경매의 매력입니다.

집값이 내려간다고 하는데
경매로 집을 사도 되나요?

이 질문은 "뉴스에서 집값이 내려간다고 하는데, 집을 사도 되나요?"라는 것에 포인트가 맞춰진 것 같습니다. 경매로 집을 사느냐가 중요한 게 아니라, 하락기엔 부동산에 대한 구매심리 자체가 제로입니다.

대출금리가 올라서 집을 소유하고 대출이자를 감당해야 하는 유주택자들은 이자 부담으로 하루하루가 버겁습니다.

다음 그래프는 부동산의 역사를 말할 때 자주 등장하는 그래프입니다. 일부러 연도를 빼보았습니다. 지금 시점의 연도를 써넣어도 어색하지 않습니다.

이런 시기에는 누구도 집을 사겠다고 마음먹기가 힘듭니다. 저 역시 처음 경매 공부를 시작했던 2007년이 떠오르는데요. 경매 공부를 조금 하고 나니 바로 2008년 리먼 사태가 터졌습니다. 당시엔 걱정

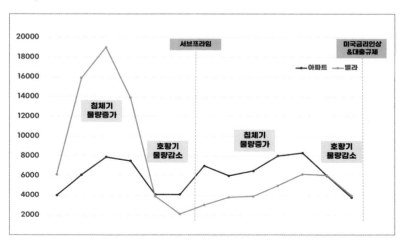

출처 : 모세컴퍼니

이 너무 많아서 처음 낙찰받은 작은 아파트를 언제 팔아야 하나 매일 고민했습니다.

그런데 그 뒤로도 2013년, 2016년, 2017년 역시 매번 하락기였습니다. 하락기와 관련된 뉴스가 연일 쏟아져 나왔고, 초보들은 갖고 있던 부동산을 팔았습니다. 그러나 부자들은 초보들이 파는 부동산을 할인된 가격으로 사들였습니다. 그 결과, 부의 격차는 더욱 벌어졌습니다.

부동산 가격이 바닥을 찍을 때만을 기다린다고 그 시점을 맞출 수 있을까요? 그런 불확실한 기대보다는 매번 할인가로 살 수 있는 부동산 구매법을 공략하는 것이 더 현실적입니다.

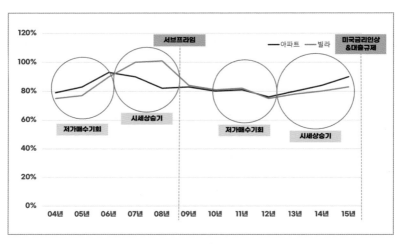

출처 : 모세컴퍼니

저는 열심히 살고 도전했지만, 처음 겪었던 하락기로 인해 다시 가난해졌습니다. 부지런히 걷고 있는데 오히려 제자리걸음이거나 뒤로 후퇴하기만 했습니다.

이를 악물고 경매 공부를 다시 시작했습니다. 세계 경제, 정치 등 여러 분야의 책을 읽고 공부를 닥치는 대로 했습니다. 종잣돈도 다시 모았습니다.

그렇게 2015년 다시 도전할 힘을 얻었습니다. 2017년 시작된 하락 위기에도 소신껏 밀어붙였습니다. 모두가 얼음 땡 당한 것처럼 멈춰 있을 때 적폐라는 꼬리표와 각종 규제를 견디며 내 공부를 했고, 확신하고 행동할 수 있었습니다.

결론은 다시 돌아온 2022년 하락기에 저는 '부자'가 되어 있었다는 겁니다. 2022년 하반기에 하락기 뉴스를 매일 듣다 보니, 심지어 군

게 투자하며 살아온 저도 심장이 덜컹합니다. 믿어왔던 소신이 틀린 건 아닌지 부정적인 생각이 스멀스멀 올라옵니다. 부정적인 기운은 어찌나 기운이 좋은지 긍정적인 기운을 짓누르며 기어 올라옵니다. 그럴 때마다 더 공부하고 또다시 운동화를 신고 밖으로 임장을 갑니다. 현장에 답이 있고 내 공부에 답이 있습니다.

전쟁 중에도 돈을 버는 사람은 꼭 있습니다. 모두가 도망가기 바쁜 와중에 전쟁이 끝난 후를 대비해서 아이디어를 내고 수익이 나는 사업을 하는 사람은 부자가 됩니다. 그런데 지금은 전쟁통도 아니지 않습니까? 목숨을 내놓을 정도로 위험한 상황도 아니니 하락기의 뉴스가 우리를 부자로 가는 길을 막을 순 없습니다.

사지 말라는 것을 사라는 게 아니고 사야 할 부동산 물건을 하락기 상황에 맞게 사면 됩니다. 물론 경매의 방법으로요.

경매 관련 서류에는 무엇이 있나요?
: 등기부 등본, 건축물대장, 감정평가서

경매 관련 서류 중에서 가장 중요한 3가지는 확실히 알아두세요. 서류별로 핵심만 콕 짚어드리겠습니다.

1. 등기부 등본 보는 법

부동산 등기부 등본에는 토지나 건물과 같은 부동산의 표시와 부동산의 권리관계에 관한 내용이 적혀 있습니다. 부동산의 표시는 부동산의 소재, 지번, 지목, 구조, 면적 등에 관한 내용이며, 권리관계는 소유권, 지상권, 지역권, 전세권, 저당권 등 여러 권리에 대해 알려줍니다.

등기부는 두 가지로 구분되는데 토지등기부와 건물등기부로 나눠

집니다. (부동산등기법 제2조 제1호 및 제14조 제1항)

등기부는 누구나 수수료만 내면 열람, 발급이 가능합니다. 하지만 등기기록의 부속서류는 이해관계 부분만 열람할 수 있습니다. (부동산등기법 제19조 1항, 부동산등기규칙 제31조, 등기사항증명서 등 수수료규칙 제3조, 인터넷에 의한 등기기록의 열람 등에 관한 업무처리지침)

■ 등기부 등본 확인할 때 참고사항

열람방법	열람 가능 시간	수수료
등기소 방문(관할 제한 없음)	업무시간 내	등기기록 또는 사건에 관한 서류마다 1,200원
대법원 인터넷등기소 (www.iros.go.kr)	365일 24시간	등기기록마다 700원

※ 열람 / 발급 비용은 상이   출처 : 모세컴퍼니

등기부 안에 내용은 표제부, 갑구, 을구가 있습니다(부동산등기법 제15조 2항). 건물 등기로 설명했을 때 표제부에는 표시번호 접수란 소재 지번 및 건물번호란 건물내역란 등기원인 및 기타사항이 적혀 있습니다.

갑구와 을구는 동일하게 순위번호 등기목적 접수 등기원인 권리자 및 기타사항이 있고, 갑구에는 소유권 변동과 가등기 압류등기 가압류등기 경매개시결정등기 등이 기재되어 있습니다.

갑구에서는 임대차 계약 시 압류 가압류 가처분 가등기 등이 기재되어 있는지 꼭 확인해야 합니다. 을구에는 소유권 이외의 권리인 저당권과 전세권이 기재됩니다. 저당권 전세권 설정 및 변경과 이전, 말소등기가 기재되어 있습니다.

2. 건축물대장 보는 법

　등기부 등본에 부동산 권리에 관한 내용이 적혀 있었다면, 건축물대장에는 건축물의 물리적인 내용에 대해 적혀 있습니다. 크기가 어느 정도인지, 구조가 어떻게 생겼는지, 용도는 어떤 것으로 이용되는지, 소유자는 누구이고, 소재지가 어디인지 알려주는 것입니다.

　아파트는 빌라보다 건축물대장이 간단하지만, 아파트가 아닌 부동산(다세대주택, 빌라 등)은 꼭 등기부 등본과 함께 건축물대장을 필수로 봐야 합니다.

▌위반건축물 점검할 때 참고사항

출처 : 모세컴퍼니

　건축물대장을 열람할 때 가장 먼저 점검해야 하는 내용은 ①번 표시의 위반건축물입니다. 잔금을 낼 현금이 모두 준비된 사람이 아니라면, 위반건축물을 낙찰받았을 때 대출이 불가능해서 잔금 납부가 어려워집니다. 또한, 임차인을 맞이할 때 전세 대출을 받아야 하는 임차인도 은행 대출이 불가능해서 적은 금액의 보증금을 내고 계약하는 월세 임차인만 가능합니다.

②번 내용은 건축물의 위치와 면적 용도를 알려주는 내용입니다.

(예를 들어, 용도에 제1 근린생활시설 소매점이라고 명시된 경우가 있습니다. 이것은 주거 용도로 사용하는 것이 아니고 상가로 사용해야 한다는 표시를 해준 겁니다. 여기서 잠깐! 상가 용도인데도 임차인이 주거의 목적으로 사용한 것을 증명할 수 있다면, 경매 진행 시 주택임대차보호법에 해당하여 보호를 받을 수는 있습니다.)

③번 내용은 건축물이 어떻게 사용되고 있는지 알려주는 부분입니다. 1층은 어떤 용도로 사용되며 다른 층은 어떻게 사용되는지 알려줍니다.

3. 감정평가서 보는 법

경매사건이 진행되면 법원은 사건 부동산에 대해 감정평가를 지시합니다. 감정평가서에는 감정평가표, 의견, 명세표, 요항표, 위치도, 지적도, 내부구조도, 물건사진 등이 첨부되어 있습니다. 감정평가는 공인된 기관에서 측정하고 그 금액은 최초 매각금액이 됩니다.

여기서 포인트는 감정평가가 시행된 기간입니다. 경매사건 접수부터 입찰까지는 대략 6개월에서 1년이나 차이가 나므로, 감정평가 금액도 현시세와 차이가 난다는 점을 알아야 합니다. 따라서 부동산 상승기에 측정된 금액이 현 시세보다 비쌀 때 유찰을 통해 금액을 낮춘 후 낙찰받는 방법이 있습니다.

▌감정평가표

(부동산)감정평가표

본인은 감정평가에 관한 법규를 준수하고 감정평가이론에 따라 성실하고 공정하게 이 감정평가서를 작성하였기에 서명날인합니다.

감 정 평 가 사   (인)

감정평가액					
의 뢰 인	서울서부지방법원	감정평가 목 적	법원경매		
제 출 처	서울서부지방법원	기준가치	시장가치		
소 유 자 (대상업체명)		감정평가 조 건	-		
목록표시 근 거	귀 제시목록 및 등기사항전부증명서 외	기준시점	조 사 기 간	작 성 일	
기 타 참고사항	-	2022.03.30	2022.03.29 ~ 2022.03.30	2022.03.30	

출처 : 대한민국법원 법원경매정보 사건열람

같은 원리로, 부동산 하락기에 측정된 감정평가 금액은 현 시세보다 저렴해 플러스피(웃돈), 무피(프리미엄이 없는)의 확률이 올라갑니다. 하지만 나에게 좋은 물건은 다른 사람들에게도 좋은 물건이므로 낙찰 경쟁이 올라갑니다.

그런데 감정평가 또한 사람이 하는 일이기 때문에 실수가 있을 수 있습니다. 무조건 신뢰하기보다는 입찰자 본인이 직접 시세를 파악하고, 물건을 객관적으로 판단해서 입찰에 들어가야 합니다.

경매하는 사람들의 목표는 부동산 수집이 아니라 부동산을 통해 수익을 내는 것입니다. 가장 1차원적으로 경매 수익을 위한 점검 사항은 가격을 정확히 분석하고, 분석된 가격보다 싸게 사는 것입니다. 그것이 확실하다면 수익을 내기 위한 다른 절차를 부수적으로 더 연습하여 큰 수익을 볼 수 있는 것입니다.

감정평가서는 감정평가 당시 그 물건의 가격을 알려주는 지침서로 볼 수 있고, 나머지는 그 부동산에 대한 사용설명서입니다. 자세히 설명해 놓은 부동산 소개글을 읽어보는 습관을 지녀야 합니다. 예를 들어, 주거용 다세대의 난방공급 방식이 기름인지, LPG 가스인지, 도시가스인지도 집값에 영향을 미치겠죠?

감정평가서에 틀린 부분이 낙찰물건의 값을 많이 떨어트리는 이유라면 매각허가취소신청도 가능합니다. 꼭 주의깊게 보고 입찰하시길 바랍니다.

▌ 감정평가서에서 체크할 것들

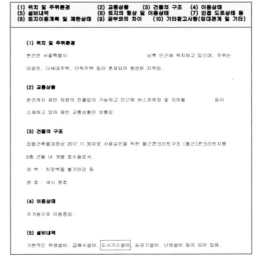

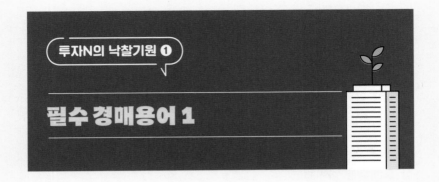

필수 경매용어 1

경매할 때 사용하는 단어 중에는 평소 사용하지 않는 단어가 많아서 전문가만 할 수 있는 영역처럼 보이고, 어려울 수도 있습니다. 하지만 경매를 할 때 많이 사용하는 단어들만 정확히 알아둔다면 경매를 진행하는 건 어렵지 않습니다.

보통 경매를 시작할 때 '경매학원을 가야 하나?'라고 생각하는 분들이 많습니다. 경매학원에 가서 입문반부터 시작하면 단어공부만 3개월에서 길게는 6개월까지 공부한다고 합니다.

우리가 경매하는 목적은 돈이 되는 물건을 저렴하게 낙찰받아 수익을 올리는 일입니다. 그런데 3~6개월 동안 단어공부만 한다고 생각해보세요. 좋은 경매물건을 놓치는 안타까운 일이 생깁니다. 필요한 기본 단어만 미리 공부한 후, 경매를 실제로 진행하면서 현장에서 자연스럽게 단어를 습득하는 것이 가장 좋습니다. 그럼, 꼭 알아야 할 필수 경매용어를 알아볼게요.

연기

경매물건을 검색하다 보면 날짜 옆에 [연기]라고 쓰여 있는 경우를 볼 수 있습니다. 이런 경우는 경매물건이 해당 날짜에 입찰을 진행하지 않는다는 것입니다. 채무자나 소유자 또는 이해관계인에 의해 경매 진행 일자를 지정합니다.

재경매

낙찰까지 끝났던 물건에 대해 매수인이 대금을 미납하면서 진행이 되지 않았을 경우 다시 경매를 진행하는 것을 말합니다. 재경매되는 경우에 매수인은 입찰보증금을 돌려받을 수 없습니다. (특수상황 제외) 재경매가 진행되는 물건의 전 낙찰자는 입찰보증금을 포기하면서 물건도 같이 포기하게 되는 것입니다. 매수인이 대금을 미납하는 사유는 권리분석에 대한 착오, 물건분석의 문제, 실거래가 조사 미흡, 명도 어려움, 대출 불가로 인한 매각대금 조달의 어려움 등이 있습니다.

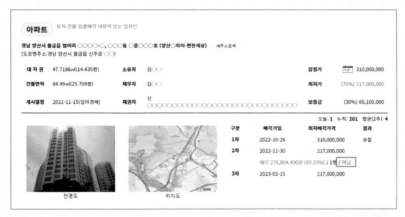

출처 : 탱크옥션

대항력

주택 임차인이 임차주택을 인도받고 전입을 마치면 그다음 날부터 주택의 소유자가 바뀌더라도 임차권을 갖고 대항할 힘입니다. 대항력은 주택임대차 과정에서 입주자가 임대차 계약 기간 동안 강제적으로 퇴거를 당하지 않고 주거할 수 있음을 보장받습니다. 또한, 입주자가 임대보증금을 전액 돌려받을 때까지 거주할 수 있는 권리입니다. 그렇다면, 대항력은 임차만 하면 무조건 생기는 걸까요? 부동산 대항력을 갖추기 위해서는 입주 후 등기상 인도와 주민등록(전입신고)을 완료해야 효력이 발생합니다. 보증금 전액을 반환받을 때까지 낙찰자에게 임차주택의 인도를 거절할 수도 있는 힘입니다.

변경

경매 진행 중 중요한 내용이 추가되거나 권리가 변동해 지정된 경매 기일에 예정대로 진행이 불가한 경우, 담당 재판부 직권으로 경매 기일을 변경할 수 있습니다. 이런 경우에 이를 알지 못하고 경매법정을 찾는 입찰자들에게 경매 진행 기일이 변경되었음을 알려주는 것입니다.

취하

경매 진행이 취소된 경우입니다. 경매 신청 채권자가 경매 신청 행위를 철회한 것입니다. 채무자가 집을 지킬 수 있게 된 상황입니다. 그 물건에 입찰을 준비하던 사람으로서 무척 허무하겠지만, 긍정적인 마인드로 다른 더 좋은 물건을 찾아야 합니다.

아파트
2022-2057
서울 동작구 신대방동 360-17, 1동 2층205호 (신대방동,신동아아파트)
(서울 동작구 여의대방로22아길 22)
건물 48.18㎡(14.574평), 대지권 20.22㎡(6.117평)
토지·건물 일괄매각

581,000,000   취하   서울중앙2계
371,840,000   (64%)   23.03.16
                          (10:00)

아파트
2022-103998
서울 관악구 봉천동 296, 202동 15층1504호 (봉천동,낙성대현대아파트)
(서울 관악구 낙성대로 37)
건물 59.78㎡(18.083평), 대지권 22.831㎡(6.906평)
토지·건물 일괄매각

837,000,000   취하   서울중앙2계
535,680,000   (64%)   23.03.16
                          (10:00)

다세대주택
2022-101410
서울 강북구 수유동 482-21, 5층501호 (수유동,서현빌리스) 외 1필지
(서울 강북구 삼양로71길 17-6)
건물 49.75㎡(15.049평), 대지권 31.09㎡(9.405평)
토지·건물 일괄매각 대항력 있는 임차인

307,000,000   취하   서울북부3계
245,600,000   (80%)   23.03.14
                          (10:00)

도시형생활주택
2021-105262
서울 도봉구 방학동 705-17, 10층1003호 (방학동,퍼스티안) 외 6필지
(서울 도봉구 도봉로150가길 27)
건물 13.6794㎡(4.138평), 대지권 6.38㎡(1.93평)
토지·건물 일괄매각 선순위 가등기,임차권등기,대항력 있는 임차인

97,000,000   취하   서울북부1계
13,019,000   (13%)   23.03.07
                         (10:00)

다세대주택
2021-56878
서울 서대문구 홍제동 206-1, 4층402호 (홍제동,월드빌) 외 1필지
(서울 서대문구 세무서2길 10-14)
건물 68.41㎡(20.694평), 대지권 32.77㎡(9.913평)
토지·건물 일괄매각 위반건축물

340,000,000   취하   서울서부5계
340,000,000   (100%)   23.02.21
                         (10:00)

출처 : 탱크옥션

유찰

유찰은 경매물건이 낙찰되지 않고 무효가 된 것을 말합니다. 쉽게 말하면, 경매물건을 살 사람이 없어 해당 물건이 낙찰되지 않은 경우입니다. 유찰되면 해당 물건을 낙찰받는 낙찰자가 생길 때까지 해당 물건의 가격은 내려가게 됩니다.

각 법원별 유찰 저감률

서울(중앙, 동부, 서부, 남부, 북부) 지방법원 20%

경기(의정부, 수원) 지방법원, 경기(고양, 남양주, 성남, 평택, 안산, 여주)지원, 인천지방법원, 인천부천지원 30%

경기 안양지원 20% …

전남 광주지방법원, 목포지원, 순천지원, 해남지원은 1회 유찰 시 30%가 저감되지만 이후부터는 20%가 저감되니 법원 및 지원별 확인이 필요함.

▌대법원 경매사이트에서 볼 수 있는 유찰된 경매물건들

	도시형생활주택 **2021-101526** 서울 영등포구 당산동3가 180, 제1층 제101호 (당산동3가, 진수빌딩) 외 18개호 외 3필지 (서울 영등포구 국회대로34길 6-1) 건물 444.36㎡(134.419평), 토지 264.5㎡(80.011평) / 미등기감정가격포함 토지·건물 일괄매각	3,175,000,000 3,175,000,000	유찰 2회 (100%)	서울남부11계 23.04.05 (10:00) 입찰 49일전
	도시형생활주택 **2020-57560** 서울 서대문구 연희동 194-30, 2층비218호 (연희동,브라운스톤 연희) 외 6필지 (서울 서대문구 연희로 82) 건물 12.77㎡(3.863평), 대지권 5.552㎡(1.679평) 토지·건물 일괄매각 임차권등기,대항력 있는 임차인	146,000,000 15,677,000	유찰 10회 (11%)	서울서부7계 23.03.28 (10:00) 입찰 41일전
	도시형생활주택 **2021-798(1)** 서울 강동구 길동 369-2, 2층203호 (길동,새봄빌라) 외 1필지 (서울 강동구 천중로42길 15) 건물 29.66㎡(8.972평), 대지권 17.8265㎡(5.393평) 토지·건물 일괄매각 임차권등기,대항력 있는 임차인	239,000,000 152,960,000	유찰 1회 (64%)	서울동부4계 23.03.27 (10:00) 입찰 40일전
	도시형생활주택 **2021-798(3)** 서울 강동구 길동 369-2, 3층303호 (길동,새봄빌라) 외 1필지 (서울 강동구 천중로42길 15) 건물 29.66㎡(8.972평), 대지권 17.8265㎡(5.393평) 토지·건물 일괄매각 임차권등기,대항력 있는 임차인	269,000,000 172,160,000	유찰 1회 (64%)	서울동부4계 23.03.27 (10:00) 입찰 40일전
	다세대주택 **2020-110363(3)** 서울 강서구 화곡동 362-153, 제7층 제701호 (화곡동, 아테나벨리스) 외 2필지 (서울 강서구 월정로30나길 22) 건물 23.56㎡(7.127평), 대지권 13.9㎡(4.205평) 토지·건물 일괄매각 임차권등기,대항력 있는 임차인	281,000,000 19,310,000	유찰 12회 (7%)	서울남부9계 23.03.22 (10:00) 입찰 35일전

출처 : 탱크옥션

기각

경매사건에 '6회 유찰', '8회 유찰'처럼 유찰이 많이 된 물건도 있습니다. 계속된 유찰로 최저매각가가 너무 낮아지면 경매 신청을 한 채권자가 받아갈 금액도 적어지겠죠? 그러면 채권자가 배당금을 못 받아가는 무잉여 상태가 됩니다. 이렇게 채권자에게 실익이 없는 경매일 경우 진행하는 의미가 없어 법원의 직권으로 '기각' 처리합니다.

하지만 무조건 기각을 시키는 것은 아닙니다. 무잉여가 되어도 법원은 상황에 따라 사건을 종결시키고자 그냥 진행하는 때도 있습니다.

입찰보증금

입찰보증금은 해당 물건 감정가의 10%입니다. 본인이 개인적으로 산정한 입찰가의 10%가 아니므로 주의해야 합니다. 만약 정해진 입찰보증금보다 더 많은 금액을 입찰보증금으로 제출하여 낙찰되었을 시에는 입찰자의 계좌번호를 알려주어 차액을 반환받는 절차가 이루어집니다. 그러므로 더 많은 금액을 입찰보증금으로 제출하였을지라도 입찰보증금의 일부를 반환받지 못하는 경우는 없습니다.

이는 집행관마다 처리 방식이 다를 수 있으므로 정확하게는 매각기일 당일 담당하는 집행관에게 미리 질문을 해야 합니다.

그러나 집행관 등이 수고스러울 수 있으므로 입찰하기 전 제출하려는 입찰보증금이 정확한 금액인지 본인 스스로 확인하는 자세가 필요합니다. (현금과 달리 금액이 정해진 수표의 경우, 입찰보증금보다 부족한 금액이 아니라면 그 이상의 금액을 수표로 제출해도 상관없습니다.)

재매각

말 그대로 다시 매각을 진행하는 것입니다. 매각을 진행했으나 전 낙찰자의 잔금 미납 등 여러 사유로 인해 낙찰 후 과정이 진행되지 않았을 경우, 재매각이 진행됩니다. 일반적으로 모든 물건의 입찰보증금은 감정가의 10%지만, 재매각 물건의 입찰보증금은 감정가의 20%(서울 기준)를 제출해야 하므로 신중히 입찰해야 합니다. (법원별 재매각 입찰보증금이 10~30%로 다르므로 입찰 전 확인이 필요합니다.)

권리분석 몰라도 경매할 수 있나요?

근저당권, 지상권, 가압류 등 용어의 뜻을 알고, 깊게 파고들수록 권리분석이 더 어렵게 느껴집니다. 하지만 어려울 것이라는 예상과 달리 경매에서는 법률 용어나 언어, 판례를 전부 외우지 않아도 됩니다. 우리는 법원에서 일하거나 전문적으로 법을 다루는 사람이 아닙니다. 자신의 투자금과 물건을 지킬 수 있게 위험요소를 알고, 함정이 있는지 정도로만 확인할 수 있으면 됩니다.

모든 경매물건은 공통으로 짚고 넘어가야 하는 권리분석이 있고, 물건마다 다르게 적용해야 하는 권리분석이 있습니다.

가장 먼저 해야 할 권리분석은 '말소기준권리'를 보아야 합니다. 말소기준권리는 경매로 소멸이 되며 말소기준권리보다 뒤늦게 설정 일자가 잡힌 권리 또한 함께 소멸합니다.

말소기준권리에는 (가)압류, (근)저당권, 경매개시결정, 전세권, 담보가등기가 있습니다. 그러나 전세권이 말소기준권리가 되려면 다음과 같은 조건들을 충족해야 합니다. 가장 먼저 설정되어야 하며 전세권이 건물 전체에 설정되어야 합니다. 그리고 배당요구 또는 경매 신청을 해야 합니다.

이 중에 하나라도 조건에 맞지 않는다면 말소기준권리가 될 수 없으며, 조건에 맞지 않은 전세권이 말소기준권리보다 선순위라면 낙찰자가 인수해야 하는 권리가 됩니다.

예를 들어, 등기부에 [1순위 전세권(배당요구 ×), 2순위 가압류, 3순위 근저당권, 4순위 가처분]으로 되어 있다고 가정했을 때, 기준권리는 2순위인 가압류가 되며 가압류 뒤로 있는 권리들은 모두 소멸됩니다. 그렇다면, 낙찰자가 인수해야 하는 권리는 2순위인 가압류보다 앞에 있는 1순위인 전세권이 되는 것입니다.

만약 등기부에 [1순위 근저당권, 2순위 가압류, 3순위 경매개시결정] 순서라면 1순위인 근저당권은 기준권리이기 때문에 소멸하고, 기준권리인 근저당권 뒤에 있는 권리들은 모두 소멸됩니다. 따라서 이런 경우에는 낙찰자가 인수해야 하는 권리는 아무것도 없습니다(민사집행법 제91조 참조).

예외로 후순위 가처분권자가 건물철거 및 토지인도청구를 위한 경우 또는 소유권이전등기에 대해 다툼이 있는 경우에는 그 후순위 가처분은 소멸하지 않고, 매수인이 인수해야 하는 권리입니다. (초보가 보기에 너무 어려우면 이런 물건은 피하면 됩니다.)

구분	구별	권리 종류	말소기준등기		비고
			전	후	
등기부	갑구	압류	말소		말소기준등기
		가압류	말소		말소기준등기
		경매개시 결정등기	말소		말소기준등기
		가처분	인수	말소	건물철거 가처분 인수
		가등기 소유권이전 가등기	인수	말소	
		가등기 담보 가등기	말소		말소기준등기
		환매등기	인수	말소	
	을구	(근)저당권	말소		말소기준등기
		전세권	인수/말소	말소	말소기준등기
		지상권	인수	말소	
		지역권	인수	말소	
		임차권 등기명령	인수	말소	
미등기		임차권	인수	말소	
		법정지상권	인수		
		유치권	인수		

그리고 부동산의 등기부 등본과 물건 명세서에 나온 임차인 여부, 전입 일자, 대항력 등을 확인해야 합니다. 세입자가 대항력은 있으나 배당신청을 안 했다면 임차인의 보증금을 낙찰자가 부담해야 합니다. 그러나 세입자의 전입신고일이 말소기준권리보다 늦게 설정되었거나 같은 날짜라면 낙찰자에게 대항력을 주장할 수 없습니다.

낙찰자에게 인수되는 권리에는 뭐가 있나요?

경매물건은 때에 따라 말소되는 권리가 있지만, 날짜와 상관없이 소멸하지 않고 그대로 인수되는 권리도 있습니다. 바로 경매 신청을 하지 않았고 배당요구도 하지 않은 선순위 전세권, 가처분등기, 유치권, 법정지상권, 예고등기입니다.

각각의 뜻과 주요 내용을 알아봅시다.

가처분등기

채무자가 임의로 부동산을 처분하지 못하게 등기부 등본에 금지사항을 기재한 것을 말합니다. 가처분등기를 하게 되면 해당 부동산은 매매 및 증여, 전세권, 임차권 설정 등 처분행위가 금지됩니다. 가처분이 선순위라면 당연히 낙찰자에게 인수되며, 후순위일 때는 경우에 따라 말소되거나 인수됩니다. 가처분이 후순위지만 인수가 되는 경우는 소유권과 관련된 가처분이거나 효력이 살아있는 가처분 등이 있습니다.

유치권

공사업체가 공사대금을 받지 못했을 때 돈을 받기 전까지 부동산을 점유할 수 있는 권리입니다. 유치권 성립 여부는 법원이 아닌 입찰자 본인이 판단해야 하므로 주의해야 합니다.

법정지상권

등기를 설정하지 않아도 지상권과 같은 효력을 가진 권리를 말합니다. 매각물건명세서를 보면 '건물만 매각', '토지만 매각' 등과 같은 문구를 볼 수 있습니다. 이것이 법정지상권과 관련이 있는 사항입니다.

지상권은 토지에 주인은 따로 있지만, 그 토지에 건물을 짓거나 사용할 수 있는 권리를 말합니다. 이때 토지와 건물의 주인이 다를 경우 건물의 주인은 토지를 빌리는 임대차 계약을 하고 토지 등기부 등본에 지상권을 설정합니다.

법정지상권은 토지와 건물의 소유자가 다를 때 건물철거에 대한 특약이 없는 한 건물주가 토지를 계속 사용할 수 있습니다. 이는 강제로 건물철거를 당하는 건물주와 담보권자를 보호하기 위함입니다. 그러므로 만약 법정지상권이 성립된 토지를 낙찰받으려 할 때는 낙찰자 임의대로 토지를 활용할 수 없으므로 주의해야 합니다.

법정지상권이 성립되려면 저당권 설정 당시 토지 위에 건물이 존재했는지와 토지와 건물의 소유자가 동일인이었는지를 따져야 하며 다음에 경매 등으로 인해 소유자가 달라져야 합니다.

예고등기

부동산이 소송을 하는 중이며 등기에 문제가 있어서 법원 직권으로 등기부 등본에 표시했습니다. 하지만 취지와는 다르게 이를 악용해 허위 소송을 하고 유찰로 이르게끔 하는 일이 잦아져서 2011년 부동산등기법 개정에 따라 폐지되었습니다. 그렇지만 이미 적용된 예고등기는 효력이 있으므로 주의해야 하며, 후순위일지라도 경우에 따라 낙찰자에게 인수될 수 있으니 꼭 확인해야 합니다.

전반적인 용어 이해와 암기만으로도 수익을 낼 수 있는 물건은 많습니다. 물론 더 깊이 공부할수록 더 큰 수익을 낼 수 있는 분야 역시 경매 권리분석입니다.

그러니 자신의 상황에 맞는 물건을 찾으면 됩니다. 권리분석에 자신이 없다면 복잡한 권리관계를 풀어야 하는 특수한 물건은 거르고, 수월한 물건들로 선별해 입찰하면 됩니다.

유치권, 가처분 등 '어려운 물건을 하나 해냈다!'라는 뿌듯함을 얻고 싶은 목적이 아니라면, 권리관계가 분명하게 보이고 위험하지 않은 물건에 입찰하는 것을 추천해 드립니다.

권리분석은 물건을 낙찰받고 수익을 낼 때까지 하나의 과정일 뿐 경매의 최종 목적지가 아닙니다. 짚고 넘어가는 정도로만 여기고 낙찰자에게 올 피해만 잘 분석한다면, 그렇게 어려운 단계가 아닙니다. 용어를 잘 모른다고 하더라도 충분히 풀어나갈 수 있습니다.

경매 권리분석은 기본 용어와 원리만 완벽하게 알면 큰 수익이 보장하는 매력적인 과정입니다.

왜 한 사건에
여러 개의 물건번호가 있나요?

경매물건을 검색하다 보면 여러 개의 물건번호가 함께 나온 사건이 있습니다. 예를 들어, 오피스텔이나 상가 등의 소유자인 법인이 부도가 났거나 임대주택 전체가 나오는 경우 여러 개의 물건번호를 가지고 한 사건으로 경매에 나옵니다.

매각하는 방법으로는 개별매각과 일괄매각이 있습니다. 2개 이상의 부동산이 공동담보가 되어 해당 채권으로 경매가 신청되면 공동담보 물건이 경매로 나오게 됩니다. 이 경매물건을 묶어서 한꺼번에 매각하면 일괄매각이 되고, 각각 개별로 매각하면 개별매각이 됩니다.

민사집행법은 개별매각을 원칙으로 하고 있지만, 민사집행법 제98조에 해당하는 경우에는 일괄매각을 선택할 수 있습니다. (민사집행법 제98조 법원은 여러 개의 부동산의 위치, 형태, 이용관계 등을 고려해 이를 일괄매수하게 하는 것이 알맞다고 인정하는 경우에는 직권으로 또는 이

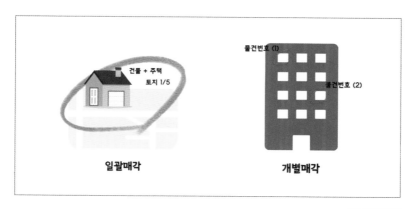

해관계인의 신청에 따라 일괄매각하도록 결정할 수 있음.)

따라서 개별매각이 원칙이지만 경우에 따라 선택사항으로 일괄매각을 택할 수 있습니다.

일괄매각 사례

이 사례는 동일한 건물인 한 빌라 안에서 각각의 호실 여러 개가 경매로 나온 경우입니다.

자세히 살펴보면 1층 101호와 함께 102호, 103호, 104호, 105호 외에 20호가 함께 나온 것을 볼 수 있습니다. 이렇게 한 사건에 여러 호실의 물건이 나온 것을 일괄매각이라 합니다.

개별매각 사례

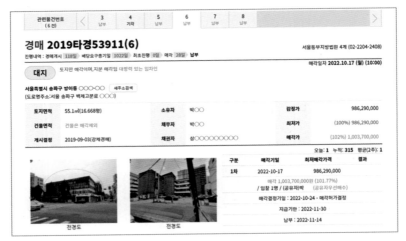

출처 : 탱크옥션

채권자가 채무자 한 명을 대상으로 채무자의 부동산을 담보로 저당권을 설정했을 때 해당합니다. 여러 부동산이 개별로 나누어져 있으며, 사건번호는 모두 같지만 물건번호로 각각 구분되어 경매가 진행됩니다.

입찰 시 주의할 점은?

앞과 같은 사유로 인해 한 사람이 소유한 물건들이 동시에 한 사건 번호로 나오는 것을 개별경매라고 합니다. 사건번호 뒤에는 괄호( ) 안 숫자인 물건번호를 꼭 알맞게 작성해 물건을 구별해야 합니다.

한 사건번호에 하나의 물건으로만 이루어진 경매물건은 물건번호 가 1이기 때문에 사건번호만 기재하고, 물건번호를 생략하는 경우가 많습니다.

그러나 한 사건번호에 물건번호가 여러 개로 나온 개별매각 물건 은 입찰 시 반드시 물건번호를 기재해야 합니다. 물건번호 미기재 시 어떠한 물건의 입찰인지 알 수 없으므로 경매 입찰을 무효로 처리해 서 패찰이 됩니다. 꼭 해당 물건의 물건번호까지 기재하는 습관이 필 요합니다.

또 주의해야 할 점이 있습니다. 여러 개의 물건번호 중 한 물건에 입찰해 낙찰을 받았다면 다른 물건번호의 낙찰이 모두 이뤄질 때까 지 기다려야 합니다. 다시 말해 모든 물건이 낙찰될 때까지 배당기일 이 결정되지 않으며 인도명령이 나오지 않습니다. 이는 다른 물건이 계속 유찰이 된다면 돈이 묶이는 상황으로 이어집니다.

배당은 모든 물건이 매각된 후 배당이 시행되기 때문에 먼저 낙찰 을 받은 낙찰자는 수개월에 걸쳐 기다려야 하는 일이 발생합니다. 그 러므로 본인이 들어갈 물건이 여러 개의 물건번호가 있는 물건이라 면 다른 물건번호의 물건들까지 훑어보고 다른 물건들이 큰 문제 없 이 낙찰될지 파악해보는 것도 중요합니다.

돈이 부족한데
대출받아서 경매할 수 있나요?

이 질문은 다양하게 해석할 수 있는데요.

첫 번째, "대출을 받아서 경매하면 위험하지 않나요?"

네. 경매를 포함해 다른 투자도 마찬가지로 대출을 받아서 내 자본 대비 투자금을 줄여야 수익이 올라갑니다. 경매로 부동산을 낙찰받고 대출을 받았는데 이자는 물론 원금까지 위험하게 된 물건이라면, 그 것은 대출 실행에 문제가 있는 것이 아닙니다. 낙찰자 본인이 경매물 건을 잘못 찾았거나 잘 찾은 물건일지라도 진행을 잘못한 것입니다.

제일 중요한 것은 좋은 물건을 보는 눈을 키우는 것입니다. 그다음 에는 좋은 물건을 잘 진행하는 기술을 쌓으며 대출에 대한 마음을 여 는 것입니다.

두 번째, "부동산 하락기에 대출을 받아 경매해도 되나요?"

사실 전문가도 이런 시국에는 대출을 받기 어렵습니다. DSR, LTV 모두 막아 놓아서 은행 대출로 쉽게 경매를 할 수 있는 건 무주택자이거나 생애최초주택 구매자들뿐입니다. 그렇다고 이런 어려운 시기에 모두 부동산 구매나 투자의 세계를 떠날 거라고 생각한다면 좀 더 공부가 필요합니다.

어려운 시기에 모두가 힘들어할 때도 기회는 꼭 있습니다. 그때 해답을 찾는지 아닌지에 따라 10년 뒤 자산 규모가 달라집니다. 무모한 도전을 하라는 게 아닙니다. 위기 상황이니 높은 이자를 감당하면서도 수익을 뽑을 수 있는 물건을 찾으라는 겁니다. 또는 재고가 많아서 창고 대 개방 세일 중이니, 이참에 명품을 폭탄 세일가로 구매하라는 겁니다.

경매가 무조건 위험하지 않은 것처럼 대출 또한 무조건 위험하지 않습니다. 수익을 극대화하려는 노력은 하지 않고 큰 수익만을 보려는 당신의 놀부 심보와 잘 알지 못하고 아는 척 자신을 속이는 그 마음이 가장 위험합니다.

힘든 경매의 전 과정을 다 겪고도 수익이 없다면 굳이 경매라는 도구로 부동산을 취득하는 건 포기하길 부탁드립니다. 부동산 경기와 함께 건설 경기도 침체기라서 국내 내수 경기도 불경기입니다. 이럴 때는 꽉 조였던 각종 규제가 슬슬 풀리기 시작합니다.

대출은 대출상담자도 내용을 다 모를 정도로 자주 바뀝니다. 세금처럼요. 따라서 대출조건표를 수시로 점검하면서 진행해야 합니다.

※ 다음 대출조건표는 2023년 시행될 예정표까지 담은 것입니다.

계속 변하는 대출조건 때문에 출간 직전까지 수정을 거듭했지만, 상황이 달라질 수 있습니다. 실제로 대출을 실행할 때는 당시 상황을 기준으로 꼭 다시 확인해주세요!

주택 담보대출 (2022년 12월부터 시행)

주택가격	구분	투기 및 투기과열 지역				조정외 지역	
		LTV	DSR			LTV	DSR
9억 미만 주택	생애최초	80%	40%			80%	40%
	서민실수요자	70%	40%			70%	40%
	무주택세대	50%	40%			70%	40%
	1주택세대	50%	40%			60%	40%
	다주택세대	×	×			60%	40%
9억 초과 주택	기존	40% + 20%	40%	50% + 30%	40%	70% (60%)	40%
	수정	50%	40%	50%	40%	70% (60%)	40%
15억 초과 주택	기존	×	×			70% (60%)	40%
	수정	50%	40%	50%	40%	70% (60%)	40%

경매 초보가 꼭 알아야 할 질문 TOP 88

경락대출

지역별 LTV / 낙찰 80~90%

	서민실수요자	무주택세대	유주택세대 (처분조건)	
투기 지역	70%	50%	50%	
조정 지역	70%	50%	50%	
조정외 지역	70%	70%	60%	처분조건 없음

※ 2022년 3분기부터 2년 내 처분 조건
※ 2022년 3분기부터 6개월 내 전입조건 철회

생애최초주택 담보대출 요건

- 세대 전원 주택구매 이력 없어야 함.
- 지역, 가격, 소득 제한 없음. (농협은 지역에 따라 편차 있음.)
- DSR 40% 범위 내 최대 6억 원 가능
- 22년 8월부터 시행

서민실수요자 요건

- 최대 한도 6억 원
- 부부합산 소득 9천만 원 이하, 무주택세대주
- 주택가격 9억 원 이하

> **TIP**
> • DTI : 총부채상환비율. 연간 총소득에서 연간 부채 상환액이 차지하는 비율.
> • LTV : 주택담보인정비율. 주택 담보가치 대비 대출 비율.
> • DSR : 총부채원리금상환비율. 차주의 상환능력 대비 원리금상환부담을 나타내는 지표.

DSR

- 총부채 원리금 상환비율 (모든 대출의 원금 + 이자 / 연 소득)
- 22년 7월부터 1억 이상 40%, 1억 이하 70% 적용

	투기지역	조정 지역	조정외 지역
주택가격	9억 원 이하	8억 원 이하	가격 무관
LTV	70%	70%	70%
DSR	대출 1억 원 이하 70%		
	대출 1억 원 이상 은행권 40%, 비은행권(조합, 보험사 등) 50%		

투기, 투기과열지구

- 15억 원 초과 아파트 50% [무주택, 1주택자(처분조건)]

* 투기지역 : 강남 / 서초 / 송파 / 용산

규제지역

- 무주택, 1주택자(처분조건)

- 주택 가격과는 무관하게 50%

중도금 대출

- 분양가 9억 원 → 12억 원으로 상향

세입자 대출

은행의 신용대출 금리와 주택담보대출의 금리도 지금보다 더 오를 것입니다. 연 5%대 신용대출은 사라지고, 주택담보대출 금리는

2023년 안으로 연 8%를 돌파할 거라는 예측이 많습니다.

주택담보 대출인 버팀목 전세대출은 한도가 늘어났습니다. 버팀목 전세대출은 낮은 금리로 전세자금을 빌려주는 정책금융 대출상품입니다. 청년에게는 보증금 1억 원 이하의 주택에 대해 7천만 원까지 대출해주었지만, 현재는 보증금 3억 원 이하의 주택에 대해 2억 원까지 대출할 수 있습니다.

신혼부부에게는 수도권이면 보증금 3억 원 이하의 주택에 대해 2억 원까지 대출해주었지만, 현재는 보증금 4억 원 이하의 주택에 대해 3억 원까지 대출할 수 있습니다. 지방의 경우 보증금 2억 원 이하의 주택에 대해 1억 6천만 원까지 대출해주었지만, 현재는 보증금 3억 원 이하의 주택에 대해 2억 원까지 대출할 수 있습니다.

또 다른 대출로 디딤돌 대출이 있습니다. 이 대출도 버팀목 대출과 같이 정책금융 대출상품입니다. 시중 은행의 주택담보대출보다 낮은 금리로 주택구입자금을 대출해주며 10월 21일부터는 디딤돌 대출을 이용하는 분들이 변동금리에서 고정금리로 갈아탈 수 있습니다.

추가로 더 유리한 주택담보대출로 갈아탈 방법이 생겼습니다. 결혼 전 디딤돌 대출을 이용하다가 결혼 후 신혼부부 우대 디딤돌 대출로 갈아타려는 경우, 기존 대출을 다 갚아야 했습니다. 그러나 앞으로는 '생애주기형 구입자금 전환대출'을 이용해 기존 대출을 다 갚지 않아도 신혼부부 우대 디딤돌 대출로 갈아탈 수 있습니다.

(2023년 1월 자료제공 : 이일법무법인 대출상담 박광명 부장)

대출받아서 경매하면
결국, 빚이 생기는 거 아닌가요?

'빚'이라는 것이 정확히 뭔지 생각해본 적 있으세요?

빚을 영어로 레버리지leverage라고 알고 있는 경우가 많은데요. 우리가 알고 있는 대출 중 건강한 대출만을 레버리지라고 표현합니다. 일명 지렛대 효과입니다. 작은 힘을 들여서 병뚜껑을 딸 수 있는 원리입니다.

우리는 연약하기 짝이 없는 소액투자자입니다. 평생 월급을 받아서 아껴 써도 저축할 수 있는 돈은 아주 적습니다. 말이 쉽지 종잣돈을 모으려면 쓰리잡을 해야 할 형편입니다. 저도 경험해본 결과, 무작정 추천할 만한 일은 아니었습니다. 피로가 쌓여 새벽 운전을 하다 졸려서 큰 사고로 이어질 뻔한 적도 여러 번 있었습니다. 그래서 저는 쓰리잡은 추천을 못 하지만, 대출은 능력껏 꼭 사용하라고 추천합니다. 힘을 아껴가면서 투자할 수 있는 좋은 혜택입니다.

반면, 다른 빚이 하나 있습니다. 이건 나쁜 빚인데요. 일단 대출을 받고, 내 자본이 늘어난 상황이라고 가정해봅시다. 이때 나쁜 빚은 그 돈을 꼭 필요하지 않은 것을 사느라 흥청망청 써 버리는 겁니다. 그건 인생을 탕진하는 지름길입니다.

빚의 의미가 조금 정리되셨나요?

어떤 의미에서 대출은 능력이라고 할 수도 있고, 한편으론 자산이기도 합니다. 내 재산을 부풀리는 대출은 권장하고, 내 재산을 탕진하는 대출은 멈춰야 합니다. 무분별하게 누군가가 또는 지인이 카더라는 정보에 대출받은 돈을 투자하다 보니 여기저기에서 파산하는 투자자들의 뉴스를 듣곤 하는데요. 그들은 대출을 받게 한 현실을 핑계 삼습니다. 그런데 사실 대출은 잘못이 없습니다. 대출을 잘못 사용한 투자자의 잘못입니다.

소중한 내 신용 덕분에 나온 대출을 돈 버는 기술을 발휘하는 데 잘 활용하길 바랍니다.

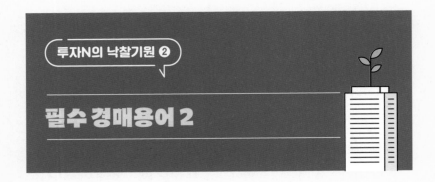

투자N의 낙찰기원 ❷

필수 경매용어 2

강제경매 (법원의 판결문 필요)

소송을 통해 집행권원을 받아 진행하는 절차. 집행권원은 판결문, 조정조서, 화해
조서 등 법원에서 법으로 일정한 급부청구권의 존재와 범위를 확인해서 강제집행
을 인정해주는 공인증서를 말합니다.

강제경매는 법원을 통해서 받은 집행권원으로 경매를 신청하는 것이기 때문에 경
매를 취소할 때도 별도의 소송절차가 필요합니다. 이의를 통한 소송 분쟁이 시작
되면 확정판결이 날 때까지 경매 진행이 정지됩니다.

임의경매 (법원의 판결문 없이 진행)

담보권 실행을 통해서 채권을 회수하기 위한 절차. 담보권이란 전세권, 담보가등
기, 근저당 등을 말합니다. 담보물권의 존재를 전제로 하므로 경매 신청 시에 담
보물권의 존재를 증명하는 서면을 제출해야 합니다. 경매에서 담보가등기는 저당
권으로 봄으로써 최선순위인 경우에도 소멸하며 말소기준권리가 됩니다.

주로 은행에서 돈을 빌린 사람이 기간 안에 갚지 않은 경우 돈을 빌려줄 때 설정
한 근저당권을 토대로 별도의 소송 없이 말소기준권리 경매로 물건을 낙찰받을
때 물건에 존재하던 권리가 소멸하는지, 혹은 그대로 남아있어 낙찰자에게 인수
되는지의 기준이 되는 권리입니다.

경우에 따라 말소권리기준보다 앞에 권리가 존재한다면 그 권리는 낙찰자에게 인수가 되며, 말소권리기준 뒤에 존재하는 권리는 소멸합니다. 바로 경매 신청을 할수 있는 것을 말합니다. 즉, 별도의 판결문 없이 바로 경매를 신청할 수 있습니다.

말소기준권리

경매로 물건을 낙찰받을 때 물건에 존재하던 권리가 소멸하는지, 혹은 그대로 남아있어 낙찰자에게 인수되는지의 기준이 되는 권리입니다. 경우에 따라 말소기준권리보다 앞에 권리가 존재한다면 그 권리는 낙찰자에게 인수가 되며, 말소기준권리 뒤에 존재하는 권리는 소멸합니다.

말소의 기준이 되는 최선순위 권리는 저당권, 근저당권, 압류, 가압류, 경매개시결정등기, 담보가등기, 전세권(조건 있음) 중 가장 먼저 등기된 권리가 됩니다.

이 말소기준권리보다 먼저 등기된 권리는 매수인에게 인수(선순위 권리)되며, 말소기준권리보다 후에 등기된 권리는 대부분 말소(후순위 권리)됩니다(「민사집행법」 제91조 제3항, 제144조 제1항 제3호 및 「가등기담보 등에 관한 법률」 제15조).

■ 말소기준권리보다 우선이 되는 사항

순위	내용
0	경매 집행비용
1	경매 목적물에 사용된 필요비, 유익비

2	– 소액임차인 최우선 변제금
	   (주택임대차보호법, 상가건물 임대차보호법에 따른 소액보증금 중 일정액)
	– 최우선임금채권
	   (근로기준법상 3개월분 임금, 근로자퇴직급여 보장법상 3년분 퇴직금)
	– 재해보상금 전액

3	당해세
4	근저당권 전세권 담보물권 (가등기) 임차권 (확정일자를 받은 임차인 보증금) 조세채권 법정 기일 기준으로, 권리가 발생한 순서대로 배당순위 결정

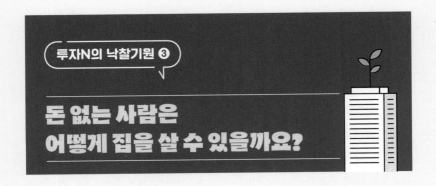

투자N의 낙찰기원 ❸

돈 없는 사람은
어떻게 집을 살 수 있을까요?

저는 가난했기에 오히려 어릴 때부터 꼭 필요한 것과 덜 필요한 것을 구분하는 습관을 갖게 되었습니다. 지금도 꼭 필요한 투자와 안 해야 할 투자를 구분하는 데 탁월한 재능이 있습니다. 참! 소중한 재능을 미리미리 훈련했네요.

제가 경매투자로 번 돈을 신축에 쏟아부었다가 쫄딱 망한 후 다시 회생했을 때가 있었습니다. 부동산 규제를 강화한 노무현 정부(2003~2008년) 시절, 서울 아파트(전용면적 85㎡) 중위가격은 94% 상승했습니다. 이명박 정부(2008~2013년)에 들어서 서울 아파트 가격은 13% 하락했습니다. 공급을 확대한 결과인데요. 그 후 박근혜 정부(2013~2017년 5월)에서는 대출과 재건축규제를 완화해주었습니다.

그 시절에 저도 경매로 집을 다시 살 수 있게 되었습니다. 한 명에게 해주는 최대 대출건수는 총 4건까지 가능했습니다(일명 방빼기 없이). 보증을 서울보증보험(MCI-2개)에서 해주었고, 주택공사(MCG-2개)에서 소정의 보증료를 낙찰자가 지불하고 최대 80~90%까지 대출을 실행해주어 경락잔금을 낼 수 있었습니다. 또한 취·등록세도 절감해주었습니다. 좋은 물건을 낙찰만 받으면 소액으로 경매가 가능했습니다.

이처럼 규제가 심하면 결국 다시 풀어주는 시기가 옵니다. 그때가 기회입니다. 준비된 사람만이 기회를 잡을 수 있습니다. 그렇게 집을 살 기회가 있었습니다.

넉넉한 종잣돈과 여유 있는 시간을 가지고 내 집 마련을 하는 사람은 드뭅니다.

그리고 '내 집 마련'은 현재의 가난을 극복하는 최고의 방법입니다. 어려울수록 내일을 준비해야 합니다.

이명박·박근혜 정부 주요 부동산 규제 완화책

정부	날짜		규제 완화책
이명박	2008년	8월 21일	재건축 안전진단 2회→1회 축소
			수도권 전매제한 기간 5~10년 → 1~7년 완화
		10월 21일	투기지역 및 투기과열지구 조정
		11월 3일	강남3구 제외 주택투기과열지구, 투기지역 등 해제
	2010년	8월 29일	무주택·1주택자 DTI규제 한시 제외
			다주택 양도세 중과 완화 2년, 취·등록세 감면 1년 연장
	2011년	3월 22일	주택거래 취득세 연말까지 50% 감면
		12월 7일	투기과열지구 해제
			재건축 초과이익부담금 2년간 부과 중지
	2012년	5월 10일	강남3구 투기지역 해제
박근혜	2013년	4월 1일	미분양.신축주택 외 기존주택 양도세 5년간 면제
			분양가상한제 신축 운영
		8월 28일	취득세율 영구인하
	2014년	7월 24일	주택담보대출 규제 완화(LTV 70%, DTI 60%)
		9월 1일	재건축 연한 규제 완화(최장 40년 → 30년)

출처 : 비즈니스워치

LTV 70%·DTI 60% 다음 달부터 적용

(서울=뉴스1) 이훈철 2014-07-27 23:12 송고

💬 댓글   ⌔ 가 🖨

박근혜 정부 새 경제팀이 발표한 주택담보인정비율(LTV)과 총부채상환비율(DTI) 완화 방안이 다음 달부터 시행된다.
금융위원회는 LTV·DTI 등 주택대출규제 합리화 과제에 대한 절차를 이달 말까지 마무리하고, 8월1일부터 시행할 예정이라고 27일 밝혔다.
앞서 정부는 지난 24일 금융업권별 지역별로 차등적용됐던 LTV·DTI 비율을 통일하고 은행권 적용비율을 상향하는 쪽으로 규제를 완화키로 했다.
LTV는 전 금융권에 대해 70%, DTI는 수도권과 모든 금융권에 60%가 적용된다.

출처 : 뉴스원

2부

본격! 경매 6단계
입찰부터 낙찰까지

1단계 │ 경매물건 검색

경매물건은
어떤 경로로 경매에 나오나요?

부동산을 팔 때는 부동산중개업소에 내놓거나 온라인 매물 사이트에 올리면 됩니다. 이렇게 일반적으로 누구나 활용할 수 있는 방법을 제외한 것이 '경매'입니다. 그렇다면 경매물건은 왜 기존 부동산 매매법이 아니라 법원 경매로 나오게 되었을까요?

부동산이 경매로 나오는 이유는 다양합니다. 부동산을 살 때 은행에 대출을 받았는데, 이자나 원금을 갚지 못하면 은행은 부동산을 저당(부동산이나 동산을 채무의 담보) 잡습니다. 그리고 부동산을 부실채권으로 넘기면서 법원 경매가 진행됩니다. 경매물건 중에는 은행이 법원에 경매를 신청해 나오는 경우가 많습니다.

또, 임대인이 세입자와 부동산 임대계약을 하면 세입자로부터 보증금을 받게 됩니다. 그러나 정해진 임대계약 기간이 종결됨에도 불구하고 보증금을 돌려주지 않으면 세입자가 보증금을 돌려받고자 법원에 경매를 신청할 수 있습니다. 이럴 때도 부동산이 경매물건으로 나오게 됩니다. 최근 몇몇 못된 임대인들이 일부러 작정하고 깡통전세라는 전세 사기 사건을 발생시켜 여러 임차인의 피해가 급증하고 있습니다.

그리고 공유물 분할 및 상속재산을 나누는 데 합의가 원활하게 되지 않을 때도 경매를 활용합니다. 여러 명이 상속을 받게 되면 처분과 관리의 의사가 분분하므로 법원이 중재자 역할을 하며 매각을 대신에 해주는 것입니다. 경매를 신청하면 경매 절차를 통해 부동산을 다른 사람에게 넘기고 각 지분 비율에 따라 현금을 나누어 받습니다.

한편, 개인 간의 돈 문제로 인해 경매물건이 나오는 경우도 있습니다. 경매 채무자가 빚을 갚지 못해 채권자가 채무자 소유의 부동산을 강제로 매각하면서 부동산이 경매물건으로 나오게 되는 것입니다. 간혹 경매로 나오는 집은 재수가 없으며, 경매하는 사람들 또한 무조건 집을 뺏어간다고 오해해서 나쁜 것이라고 생각하는 사람이 많습니다.

그러나 조금만 공부해 보면 경매의 원리를 알 수 있습니다. 경매란 채무자의 빚을 낙찰금으로 갚을 수 있고, 낙찰자는 부동산을 싸게 살 수 있는 좋은 시스템입니다.

하나의 부동산이 경매로 나오게 되는 과정은?

채권자가 부동산 강제경매신청서를 법원에 제출하면 법원에서 경매개시결정을 내리게 되고, 법원에서 등기소에 경매개시결정 기입등기 요청 및 채무자에게 경매 사실을 알립니다.

그 후 법원에서 채권자들이 채무자에게 받아야 하는 돈에 관한 기한이 정해진 배당요구종기공고를 냅니다. 경매개시결정이 되면 법원에서는 집에 대한 감정평가와 현황조사를 합니다.

감정평가란 의뢰를 받은 감정평가사가 경매물건의 감정값을 평가하고 이를 바탕으로 최저매각가격을 정하는 것입니다. 현황조사는 집행관이 보증금 액수, 전입신고 여부 등을 조사하러 오는 것인데요. 이것은 누락 및 오류가 있을 수 있어 참고로만 보는 게 좋습니다.

이렇게 여러 심사를 거치고 매각결정기일과 매각공고까지 끝나면 경매사이트에도 경매물건으로 올라오고 입찰이 진행됩니다.

낙찰대금을 채권자들에게 나누어주는 배당절차가 진행됩니다. 채권자들 중 돌려받지 못한 채권이 발생하면 채무자에게 압류가 들어갑니다. 그러나 채무자가 갚지 못한 채권 중 낙찰자가 인수해야 하는 채권이 있다는 것을 주의해야 합니다.

▌경매의 진행 과정

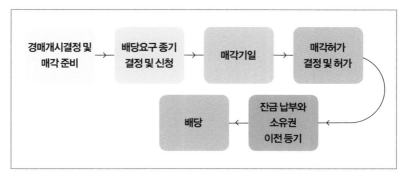

출처 : 모세컴퍼니

낙찰을 부르는 TIP

경매가 시작되는 빚의 종류

· 근저당

대출로 집을 사면 그 집이 담보됩니다. 주택의 소유권에 관한 권리관계가 등기부등본에 은행-근저당이라 적혀집니다. 집주인은 빚을 갚을 의무가 있는 채무자가 됩니다.

· 카드빚 압류

신용카드를 쓰다 보면 대금을 내는 날이 옵니다. 하지만 카드 대금을 날짜 안에 내지 못한다면 카드회사에서 사용자의 집 등 재산을 압류할 수 있습니다.

· 보증금

빚은 돌려줘야 하는 돈을 못 준 것입니다. 그렇다면 계약에서 생긴 보증금 또한 빚이라 할 수 있습니다. 임차인이 준 보증금 역시 계약 기간 종료에 맞춰 돌려줘야 하는데 이 돈을 못 주었을 때 경매가 진행될 수 있습니다. 이런 경매는 '강제경매'라 하고 임차인이 보증금반환청구 소송을 진행해 판결문 받은 후 경매가 시작됩니다.

꼭 알아야 할
질문

17

경매예정 물건은
어디에서 확인하나요?

경매물건은 감정평가법인에서 감정을 받은 가격으로 매각일 14일 전에 공고가 됩니다. 경매 초보는 경매물건을 검색하는 것조차 어렵습니다. 좋은 물건 보는 눈은 두 번째고, 경매물건을 어디서 봐야 하는지가 궁금한데요.

'인터넷에 검색하면 경매물건이 나온다' 정도로만 알고 있을 뿐 정확한 방법을 모르는 이들을 위해 경매예정 물건을 볼 수 있는 사이트를 알아보겠습니다.

무료 경매사이트

대법원 법원경매정보 www.courtauction.go.kr

대법원에서 운영하는 사이트로 법원에서 진행 중인 경매의 모든 물건을 확인할 수 있습니다.

해당 사이트는 다른 업체에서 운영하는 경매사이트보다 정확하고 신뢰할 만한 정보를 얻을 수 있다는 장점이 있습니다. 일반 업체의 경매사이트에서 제공하는 모든 정보는 대법원 경매사이트에서 자료를 훑어 가져오는 것이기 때문에 출처의 원본은 대법원 경매사이트에 있습니다.

제공하는 정보로는 경매공고 / 경매물건 / 매각통계 / 경매지식 등의 카테고리가 있습니다. 목적에 맞게 해당하는 카테고리에 접속해 물건검색 및 정보를 확인할 수 있습니다. 초보, 고수 할 것 없이 누구든지 언제나 접속할 수 있습니다.

하지만, 등기부, 건축물대장 등과 같은 서류는 제공하지 않습니다. 서류에 대한 부분은 유료로 확인하는 별도의 절차가 필요합니다. 즉, 무료이면서 법원에서 진행하므로 전혀 친절하지도 않고 임장에 관한 정보도 따로 제공하지 않는다는 단점이 있습니다.

유료 경매사이트

탱크옥션, 지지옥션, 경매나라, 옥션원, 스피드옥션 등

유료 경매사이트는 유료회원 등록 후 물건검색뿐만 아니라 대법원 법원경매정보 사이트에서는 확인하지 못했던 등기부, 건축물대장, 토지대장 등 경매에 필요한 정보 서류를 쉽게 확인할 수 있습니다. 사이트마다 이용요금, 제공하는 정보, 사이트 구성이 다르므로 비교해본 후 본인에게 맞는 사이트를 가입하면 됩니다.

추가로 '경매마당', '네이버 부동산 경매(한 아이디 당 월 3건 무료)'라는 무료 사이트와 '옥션원'이라는 유료 사이트가 있습니다.

옥션원은 네이버 부동산 경매에도 정보를 제공하고 있어 네이버 부동산 경매에서 경매 물건을 보시는 분들은 옥션원 사이트가 익숙하게 느껴질 수 있습니다. 옥션원은 전화번호 1개 당 24시간 무제한 정보열람이 가능하기 때문에 유료로 사용할 경매사이트를 고민하거나 무료로 정보열람을 하고 싶은 분들이 활용해보면 도움이 됩니다.

 **낙찰을 부르는 TIP**

유료 경매사이트 주소

탱크옥션 www.tankauction.com
지지옥션 www.ggi.co.kr
경매나라 www.auctionnara.co.kr
옥션원(옛 굿옥션) www.auction1.co.kr
스피드옥션 www.speedauction.co.kr
한국부동산경매정보 www.auction119.co.kr

경매, 공매, 동산경매는 뭐가 다른가요?

경매와 공매는 경쟁입찰을 진행하게 되는 주체가 다릅니다.

경매는 법원이 민사집행법을 근거로 일반 사적인 채무관계 해결을 위한 것이 많습니다. 매각 후 명도를 위한 인도명령 제도가 있습니다.

공매는 공적인 채무관계를 해결하고자 국가 또는 금융기관의 위탁으로 인해 한국자산관리공단이 국세징수법 등을 근거로 매각을 집행해 입찰자가 소유권을 취득하게 되는 방식입니다.

세금을 징수하기 위한 목적이기 때문에 재산을 처분할 수 있지만, 체납자를 강제로 내보낼 수 있는 법률은 없으므로 낙찰자(매수자)가 개별 소송이나 합의를 통해 명도해야 합니다.

쉽게 말해, 경매란 빌려 간 돈을 제날짜에 갚지 못해서 담보로 가지고 있던 부동산에 대한 강제집행을 하는 것입니다. 그리고, 공매란 개인이나 법인이 세금을 체납했을 경우 소유 재산을 압류하고 한국자산

관리공사에 위탁해 압류한 재산을 공매로 처분하는 것을 말합니다.

경매의 경우 현장입찰만 가능하며 매수자의 명의를 변경하거나 재입찰, 매각을 위한 대금 납부를 나누는 것 등이 불가능하지만, 공매의 경우는 온비드를 통한 온라인 입찰이 진행되며 매수자 명의의 변경이 가능함은 물론 재입찰도 대금의 분할납부도 모두 가능합니다.

여기서 입찰보증금의 차이가 있습니다. 경매는 최저가의 10%(재경매의 경우 20%)이지만, 공매는 입찰가의 10%입니다. 입찰가의 10%란 내가 받고 싶은 가격의 10%란 뜻입니다. 경매와 공매는 유찰되는 경우가 발생하는데 경매가 유찰됐을 때는 20~30% 정도 가격을 낮춰서 재진행되지만 공매는 10%씩 낮추며 재진행됩니다.

경매는 주변에서 형성된 기본 시장가보다 저렴하므로 더 적은 자본으로 투자할 수 있습니다. 하지만 물건에 따라 복잡한 권리분석 과정을 거쳐야 합니다. 추가로 매각 후 이해관계인이 결과에 불복해 항고할 수도 있습니다. 항고할 때는 낙찰 대금의 10%를 공탁해야 하고, 항고가 기각 또는 각하될 경우 법원에서 공탁금을 몰수해 배당 금액에 편입합니다. 이는 항고장이 제출되면 문건 / 송달내역에서 확인할 수 있습니다.

공매는 항고 제도를 인정하지 않으며, 압류자산에 대해 투명하게 공개해야 한다는 측면에서 관련된 정보를 쉽게 얻을 수 있으며, 굳이 법원에 가지 않아도 온라인으로 쉽게 입찰할 수 있다는 장점이 있습니다. 하지만 국가와 관련된 문제로 나온 매물이라서 선택의 폭이 좁은 제한적인 거래가 이뤄질 가능성이 크다는 단점이 있습니다.

그리고, (유체)동산경매란 '움직임'이 가능한 재산을 의미합니다.

흔히 드라마나 영화에서 물건에 빨간딱지가 붙는 장면을 본 것처럼 집 안에 있는 가구나 전자제품을 포함한 물건들이라고 생각하면 쉽습니다.

유체동산 압류를 진행하는 공간은 대부분 가정집입니다. 강제집행 후 집행관과 함께 온 노무 업체에서 채무자의 짐을 창고로 옮겨 보관하게 됩니다. 노무 업체는 법원과 연결되어 지정되는 업체로 보관장소 또한 법원이 지정한 업체에서 운영 중인 창고로 옮겨집니다.

그 후 보관 중인 짐은 채무자에게 인수할 연락을 하고, 인수하지 않는 상황이 된다면 동산경매로 넘어가게 되는 것입니다. 주로 채권자가 동산경매를 신청하지만, 법원에 따라 동산경매로 넘겨 날짜를 지정해 주는 곳도 있습니다.

경매, 공매, 동산경매 모두 법원마다 하는 방식이 조금씩 다르므로 항상 확인은 해당 법원 집행관, 경매계에 하는 게 바람직합니다. 압류되는 짐이 채권자에게 간다고 생각할 수도 있지만, 직접 전달되는 것이 아닌 법원에서 동산경매 절차를 진행합니다.

동산경매에 나온 짐들은 중고물품이기 때문에 매각금액 또한 중고

■ 경매, 공매, 동산경매에 대한 이해

	경매	공매	동산경매
주체	법원	한국자산관리공단	법원
발생원인	담보 부동산 강제 집행	세금 체납으로 인한 압류	
방법	해당 법원 현장 입찰	온비드	지정 장소 호가 입찰
보증금	최저가 10% (재경매 20%)	입찰가 10%	

금액으로 측정됩니다. 사치품 또는 고가의 금액으로 측정되는 물건이
아닌 경우에는 매각대금이 낮아 경매이익 또한 적습니다.

　동산경매에서 또 다른 동산경매는 가정집에 빨간 딱지가 붙은 것
을 해당 날짜에 그 현장에 방문해서 낙찰받는 것입니다. 이럴 때 역시
호가 입찰을 해서 현금이 준비된 낙찰자가 현장에서 대금을 내고 물
건을 바로 옮겨갈 수 있습니다.

■ 동산경매기일통지서

수원지방법원 안산지원
동 산 경 매 기 일 통 지 서

사　　건 :
채 권 자 :
채 무 자 :
집행권원 :　수원지방법원 안산지원

　　위 집행권원에 의하여　2019년 10월 02일에 압류한 물건에 대하여 경매의 일시와 장
소를 다음과 같이 정하였으므로 통지합니다.

매　각　일　시 :　2019년 12월 19일　17시 35분 부터
매　각　장　소 :　경기도 시흥시 봉우재로 83 [신한물류](정왕동)
최저(일괄)매각가격 :　2,600,000원

2019년 12월 04일

집행관

※ 매각시간은 같은 날 처리할 집행사건 수 등의 사정 때문에 고지된 지정시각보다
　 다소 늦어질 수 있음을 알려 드리오니 정확한 매각 시간은 아래 문의전화로 문의
　 하시기 바랍니다.
※ 집행관은 집행을 위하여 필요한 경우에는 잠근 문을 여는 등 적절한 조치를 할 수
　 있고(민사집행법 제5조), 성년 두 사람이나 구.동(또는 시.읍.면) 직원 또는 경찰공
　 무원이 참여한 가운데 집행을 할 수도 있습니다(같은 법 제6조).
※ 동산경매시 매각대금은 현장에서 대금전액을 납부하여야 하므로(예외 : 민사집행규칙

출처 : 모세컴퍼니

'동산경매기일통지서'는 강제집행 과정에서 압류해 온 동산을 채무자가 찾아가지 않아서 지정된 날짜에 경매를 진행한다는 통지서로, 우편으로 옵니다.

날짜에 맞춰 해당 장소나 법정에 나가고 일괄적으로 모두 낙찰자가 낙찰을 받아서 그 금액과 강제 집행 시 소요된 비용을 상계처리하고 끝내면 일 처리는 마무리됩니다.

TIP

강제집행 시 압류한 물건은 대부분 허접한 살림살이들입니다.
낙찰받은 종이, 즉 낙찰증을 들고나오자마자 그 물건을 처리할 쓰레기처리 업체나 중고물품 업체에 마지막 비용을 납부해야 모든 절차가 마무리됩니다.

임의경매, 강제경매가 대체 무엇인가요?

경매는 두 가지 방법으로 구분됩니다. 바로 임의경매와 강제경매입니다. 채권 회수를 목적으로 하는 민사집행이라는 공통점이 있지만, 원인이 다르므로 이해관계를 해결하는 방법에 차이가 있습니다.

임의경매란?

담보권 실행을 통해서 채권을 회수하기 위한 절차입니다.

토지면적		소유자		감정가	1년~ 1,350,000,000
건물면적	134.83㎡(40.786평)	채무자		최저가	(64%) 864,000,000
개시결정	2022-01-0▨ (임의경매)	채권자		보증금	(10%) 86,400,000

출처 : 탱크옥션

담보권이란? 전세권, 담보가등기, 근저당 등을 말합니다. 민법에서 채무자가 빚을 갚지 않으면 채권자가 채무 이행을 확보할 수 있는 권리입니다. 신용 확보를 위해 일정한 물건을 채권의 담보로 제공할 것을 목적으로 합니다.

담보물권의 존재를 전제로 하므로 경매 신청 시에 담보물권의 존재를 증명하는 서면을 제출해야 합니다. 경매에서 담보가등기는 저당권으로 보기 때문에 최선순위인 경우에도 소멸하며 말소기준권리가 됩니다. 주로 은행에서 돈을 빌린 사람이 기간 안에 갚지 않으면 돈을 빌려줄 때 설정한 근저당권을 토대로 별도의 소송 없이 바로 경매 신청을 할 수 있습니다. 즉, 별도의 판결문 없이 바로 경매를 신청할 수 있습니다.

예를 들어, 전세권이 설정되었다고 가정해보겠습니다. 집주인이 전세보증금을 주지 않을 경우, 세입자는 집주인의 동의 없이 바로 경매를 신청할 수 있습니다. 그러나 전세권 등기를 하지 않고 전입신고 및 확정일자만 받은, 흔히 우리가 아는 채권적 전세는 보증금 반환소송을 통해 판결문을 받아 강제경매를 신청해야 합니다. 그리고 임의경매는 채무자와 채권자의 합의와 절차만으로 경매 처분을 정지, 취하할 방법이 다양합니다.

강제경매란?

소송을 통해 집행권원을 받아 진행하는 절차입니다. 집행권원은 판결문, 조정조서, 화해조서 등 법원에서 법으로 일정한 급부청구권

대 지 권	7.517㎡(2.274평)	소유자		감정가	240,000,000
건물면적	52.55㎡(15.896평)	채무자		최저가	(64%) 153,600,000
개시결정	2022-06-1D(강제경매)	채권자		보증금	(10%) 15,360,000

출처 : 탱크옥션

의 존재와 범위를 확인해주어 강제집행을 인정해주는 공인증서를 말합니다.

강제경매는 법원을 통해서 받은 *집행권원으로 경매를 신청하는 것이기 때문에 경매를 취소할 때도 별도의 소송절차가 필요합니다. 이의를 통한 소송 분쟁이 시작되면 확정판결이 날 때까지 경매 진행이 정지됩니다. 따라서 임의경매와 강제경매의 차이점은 경매를 신청할 때 법원의 판결문 없이 바로 진행할 수 있느냐 없느냐의 차이로 보

TIP

* 집행권원이란?

과거 민사소송법상 채무명의를 말합니다. 집행권이란 일정한 사법상 이행청구권의 존재와 범위를 표시하고 그 청구권에 집행력을 인정한 공증의 문서입니다. 집행권원은 일정한 사법상 이행청구권을 표시해야 하므로, 이런 표시가 없는 형성판결이나 확인판결은 집행권원이 될 수 없습니다. 민사집행법 등에 의한 집행권원의 종류는 크게 세 가지인데, 판결, 판결 이외의 집행권원, 기타 법률에 따른 집행권원이 있습니다.

TIP

* 집행문이란?

집행권원에 집행력 있음과 집행 당사자를 공증하기 위해 법원사무관 등이 공증기관으로 집행권원의 끝에 덧붙여 적는 공증 문언입니다. 민사집행법 제28조 2항처럼 집행문은 채권자의 신청에 따라 제1심법원의 법원사무관 등이 내어주며, 소송기록이 상급심에 있는 때에는 그 법원의 법원사무관 등이 내어줍니다.

면 됩니다.

임의경매와 강제경매는 소유권 이전까지 진행절차는 같지만 접수 방법이 다릅니다. 경매가 진행된 후 취소될 시에는 큰 차이가 있습니다. 임의경매는 매수인이 대금을 납부하고 소유권을 취득했다 하더라도 이후에 경매 원인인 담보권이 무효가 되면 소유권을 잃을 수 있습니다.

예를 들어, 잘못 설정된 근저당권으로 임의경매가 진행되었다고 가정해보겠습니다. 매수인이 낙찰을 받고 잔금 납부 및 소유권이전등기까지 마쳤다 하더라도 해당 근저당권이 무효라는 사실이 밝혀지면 매수인이 취득한 소유권은 다시 원래의 소유자에게 반환됩니다.

따라서 경매의 원인이 된 권리가 정당한 권리인지 반드시 확인해야 합니다. 특히 개인이 설정한 근저당권이라면 앞으로 무효가 될 수 있기에 주의해야 합니다.

이와 반대로 강제경매는 소송 등으로 채권자가 법원을 통해 받은 집행권원으로 경매를 신청하는 것이기 때문에 매수인이 향후에 소유권을 잃게 될 가능성이 낮습니다.

그러나 만약 강제경매가 취소될 경우, 소송 분쟁이 시작되면 확정판결이 날 때까지 경매 진행은 정지가 되며 잔금 납부 기간은 정해지지 않습니다. 낙찰자는 입찰보증금을 돌려받게 되지만, 경매사건은 최종적으로 종결됩니다. 결국, 낙찰자는 입찰보증금이 묶이는 동안 기회비용을 잃을 수 있습니다.

꼭 알아야 할
질문

20

부동산의 권리에는
무엇이 있나요?

　부동산 등기부 등본에서 관련된 권리들을 살펴보면 저당권, 가압류, 가처분 등 많은 권리가 있습니다. 이런 많은 권리도 하나의 큰 권리 안에 속해져 있는데요. 큰 틀에 대해 알아보려 합니다.

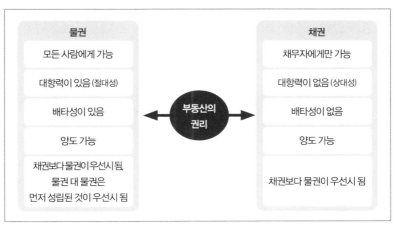

물권	채권
모든 사람에게 가능	채무자에게만 가능
대항력이 있음 (절대성)	대항력이 없음 (상대성)
배타성이 있음	배타성이 없음
양도 가능	양도 가능
채권보다 물권이 우선시 됨, 물권 대 물권은 먼저 성립된 것이 우선시 됨	채권보다 물권이 우선시 됨

부동산의 권리

출처 : 모세컴퍼니

부동산의 권리는 크게 '물권'과 '채권'으로 나누어집니다.

물권의 종류에는 소유권, 점유권, 제한물권, 관습법상의 물권이 있습니다. 제한물권은 다시 두 가지로 분류됩니다. 용익물권과 담보물권입니다. 용익물권에는 지상권, 지역권, 전세권이 있고, 담보물권에는 유치권, 저당권, 질권이 있습니다.

채권의 종류에는 특별우선채권과 일반우선채권이 있습니다. 특별우선채권에는 1순위 필요비와 유익비, 2순위 최우선 변제금, 당해세가 있고, 일반우선채권에는 가압류와 같이 배당요구가 가능한 채권, 배당요구가 불가능한 채권으로 구분할 수 있습니다.

물권 vs 채권

물권(전세권, 근저당권 등)은 누구에게나 주장할 수 있는 권리입니다. 하지만, 채권(임대차 전·월세 등)은 특정인이 특정인에게만 주장할 수 있는 권리로, 물권은 채권에 우선합니다.

쉽게 말해 물권이 채권보다 강한 힘을 가지고 있으므로, 채권처럼 법원의 판결문을 받지 않아도 바로 경매 신청이 가능합니다.

유료 경매사이트를 보는데
대법원 경매사이트도 봐야 할까요?

경매물건 정보를 알고 싶을 때 가장 효율적인 방법은 무엇일까요?

무료로 대법원 경매사이트를 이용할 수도 있지만, 한눈에 보기 어려워 유료 경매사이트를 이용하는 경우가 많습니다. 대법원 경매사이트는 교과서와 같고, 유료 경매사이트는 자습서나 문제집 같은 느낌입니다.

그런데 대법원 경매사이트를 꼭 봐야 하는 이유가 있습니다. 유료 경매사이트에는 표시나 정보가 없는 경우도 있기 때문입니다. 유료 경매사이트에는 아무런 표시가 없었지만, 대법원 경매사이트에는 문제점을 알려주는 표시나 정보가 있는 경우가 있습니다. 유료 경매사이트는 '참고용'이므로 법적 책임이 없다는 문구도 적혀 있습니다.

따라서 경매를 할 때 유료 경매사이트에서 쉽게 정보를 알아본 후, 마지막에는 꼭 대법원 경매사이트에서 정보를 확인해야 합니다. 또

출처 : 대한민국법원 법원경매정보

한, 대법원 경매사이트에서 제공된 잘못된 정보로 인해 낙찰 취소를
원한다면 '매각 불허가 신청'을 통해 입찰보증금을 돌려받을 수도 있
습니다.

대법원 경매사이트에 들어가서 경매물건으로 들어간 후, 정보를
입력하면 경매예정 물건을 볼 수 있습니다.

물건 기본정보

법원경매정보에서 물건을 검색한 후 열람하면 가장 기본이 되는
내용입니다. 물건 기본정보에서는 해당 물건의 사건번호, 물건번호,
물건 종류, 감정 금액, 매각기일 등을 확인할 수 있습니다.

① 사건번호

사건번호는 경매에 나온 물건을 확인하기 위해 부여한 번호입니다. 쉽게 생각하면 물건에 각각 다른 바코드가 있는 것처럼 물건을 구분하기 위해 번호를 정해준 것입니다. 경매에서 사건번호로 물건을 알 수 있고, 번호는 년도 + 타경 + 신청된 번호순으로 정해집니다. 여기서 타경 뒤에 붙는 번호는 해당 연도에 몇 번째로 신청(경매개시)되어 경매로 진행된다는 뜻입니다.

② 감정평가액

물건이 감정된 금액입니다. 물건의 감정은 법원이 지정한 감정평가사무소에서 진행됩니다. 감정된 금액이 최저매각가격이 되며, 감정금액의 10%는 입찰 보증금 금액이 됩니다.

③ 소재지

해당 물건이 위치해 있는 주소지입니다. 주로 위치 확인에 필요한 부분입니다.

④ 배당요구종기일

배당은 돈을 빌려준 사람(업체)에게 돈을 나누어주는 것입니다. 여기서 돈을 받아야 하는 사람들에게 '언제까지 배당받을 사람인 것을 신청하라'는 것이 배당요구종기일입니다. 기간을 넘어서 신청한 채권자는 배당을 받을 수 없게 됩니다.

⑤ 관련 사진

관련 사진에서는 해당 물건에 관련된 사진 및 도면을 확인할 수 있습니다. 감정평가사가 현장을 확인하면서 감정을 할 때 사용한 사진을 첨부하면 그 사진이 관련 사진으로 등록됩니다. 관련 사진에는 건물 외부, 주변 사진, 도면, 집을 공개한 경우에는 내부 사진을 볼 수 있습니다. 하지만 도면이 없는 건물의 경우는 도면이 첨부되지 않는 경우가 있습니다.

경매 신청 비용 예상하기

법원경매정보에서 경매비용에 필요한 경매예납금을 예상할 수 있습니다. 납부 기준표에 따라서 계산에 적용됩니다.

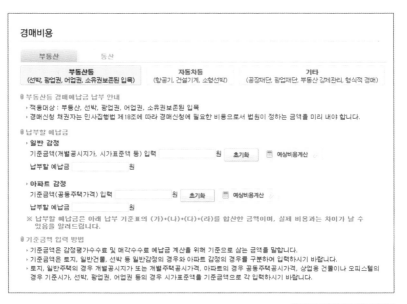

경매비용

부동산 | 동산

| 부동산등
(선박, 광업권, 어업권, 소유권보존된 입록) | 자동차등
(항공기, 건설기계, 소형선박) | 기타
(공장재단, 광업재단, 부동산 강제관리, 형식적 경매) |

▣ 부동산등 경매예납금 납부 안내
- 적용대상 : 부동산, 선박, 광업권, 어업권, 소유권보존된 입록
- 경매신청 채권자는 민사집행법 제18조에 따라 경매신청에 필요한 비용으로서 법원이 정하는 금액을 미리 내야 합니다.

▣ 납부할 예납금
- 일반 감정
  기준금액(개별공시지가, 시가표준액 등) 입력 [   ] 원 [초기화] ☐ 예상비용계산
  납부할 예납금 [   ] 원

- 아파트 감정
  기준금액(공동주택가격) 입력 [   ] 원 [초기화] ☐ 예상비용계산
  납부할 예납금 [   ] 원

※ 납부할 예납금은 아래 납부 기준표의 (가)+(나)+(다)+(라)를 합산한 금액이며, 실제 비용과는 차이가 날 수 있음을 알려드립니다.

▣ 기준금액 입력 방법
- 기준금액은 감정평가수수료 및 매각수수료 예납금 계산을 위해 기준으로 삼는 금액을 말합니다.
- 기준금액은 토지, 일반건물, 선박 등 일반감정의 경우와 아파트 감정의 경우를 구분하여 입력하시기 바랍니다.
- 토지, 일반주택의 경우 개별공시지가 또는 개별주택공시가격, 아파트의 경우 공동주택공시가격, 상업용 건물이나 오피스텔의 경우 기준시가, 선박, 광업권, 어업권 등의 경우 시가표준액을 기준금액으로 각 입력하시기 바랍니다.

출처 : 대한민국법원 법원경매정보

내가 아는 동네만
입찰하는 게 좋을까요?

초보들이 정말 많이 하는 질문 중 하나입니다. 자신이 사는 동네는 접근성도 좋고 잘 알고 있으므로, 거리가 멀고 모르는 지역보다는 수익을 내는 데 유리할 것 같다는 이유 때문입니다.

그런데 문제는 자신이 사는 지역이 정말 살고 싶었거나 원해서 사는 곳이 아닌 경우가 많다는 점입니다. 그래서 잘 안다는 이유만으로 그곳에 투자하기보다는, 잘 모르더라도 수익성이 좋은 지역을 찾아서 투자하는 것이 더 좋습니다.

현재 사는 지역의 물건과 다른 지역의 물건을 비교했을 때, 투자금은 같지만 전세가는 다른 지역이 더 높다면 다른 지역에 투자하는 것이 더 좋은 투자입니다.

물론 경매를 처음 시작하는 사람이라면 익숙하고, 잘 알고 있는 동네를 하는 것도 방법이긴 합니다. 개발 호재나 위치를 파악할 때 기억하기 쉽고 많은 정보를 얻을 수 있으므로 효율적인 조사를 할 수 있습니다. 또한, 낙찰받은 후에 임대를 놓는다면 세입자와 연락을 주고받으며 방문해야 하는 경우가 많은데요. 이때도 가까운 거리가 유리합니다.

하지만, 경매투자의 목적이 수익성임을 꼭 기억해야 합니다. 단지 익숙하다는 이유만으로 경매투자는 내가 잘 아는 동네 위주로 하겠다고 생각을 고정하진 마세요. 본인의 생활 반경 및 거주지를 생각하되, 다양한 지역을 조사하면서 경매물건을 찾다 보면 수익성 높은 투자를 할 수 있습니다.

경매물건은 어떻게
검색하면 되나요?

가장 대표적인 것으로 국가에서 운영하는 '대법원 경매정보'가 있습니다. 법원에서 제공하는 사이트이기 때문에 공식적인 사이트입니다. 무료로 볼 수 있고 정확한 정보라서 기본으로 생각하고 봐야 합니다. 하지만, 자세한 설명이 없고 딱 필요한 정보만 있어서 초보가 보기엔 무척 불편합니다.

그래서 참고서를 본다는 생각으로 유료로 볼 수 있는 경매정보 사이트(탱크옥션, 옥션원, 지지옥션, 경매나라 등)를 이용하는 경우가 대부분입니다. 하지만, 유료로 사용하더라도 정보에 대해 법적인 책임은 지지 않는다는 걸 명심하세요. 입찰 전에는 꼭 대법원 경매정보 사이트도 보는 연습을 해야 합니다.

저는 처음 경매를 시작했을 때 지지옥션으로 경매물건 검색을 활용했고, 지금까지도 지지옥션을 사용하고 있습니다. 다른 경매정보

사이트에 비해 금액은 비싸지만 메인 화면이 보기에 익숙해서 줄곧 이용해 왔습니다.

경매를 처음 접하는 초보라면 어느 업체를 선택할지보다 얼마나 그 사이트를 익숙하게 잘 사용할지와 얼마나 많이 사용할지에 포인트를 두면 됩니다. 이번 책을 집필하면서 초보가 보면 편리한 유료 경매사이트를 모두 비교하고 분석해봤습니다.

그리고 각각의 장단점을 고려했을 때, 초보가 가장 실수 없이 유용하게 볼 수 있는 사이트를 선정했습니다. 바로 '탱크옥션'입니다. 간단명료한 홈페이지와 MZ세대에 익숙한 인터페이스를 갖고 있었습니다. 이참에 저도 사용해보려고 합니다.

그럼, 이제 유료 경매사이트를 잘 활용하는 방법에 관해 알아보겠습니다.

출처 : 탱크옥션

출처 : 탱크옥션

▌기일별 검색

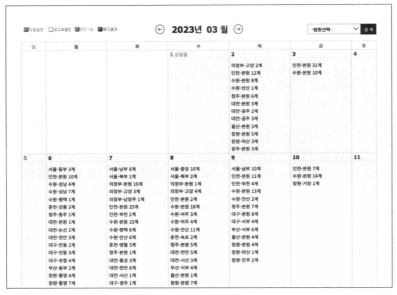

출처 : 탱크옥션

경매검색은 주로 기일별, 지역별, 종합검색, 법원별, 역세권 순서로 사용합니다. 기일별로 보면 기일별 → 법원별 안내를 해주기 때문에, 해당 날짜에 경매를 진행하는 법원별 경매물건을 알 수 있어 편리합니다. 기일별로 들어가서 하루하루 있을 법원별 물건을 모두 분석한 후 같은 날 나와 경쟁이 되는 가격대의, 또는 비슷한 물건의 입찰자들까지도 분석합니다. 입찰자들이 같은 날 다른 법원으로 퍼지는데, 입찰경쟁자의 분산까지도 파악합니다.

이것을 일주일 단위로 끊습니다. 이런 행동은 매일 먹는 밥이라 생각하면 됩니다. 다음은 간식으로 개발정보 지역에 나온 물건을 검색하기 위해 경매검색 카테고리에 있는 '역세권'을 선택해 검색해보겠습니다.

▌역세권 검색

출처 : 탱크옥션

역세권 검색을 누르면 지역부터 최저가, 감정가, 물건 종류, 거리까지 조건에 맞게 검색을 할 수 있도록 선택 창이 구분되어 있습니다. 예를 들어, 1호선을 선택한 후 1호선 노선에 해당하는 역명을 선택하면 해당 역과 인근에 있는 경매물건을 확인할 수 있게 됩니다.

개인마다 역세권의 기준이 다르고 원하는 거리가 다를 수 있으므로 이때는 '거리' 입력 칸을 활용하면 좋습니다. 반경 100미터부터 1000미터 이내까지 역과 경매물건 사이의 거리를 조정할 수 있으므로 광범위하게 적용된 조건을 더 원하는 조건의 물건으로 간추릴 수 있습니다.

역세권 검색까지는 아니더라도 전체적인 지도를 보며 위치를 중점으로 물건 검색을 할 수 있는 또 다른 방법이 있습니다. 이것도 경매 검색 안 소재지검색 카테고리를 선택하면 다음과 같이 지도 위에 표시된 경매물건을 확인할 수 있습니다.

출처 : 탱크옥션

경매물건을 검색할 때 입지를 가장 중요하게 여기거나 개발계획을 바탕으로 물건검색을 할 때 유용하게 사용할 수 있는 방법입니다.

그런데 이렇게 많은 방법을 사용하기에는 지방을 포함해 광범위한 지역을 훑어보기까지 많은 시간이 소요됩니다. 그래서 저는 수도권 안쪽에만 초점을 두어 집중적으로 검색하고 입찰합니다. 자신의 관심지역을 중심으로 검색하면 됩니다.

요즘처럼 깡통전세 사기로 인한 경매물건이 많을 때는 소유자의 이름을 이해관계인에 입력하고 그 물건만 분석할 때도 있습니다. 깡통전세처럼 사건 사고로 인해 경매에 나온 물건이라면 경매로 나오게 된 원인을 알고 입찰하는가도 중요합니다.

다음은 이해관계인을 먼저 정하고 그와 관련된 물건을 검색해보는 방법입니다. 경매검색 카테고리 중 '이해관계인'을 선택합니다.

출처 : 탱크옥션

이해관계인을 선택하면 다음 사진과 같이 검색해볼 수 있는 창이 열립니다. 이해관계를 체크한 후 이해관계인 이름을 기입하고 각 검색 조건을 맞게 설정하여 검색하면 입력한 값에 맞는 물건이 한눈에 보기 좋게 정렬되어 나타납니다. 이를 잘 활용한다면 보다 빠른 물건 검색을 할 수 있습니다. (검색조건 설정 없이 이름만으로도 검색 가능합니다.)

■ 이해관계인 검색

출처 : 탱크옥션

이렇게 여러 경로로 좋은 물건을 파악하다 교집합에 걸린 물건이 생기면, 그 물건에 대한 집중적인 권리분석으로 들어갑니다.

다음 사진에서 왼쪽은 물건 상세보기를 할 때 볼 수 있는 정보들입니다. 입찰이 결정되면 나와 경쟁으로 입찰할 사람들의 성향과 인원, 현재 경매시장의 분위기, 각 해당 법정에 출몰하는 입찰자들의 성향을 고려해서 입찰 명수와 입찰가를 예측합니다. 오른쪽은 예상 배당표입니다.

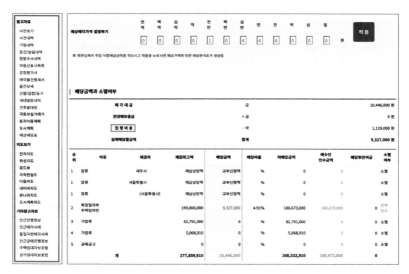

출처 : 탱크옥션

예상 배당표를 보는 이유는 다른 경쟁자에게 1등순위를 뺏기지 않는 범위의 금액에서 낙찰자가 인수하지 않는 금액까지 생각해서 입찰금액을 쓰기 위해 보면 좋습니다.

무조건 낮게 낙찰금을 쓰면 취·등록세도 적게 내서 좋다고 알고 있지만, 어차피 인수한 금액도 포함해서 취·등록세를 낸다는 사실을 알고 있다면 낙찰금을 낮게 쓸 이유가 없어집니다.

배당표를 매번 예상해보고 정답 체크를 하다보면, 경매 고수처럼 낙찰금액을 맞추는 수준이 될 수 있습니다. 어떤 경매사이트에서는 부동산 경매적정예측 시스템으로 빅데이터를 이용한 경매 낙찰 적정 금액을 산출하는 프로그램도 있습니다. ALG라는 기능으로 낙찰 평균을 예측해줍니다.

경쟁자가 낙찰가를 정하기 위해 이런 것도 참고한다는 것을 염두에 두어야 합니다. 가장 바람직한 건 스스로 임장한 정보에 자신의 판단으로 입찰가를 정할 수 있는 능력을 키우는 것이 중요합니다.

🔍 찾아보는 법 예시

물건가격	4억까지
소재지 범위	서울특별시
용도	다세대

출처 : 탱크옥션

출처 : 탱크옥션

경매 초보가 꼭 알아야 할 질문 TOP 88

본인이 낙찰받으려는 물건만 보는 것이 아니라 입찰을 희망하거나 궁금한 물건을 꼭 '관심물건등록'에 담아둡니다.

경매사이트에서는 매각기일에 진행 중인 법원과 물건의 입찰 진행 상태를 생중계로 알려주기 때문에, 직접 법정에 가지 않아도 낙찰, 유찰 등 실시간으로 결과를 확인할 수 있습니다.

출처 : 탱크옥션

입찰은 하지 않지만 관심을 두고 있던 물건은 '실시간 경매결과'라는 서비스를 이용하면 현장보다 2초 정도 늦게 올라오는 생생한 낙찰정보를 통해 볼 수 있습니다. 같은 사이트를 이용하고, 모두 비용을 지급하지만 사이트 안에서 기능을 얼마나 잘 활용하는가는 각자의 능력입니다.

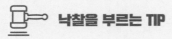
낙찰을 부르는 TIP

무료 경매물건 검색하기

네이버 로그인 후 '네이버 경매'(검색)에 들어갑니다. 네이버 경매는 옥션원(구 굿옥션)과 연계되어 있어 옥션원 정보 물건 열람이 가능합니다.

출처 : 네이버경매

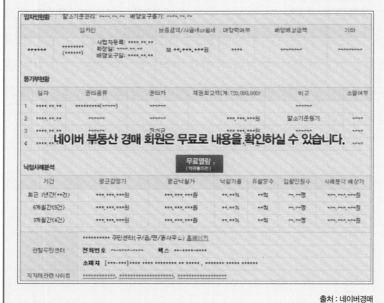

출처 : 네이버경매

네이버 경매에서 한 계정 당 한 달에 3건은 무료로 정보 열람이 가능합니다. 3번의 기회 중 무료열람을 사용하면 건물 현황부터 임차인 현황, 등기부 현황, 낙찰사례 등 전반적인 물건의 상태와 권리분석을 할 수 있습니다. 네이버는 자신의 주민번호로 계정을 3개까지 만들 수 있으므로, 아이디를 변경해서 열람한다면 한 달에 9건까지 볼 수 있습니다.

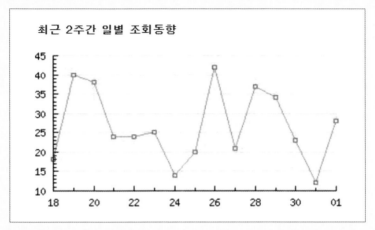

최근 2주간 일별 조회 동향도 살펴볼 수 있습니다. 오늘 몇 명이 이 물건에 조회했는지, 물건이 등록된 날부터 현재까지의 조회 수는 몇인지 등을 나타내줍니다. 이 조회 동향만으로 좋은 물건이라는 확신과 입찰경쟁자 수를 예측할 수는 없지만, 초보자의 관점에서 경매하는 사람들의 관심이 무엇이고, 눈여겨보는 물건은 무엇인지 파악하는 참고자료가 됩니다.

한 달에 볼 수 있는 물건이 9건 이내라면 이 방법도 추천할 만하지만, 사실 겉핥기 분석이 많습니다. 입찰을 고려할 경우엔 더 구체적인 분석을 하는 유료 경매사이트를 보는 것이 좋습니다.

경매를 할 때
경제를 알아야 하나요?

네! 경매를 하려면, 부동산 투자를 하려면, 사회구성원으로 살아가려면 경제 공부는 필수입니다.

저도 초보 시절에는 오직 부동산 공부만 했습니다. 경매를 잘하기 위해 부동산 책만 골라서 읽었고 경매 강의만 들었습니다. 그런데 경매용어를 알아듣고 권리분석 공부도 중간 실력이 되었을 때 부동산만 공부해선 한계에 부딪히는 것이 느껴졌습니다. 부동산도 경제처럼 경기라는 말을 듣기 시작했습니다. 부동산에 경기가 있다? 언제나 같은 게 아니라 변한다는 것을 알게 되었습니다.

경험을 거듭할수록 낙찰받은 물건이 가치를 발휘하고, 못 발휘하는 것은 세상의 니즈가 더 중요하다는 것을, 소비심리를 알아야 한다는 것을 깨달았습니다. 그렇게 경제 공부를 시작하였고, 무역수지가 적자일 때와 흑자일 때, 뉴스에서 유동성 자금에 관해 말하는 시기를 구분하는 정도는 되었습니다.

국내 경제와 세계 무역과 정치가 모두 연관되어 있다는 것을 알게 되면서, 경제를 모르고 투자했던 과거 초보 시절이 얼마나 큰 행운이 었고 무모한 투자였는지 등줄기에 땀이 주르륵 날 정도로 식겁했습 니다.

지금도 미래 예측까지는 아니지만, 일기예보처럼 비가 올 것을 예 상해 우산 정도는 챙겨둘 수 있게 꾸준히 경제 공부를 하고 있습니다.

▌미국 기준금리 인상 ➡ 한국의 기준금리 인상

이창용 한국은행 총재가 지난 8월 25일 오전 서울 중구 한국은행에서 금융통화위원회를 주재하 고 있다. 뉴시스

다른 나라 돈보다 우리나라 돈의 가치가 계속 떨어지고 있는데, 보고만 있을 국가는 없겠죠? 또 달러가 빠져나가면 국가의 비상금이라고 볼 수 있는 외화가 줄어드는 것이기 때문에 가만히 있을 수는 없어요.

금융통화위원회도 기준금리 인상을 고려할 수밖에 없겠죠. 실제로 지난 26일 이창용 한국은행 총재는 "(원-달러 환율이) 우리 경제의 펀더멘털과 과도하게 괴리돼 움직일 경우 시장 안정화 조치를 적기에 실시할 것"이라며 "구체적인 기준금리 인상 폭, 시기, 경로 등에 대해서는 금통위원들과 충분히 논의하겠다"고 밝혔어요.

또 지난 21일 FOMC 회의 다음날 영국, 스위스 등 13개 국가가 금리를 인상했어요. 달러는 기축통화로 세계 시장에서 중요한 역할을 하고 있기 때문이죠.

출처 : 파이낸셜뉴스

▮ 기준금리 인상 → 투자 위축

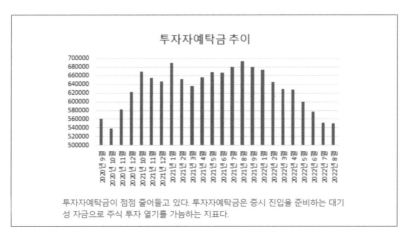

투자자예탁금이 점점 줄어들고 있다. 투자자예탁금은 증시 진입을 준비하는 대기성 자금으로 주식 투자 열기를 가늠하는 지표다.

출처 : 파이낸셜뉴스

　최근 금리가 치솟는 현상(미국 연준이 금리를 올릴 때 우리나라까지 같이 변동), 우리나라가 얼마나 달러를 보유하고 있는지, 주식이 하락하고 투자자들이 돈을 잃는 이유도 모두 부동산과 관련이 있습니다.

　초보 때는 주식이 망해야 부동산으로 사람들이 몰리는 줄 알았습니다. 아주 단순한 계산법이었죠. 다른 분야가 하락기여야만 부동산 투자로 돈이 몰리고 시장이 활성화된다고 생각했습니다. 그러나 지금은 주식이 부동산보다 6개월 정도 먼저 반응한다는 것을 알고, 주식이 상승장이어야 주식으로 번 돈이 부동산 쪽으로도 몰린다는 이치를 깨닫게 되었습니다.

　주식이 잘된다고 돈이 다 그쪽에 몰려가는 게 아니었습니다. 주식과 부동산은 같이 상생하는 것입니다.

경매를 할 때
정치까지 알아야 하나요?

부동산 시장은 정치와 밀접한 연관이 있습니다. 여당과 야당의 정책 방향과 부동산부양책이 맞물려 국민의 심리를 흔들기 때문입니다.

현재 정부의 부동산 시장과 과거 정부의 부동산 시장을 비교해보면 정부별 부동산경기 흐름에 대해 이해할 수 있습니다. 노무현 정부였던 2003년, 2004년, 2006년에는 부동산이 상승하였고, 이명박 정부였던 2008~2010년에는 부동산이 하락했습니다. 그 후 이어지는 박근혜 정부 또한 2013년과 2014년에 크게 하락했습니다.

하지만 최근이었던 문재인 정부에서는 빠른 상승을 보였습니다.

2003년인 노무현 정부에서는 세종을 행정수도로 하는 공약으로 충청권 부동산의 움직임을 활발하게 하였고, 부동산 안정 종합 3단계 대책 발표 및 서울시 재건축 조례안 확정, 아파트 동별 리모델링 허용을 해준 시기입니다.

■ 부동산 경기 (서울 아파트 매매 기준)

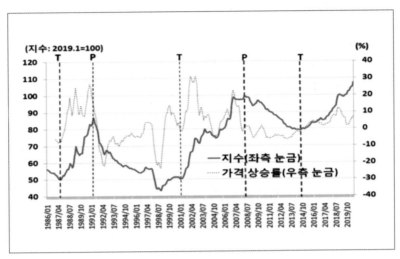

출처 : KB국민은행 시세, 한국은행 경제통계시스템

2004년에는 10개년 주택 종합계획을 확정 지으며, 천안과 아산역 개발, 국가균형 5개년 발표, 종부세 신설과 다주택자 대상의 양도세 중과 발표가 있었습니다.

그 후 2004년에서는 앞에 발표한 정책에 따라 부동산 내림세를 맞이했습니다. 2주택자 양도세 50% 단일 과세 중과 및 판교신도시 전매제한 10년이 생성되었습니다. 부동산 내림세로 혼란을 준 정부는 다시 대책을 마련해 2006년에는 신도시 추가발표 및 택지개발 예정지구를 발표하며, 대출금리 인하를 통해 상반기에 부동산 가격이 상승하는 현상을 보여주었습니다.

이명박 정부에서는 계속되는 하락 시기였습니다. 세계증시 폭락 및 기준금리 인하와 함께 리먼 사태로 혼란을 겪는 상황이었습니다.

보금자리 주택 150만 호를 건설하겠다는 방안이 발표되었지만, 미분양이 이미 많이 있었기에 반응은 좋지 않았습니다.

이런 상황에서 정부는 혼란을 막기 위해 여러 가지 완화대책을 발표했지만, 부동산 시장은 회복될 기미조차 보이지 않았습니다.

2013년과 2014년에는 부동산을 매입해야 하는 시기였습니다. 부동산 매입을 위해 정부를 담보로 하는 주택담보대출 제도가 나오며, 많은 사람에게 내 집 마련의 기회를 주었습니다. 하지만 많은 사람들은 부동산 가격이 계속 하락하고 있는 상황이라 더 하락할 거라고 생각하여 부동산을 매입하지 않았습니다.

부동산 시장의 흐름은 계속 반복되고 있습니다. 부동산의 하락기가 오면 상승기가 오고, 떨어지는 현상이 계속될 거 같지만 결국 다시 오르기를 반복합니다. 투자자는 현재를 보면서 다음에 오는 시장을 예상해야 합니다.

손품을 할 때
유용한 사이트는 무엇인가요?

입찰하고 싶은 물건이 정해졌다면 해당 물건을 낙찰받고 얼마나 수익을 낼 수 있을지, 어떻게 활용할 수 있을지에 대한 계획과 조사가 필요합니다.

인터넷이 발달하기 전에는 신문에 나온 경매정보지를 들고 물건 현장을 방문했습니다. 하지만 요즘은 인터넷으로 임장을 99% 끝낼 수 있습니다. 이것을 '손품'이라고 합니다. 손품으로 많은 정보를 확보했다면 발품, 즉 현장 임장을 할 때 물건을 분석하기가 훨씬 수월해집니다.

네이버 부동산 https://land.naver.com

다음, 구글 같은 포털 사이트에서도 시세를 볼 수 있지만, 현재 가장 많이 쓰고 다양한 정보를 얻을 수 있는 곳은 네이버입니다. 네이버

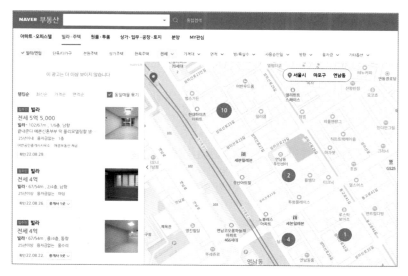

부동산에 들어가면 내가 궁금한 동네의 빌라 시세부터 아파트, 상가, 땅 등 각종 시세를 볼 수 있습니다. 검색하는 순서는 '네이버 부동산'에 들어가서 지역 선택 → 매물 → 아파트, 빌라·주택 등 → 거래방식, 사용 승인일, 방 개수 등을 설정해서 보면 됩니다.

네이버 부동산과 지도를 이용하면 거리나, 매물의 실거래가, 학군, 세대수 및 주차, 내부 구조 등을 볼 수 있습니다. 지도를 활용해 생활 환경까지 점검하는 편이 좋습니다. 집 주변에는 무엇이 있고, 어떤 사람들이 살면 좋을지 생각하면서 본다면 세입자까지 예상해볼 수 있습니다.

여기서 재건축 재개발이 될 때는 어떤 브랜드로 변하는지, 용적률, 조합원 분양가, 현재 진행 상황까지 추가로 찾아보면 좋습니다.

서울 부동산 정보광장 https://land.seoul.go.kr:444/land

서울시에서 운영하는 사이트로, 서울에 있는 각종 부동산 정보를 보고 얻을 수 있습니다. 현재 거래되고 있는 아파트, 오피스텔, 빌라부터 거래된 내역까지 관련된 정보를 확인할 수 있습니다.

출처 : 서울부동산정보광장

사이트에서 부동산 거래정보 부분은 서울의 실거래 내역을 확인하는 곳입니다. 아파트뿐만 아니라 단독, 다가구, 상가, 연립까지 모든 분야의 부동산 실거래 내역을 볼 수 있어서 정말 편리한 사이트입니다.

더 좋은 점은 내가 원하는 아파트 찾기 부분입니다. 어떤 아파트가 좋은지, 시세는 어떻게 형성되었는지 궁금할 때 이용하는 부분입니다. 내가 원하는 아파트 3개를 선택해 아파트 간 매매가와 전 · 월세 가격을 편리하게 비교할 수 있습니다.

단순하게 거래된 금액만 비교하는 것이 아니라, 가격 차이가 왜 나는지, 아파트의 특징이 무엇이고 교통편이 어떻게 되는지, 재건축의 호재가 있는지까지 분석하고 판단하면 좋습니다.

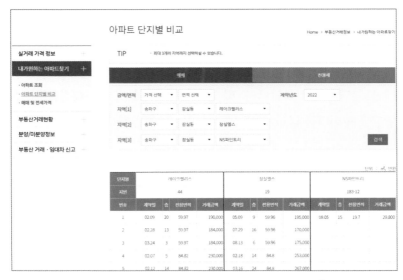

출처 : 서울부동산정보광장

서울 정비사업 정보몽땅 https://cleanup.seoul.go.kr

서울시 재개발·재건축 정보를 얻을 수 있는 사이트입니다. 내가 관심 있는 물건이 재개발 재건축이 된다면 많은 정보를 확인할 수 있습니다. 예전에는 클린업 시스템, e-조합 시스템, 분담금 추정 프로그

출처 : 서울 정비사업 정보몽땅

램으로 운영되었습니다. 현재는 3개의 프로그램을 합쳐서, 정비사업 정보몽땅으로 운영 중입니다.

정보몽땅에서는 주요 정보공개, 즉 재개발·재건축 추진현황부터 예산, 분담금까지 확인할 수 있습니다. 정비사업이 다양해진 만큼 조합원들의 권리를 강화해 열람할 수 있는 범위를 확대한 것입니다.

호갱노노 https://hogangnono.com

'호갱노노'는 부동산 경매하는 사람들 누구나 한 번쯤 들어봤을 겁니다. 대중적으로 유명한 사이트라서 기본 사용방법은 아는 분들이 많습니다. 대부분 필터 기능을 이용해 내가 궁금한 단지 찾기, 단지의 거주 중인 주민들의 이야기 듣기, 실거래 가격보기 등을 이용합니다. 왼쪽 분석 탭에 들어가 보면 지역별로 설정한 기간 동안 가격이 상승한 수치를 볼 수 있고, 주요 일자리까지의 자가용 출근 시간도 볼 수 있습니다.

출처 : 호갱노노

호갱노노는 입지 조사에도 유용합니다. 왼쪽 아래를 보면 카테고리가 있습니다. 여기서 궁금한 입지를 선택 후 검색해 보면 됩니다.

대치동 주변 학원가를 검색해 보면, 대치동은 서울 1등 학원가를 보유 중입니다. 보라색은 200개 초과, 파란색은 100~200개, 빨간색은 51~100개의 범위입니다.

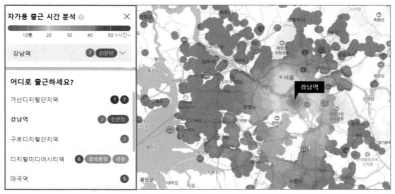

출처 : 호갱노노

출처 : 호갱노노

　다음은 상권분석입니다. 대치동은 학원가로 유명하지만 오피스 상권도 밀집해 있는 지역입니다. 평일 낮에 유동인구가 가장 많고, 학원가 상권인 대치동, 오피스 상권인 역삼동이 가장 큰 보라색을 보입니다. 이런 방법으로 궁금한 경매물건의 주변 학원가, 유동인구, 상권 등을 조사하면 됩니다.

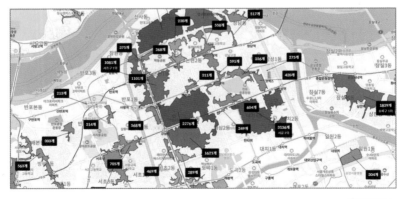

출처 : 호갱노노

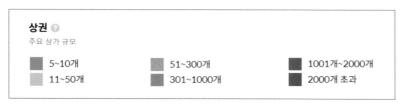

밸류맵 www.valueupmap.com

　밸류맵은 토지건물 정보 빅데이터 사이트입니다. 아파트보다는 상가, 주택 위주로 이루어져 있고 부동산의 시장흐름을 쉽게 보여주는 사이트입니다.

　부동산 투자자분들이 보고 눈을 키운 후 보면 좋겠죠? 경매 탭을 누르면 예전에 진행했던 물건부터 현재 진행 중, 예정 중인 물건도 볼 수 있습니다. 궁금한 물건을 눌러보면 건물의 사용승인일, 토지가격, 면적 등 정보를 확인할 수 있습니다.

　아파트는 호갱노노, KB, 실거래 등을 이용해서 시세파악이 쉽습니

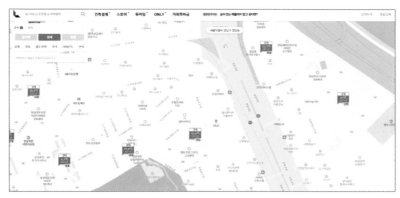

다. 하지만, 다가구, 단독은 시세파악이 어렵습니다. 그래서 예전에는 비슷한 크기의 물건들을 분석해 예상금액을 뽑았다고 합니다. 하지만 밸류맵을 이용하면 쉽게 다가구, 단독의 시세파악도 가능합니다. 건물의 토지정보를 확인한 후에 신축하기 좋은 대지인지까지 임시설계도 할 수 있습니다.

부동산지인 https://aptgin.com

부동산지인은 지역별 수요조사를 분석할 때 이용합니다. 사이트에 접속하면 회원가입 후 열람이 가능합니다.

부동산지인	지역분석	아파트분석	빅데이터지도	지인빅데이터	수요/입주	커뮤니티

출처 : 부동산지인

상단 메뉴에서 수요/입주로 들어가면 원하는 지역의 기간, 분양가격, 면적 등으로 수요를 볼 수 있습니다.

다음은 서울 송파구의 공동주택 분석입니다.

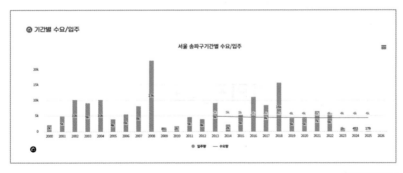

출처 : 부동산지인

코시스 https://kosis.kr

코시스는 통계청 기반으로 된 통계 사이트입니다. 주로 인구조사와 직장, 주택 수를 조사할 때 유용한 사이트입니다.

제가 코시스를 사용하는 방법은 주로 두 가지입니다. 간단하게 분석하고 싶을 때는 e-지방지표에서 검색하고, 자세히 검색하고 싶을 때는 주제별 통계로 들어가 분석합니다. e-지방지표는 궁금한 내용을 쉽게 볼 수 있어 더 자주 사용합니다. 하지만 통계를 볼 수 있는 주제가 적기 때문에 없는 주제는 주제별 통계에서 찾습니다. 다양한 주제는 주제별 통계에서 찾을 수 있습니다.

KOSIS 국가통계포털 KOrean Statistical Information Service					
国内統計	**国際·北韓統計**	**쉽게 보는 통계**	**온라인간행물**	**민원안내**	**서비스 소개**
주제별 통계	국제통계	대상별 접근	주제별	FAQ	국가통계포털 소개
기관별 통계	북한통계	이슈별 접근	명칭별	Q&A	국가통계현황
e-지방지표(통계표)		통계시각화콘텐츠	기획간행물	KOSIS 길라잡이	국가통계 공표일정
e-지방지표(시각화) 🔗				홈페이지 개선의견	새소식
과거·중지통계				찾아가는 KOSIS	Fact-Check 서비스
					서비스정책
					부가서비스

출처 : 코시스

다음은 e-지방지표를 활용한 서울의 인구수 분석입니다. 처음에는 전국으로 나오기 때문에 오른쪽 위에 있는 조회 설정에서 보고 싶은 지역을 설정해 조회합니다. 그러면 원하는 지역의 인구수만 볼 수 있습니다. 인구수는 부동산 투자에 있어 중요하고 기본이 되는 손품입니다. 인구수가 많다는 것은 도시경쟁력이 있다는 뜻입니다. 사람이 많은 이유를 찾아야 합니다.

행정구역별(읍면동)	2017	2018	2019	2020	2021
서울특별시	9,741,871	9,673,936	9,639,541	9,586,195	9,472,127
종로구	157,277	157,967	154,969	151,291	148,857
중구	127,896	129,797	130,957	128,744	126,310
용산구	223,898	226,938	227,181	225,882	221,688
성동구	302,367	306,796	299,688	291,918	286,469
광진구	363,934	362,304	359,766	353,967	347,099
동대문구	357,380	358,141	355,094	351,057	348,201
중랑구	396,892	391,668	386,331	385,663	380,307
성북구	445,417	438,734	445,327	438,833	435,509
강북구	313,698	309,138	303,871	299,535	292,611
도봉구	332,586	328,243	323,543	315,979	309,200
노원구	543,499	534,096	522,480	511,982	503,929
은평구	466,243	462,552	461,530	463,102	457,385
서대문구	321,345	318,874	319,394	317,209	314,547
마포구	368,841	368,181	369,327	365,612	365,192
양천구	452,111	445,591	440,354	439,068	433,373
강서구	581,675	578,539	574,097	564,854	559,837
구로구	436,869	433,765	435,560	435,442	426,220

출처 : 코시스

▌주제별 통계에서 볼 수 있는 자료

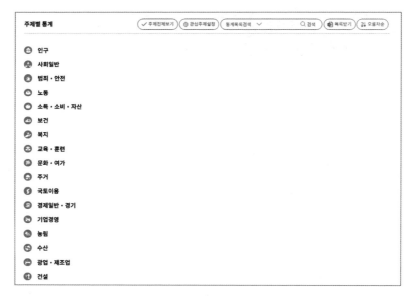

출처 : 코시스

베드타운이어서 잠만 자는 곳인지, 아니면 인프라로 사람들이 사는 곳인지 분석해야 합니다. 베드타운이라면 출퇴근이 쉬운 곳에 잠만 자러 오는 곳입니다. 낮에는 유동인구가 적고, 밤에는 많습니다. 이런 지역에서는 낮에 장사하는 것보다 밤에 장사하는 것이 유리하므로 야식배달을 하면 좋습니다.

낮밤 구분 없이 사람이 많은 곳도 있습니다. 놀거리, 즐길 거리, 볼거리 모두 있는 곳으로 살고 싶은 곳이지만, 집값이 비싸서 잠깐 놀러 가는 곳입니다.

이처럼 자신이 입찰 들어갈 지역의 세대수, 총인구수, 세대 당 인구수를 검색해 어떤 특성이 있는지 분석해야 합니다.

부동산플래닛 www.bdsplanet.com

부동산플래닛은 해당 지역의 노후도를 빠르고 쉽게 볼 수 있는 사이트입니다. 실거래가조회 메뉴 → 탐색 → 노후도를 검색하면 정말 쉽게 노후도 검색이 가능합니다. 범위를 더 넓게 보고 싶다면 유료회원이 되어야 하지만, 무료회원이어도 충분히 노후도 분석이 가능합니다. 빨간색이 진하고 많을수록 노후화 되어 있다는 뜻입니다. 파란색 없이 빨간색만 많다면 개발하기 좋은 곳입니다.

중간중간 신축건물이 많이 끼여 있다면 개발이 어렵습니다. 지도에서 궁금한 건축물을 클릭하면 간단한 정보 열람이 가능합니다. 노후도는 개발 여부를 결정하는 중요한 정보입니다. 하지만 완전히 사이트만 신뢰해서 입찰을 들어가는 것은 위험합니다. 꼭 임장을 갔다 온 후 맞는 정보인지 확인하는 과정이 필요합니다. 지도에서 신축 빌라가 생긴 곳은 빠르게 업데이트가 안 될 가능성이 있습니다. 그래서 정확한 확인은 임장과 함께 건축물대장을 열람하는 것이 좋습니다.

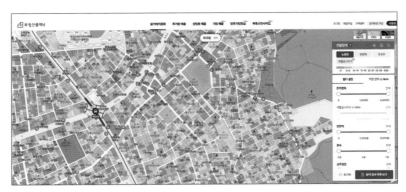

출처 : 부동산플래닛

■ 손품하기 좋은 사이트

주제	사이트	정보
정비 구역	정보몽땅 / 클린업시스템	정비사업, 재개발, 재건축
시세 파악	네이버 부동산	가장 많은 정보의 인터넷부동산 범위 확인 및 거리뷰로 하는 랜선 임장 가능
	호갱노노	주민들의 실거주 이야기 실거래가 및 일조량 확인
노후도	부동산플래닛	노후도 탐색 가능
아파트 통계	부동산지인	수요 / 입지 조사
	KB부동산데이터허브	Kb+공공 부동산 통계
실거래가	국토교통부실거래가공개시스템	아파트 다가구 다세대 등 실거래 조회
부동산 뉴스	코리아닥스	부동산 정책정보 확인

2단계 | 권리분석 / 경매물건 분석

권리분석을
쉽게 할 수 있는 방법이 있나요?

권리분석은 경매 입찰자가 낙찰 후에 인수해야 하는 권리가 있는지 파악하는 것입니다.

채권자에 대한 권리분석과 명도에 관한 공부가 필요합니다.

권리분석에 꼭 필요한 것은 다음 3가지입니다.

첫 번째는 등기부 등본입니다.

등기부 등본은 부동산에 관한 권리관계 및 현황이 기재된 공적 장부를 말합니다. 해당 부동산의 과거부터 현재까지의 모든 내용을 볼 수 있는 이력서라고 생각하면 됩니다.

표제부 – 부동산의 소재 및 현황 확인

갑구 – 부동산의 소유권 확인

을구 – 부동산의 소유권 외 권리관계 확인

　표제부는 부동산의 소재 및 현황 등 부동산에 관한 사항을 나타냅니다. 표제부에서는 상단(소재 지번, 건물명칭 및 번호)에 기재된 주소와 원하는 부동산 주소가 일치하는지 확인해야 합니다.

　다음으로 갑구는 부동산의 소유권, 권리관계에 관한 사항을 나타냅니다. 등기한 순서대로 소유자가 적혀 있으며 가장 하단에 있는 소유자가 현재의 소유자입니다.

　갑구에는 법적 다툼의 유무가 나타납니다. 만약 빨간색의 밑줄이 그어져 있다면 현재는 해결이 되었음을 뜻합니다. 또한, 가압류, 가등기, 압류 등 소유권과 관련한 사항을 확인할 수 있습니다.

　을구에는 부동산의 소유권 외 권리관계를 확인할 수 있습니다. 을구 중 기재된 순위번호에 의해 권리 간의 우선순위가 결정되므로 중요한 항목입니다. 등기 목적으로는 전세권 설정, 지역권 설정, 근저당권 설정 등이 있습니다.

예를 들어, 근저당권 설정의 경우는 집주인이 금융기관에서 주택 담보로 돈을 빌린 것을 말합니다. 권리자 및 기타 사항란에 채권최고액, 채무자, 근저당권자 등이 기재됩니다. 여기서 채권최고액은 보통 빌린 금액의 110~130% 정도로 설정됩니다.

이렇듯 등기부 등본은 크게 표제부, 갑구, 을구로 구성되어 있습니다. 권리분석을 할 때 이들 중 가장 먼저 말소의 기준이 되는 권리를 찾아야 합니다. 말소기준권리란 말 그대로 말소와 인수의 기준이 되는 권리를 말합니다. 다음과 같습니다.

1. (근)저당권
2. 경매개시결정
3. (가)압류
4. 담보가등기(소유권이전청구권 임시등기)
5. 선순위 전세권으로 배당요구를 했거나 경매 신청을 한 경우

이 중에서 경매개시결정과 (가)압류, 담보가등기(소유권이전청구권 임시등기)는 갑구에서 확인할 수 있으며, (근)저당권과 선순위 전세권으로 배당요구, 경매 신청을 한 경우에 관한 내용은 을구에서 확인할 수 있습니다.

권리분석을 할 때 등기부 등본을 보면 앞서 말한 권리 중 가장 먼저 설정된 권리를 파악합니다. 만약 경매개시가 이들 중 가장 먼저 설정된 권리로부터 시작되었다면, 나머지 권리들은 모두 소멸하는 것입

니다. 더불어 매각물건 명세서를 확인해보면 좋습니다.

대법원 경매사이트를 제외한 유료 경매사이트에 올라온 정보들은 잘못된 정보에 대해 책임질 필요가 없으므로 정확하지 않을 수 있습니다. 참고로만 봐야 합니다. 다양한 경로로 정확한 정보를 찾는 습관이 중요합니다.

두 번째는 위반건축물입니다.

위반건축물은 말 그대로 법을 위반했을 뿐만 아니라 낙찰자 및 (임대를 놓을 시) 세입자에게 대출이 나오지 않습니다. 이 사실을 모르고 낙찰받게 된다면 큰 손해를 보기 때문에 주의해야 합니다. 해당 부동산의 건축물대장을 보면 상단에 [위반건축물]이라는 표시가 뜨는데요. 위반건축물은 여러 문제점이 발생합니다.

위반건축물의 범위는 다음과 같습니다.

1. 건축허가 없이 건물을 신축한 경우
2. 건축허가는 받았으나, 공사 완료 후 사용승인을 받지 못한 경우
3. 사용승인은 받았으나, 용도를 불법으로 변경한 상황

흔하게 볼 수 있는 경우는 무단증축입니다. 불법적으로 베란다를 확장하는 것과 건물 위에 옥탑방을 축조하는 것 등이 포함됩니다. 또, 사무소를 주택으로 개조해 불법으로 용도를 변경하는 것, 벽을 허물거나 벽을 세워 방을 늘리는 것 등 많은 불법 사례들이 있습니다.

위반 여부는 건축물대장에서 확인할 수 있습니다. 하지만 실제로 건축법을 위반했어도 건축물대장에는 기재가 되지 않은 경우가 많으므로 건축물대장으로만 판단하면 오류가 있을 수 있습니다. 매각물건 명세서에도 위반건축물 표시가 있으므로, 건축물대장과 함께 매각물건 명세서를 살펴본다면 도움이 될 것입니다.

마지막으로, 세입자의 대항력 여부입니다.

세입자가 점유하고 있는 물건이라면 세입자의 대항력 여부를 파악해야 합니다. 세입자 유형으로는 대항력이 있는 세입자, 살고는 있지만 대항력이 없는 세입자, 실제로 거주하고 있지 않은 세입자 등이 있습니다.

세입자의 대항력은 해당 집이 경매에 넘어가 소유자가 변동될지라도 거주할 수 있고, 보증금 전액을 반환받을 때까지 임차하고 있는 주택의 인도를 거절할 수 있습니다.

또한, 경매 진행 시 배당요구를 신청할 수 있는 권리입니다. 그러므로 세입자의 대항력 여부를 파악해 배당 시 보증금을 전액 배당을 받을 수 있는지를 확인하고, 배당을 받지 못하고 낙찰자가 인수해야 하는 금액이 있는지 또한 확인해야 합니다. 만약 배당요구를 하지 않은 임차인이 살고 있다면 반환해줘야 하는 보증금까지 생각해 입찰금을 산정해야 합니다.

 낙찰을 부르는 TIP

정지, 각하, 기각의 차이점은 무엇일까요?

정지, 각하, 기각이라는 세 단어는 공통점이 있습니다. 경매를 진행할 요건이 충족하지 않아서 진행하지 않는다는 것입니다.

각하와 기각의 차이점은 경매 진행이 취소되는 시점입니다. 각하는 경매 개시 전 요건이나 자료가 부족해 거절하는 것이고, 기각은 개시 결정은 되었지만 다음에 진행이 적합하지 않다고 결정되어 종료하는 것을 말합니다.

그리고, 재매각이라는 용어가 있습니다. 재매각은 경매를 다시 진행한다는 뜻으로, 사유로는 전 낙찰자의 대급 미납 등이 있습니다. 주의할 점은 재매각인 물건에 입찰할 경우 입찰보증금이 2배가 되기 때문에 신중하게 입찰해야 합니다.

권리분석에도
순서가 있나요?

경매투자 과정에서 각자 관심 있는 부분에 따라 우선순위가 정해집니다. 무엇이 가장 옳고 어떤 방법이 최선이라고 할 순 없습니다. 경매투자의 우선순위는 맞고 틀리고의 문제가 아니라, 꾸준히 실행할 수 있는가에 포인트를 잡으면 정답이 보일 것입니다.

이제, 아주 적은 종잣돈으로 경매에 성공한 저만의 권리분석 방법을 알려드리겠습니다. 가장 솔깃한 진짜 경매 권리분석 방법입니다. 좋은 것은 취하고 미흡한 것은 버리세요.

우선, 매일매일 같은 시간대에 하는 드라마를 기다리는 마음으로 경매물건을 정기적으로 검색합니다. (각자 정해 놓은 유료 경매사이트와 대법원 경매사이트에 매일 접속하세요.)

오늘의 특가상품을 광고하는 우리 집 앞 마트의 전단지라고 생각하는 게 편하다면, 딱 그 정도 생각으로 경매물건을 검색합니다. 가장 좋은 물건의 파격 세일을 놓치는 건 본인의 잘못이니까요!

전단지의 세일 품목 중 어떤 상품은 파격 세일이고, 어떤 상품은 재고 떨이 정도이고, 어떤 상품은 마지막 찬스일지. 이것을 판단할 줄 알아야 합니다. 평상시 원하던 상품의 정가를 알고 있어야 비교분석이 가능하겠죠.

혹시 상품무게나 내용물을 속이고 세일하는 척만 하는 것인지, 원하던 상품처럼 둔갑한 짝퉁 상품은 아닌지, 정품 구별이 가능한 분만 그 상품을 살 자격이 있습니다. 여기서 보는 눈이 없는 분이라면 그날의 호갱이 되는 겁니다.

세일 상품을 경매부동산 물건으로 바꾸어 생각하면 원리가 똑같습니다. 내 소중한 투자금을 걸고 하는 일인데, 사려는 물건의 정확한 가격조차 모른다면 절대 경매에 입문하면 안 됩니다. 경매 공부는 권리분석이 첫 번째가 아니라 투자 물건의 가치를 정확히 보는 실력이 먼저입니다.

그다음 권리분석은 경매실무제요를 찾아보면서 정확한 법령이나 판례를 바탕으로 분석하는 일입니다. 내 재산을 방어하는 수준까지는 되어야 합니다. 하지만, 권리분석 내용을 매번 법전으로 찾아볼 수는 없겠죠. 그래서 유료 경매사이트를 보는 겁니다. 바쁜 일상 속에 경매도 병행해야 하니 요령을 쓰는 겁니다.

하지만 참고서는 참고용으로만 사용하세요. 맹신하고 접근하면 나중에 잘못된 분석으로 생기는 위험은 오로지 낙찰자의 몫입니다. 경매사이트가 책임지지 않습니다.

가장 마음에 드는 물건을 찾기 위해 원하는 지역에서 3초씩만 보면서 넘기다가 눈에 쏙 들어오는 물건은 클릭해서 깊이 들어가고 사연을 훑어보면서 관심을 표현해봅니다. 이 물건과 연애를 시작하듯 조심스럽게 알아가면서 밀고 당기기를 시작합니다. 그 물건과 사랑에 빠지면 문제점은 안 보이고 좋은 면만 보다가 위험한 사랑을 시작하게 됩니다.

상대방을 객관적으로 관찰하면서 나와 궁합은 잘 맞는지 내가 상대를 잘 제어할 수 있을지 가늠합니다. 거리가 멀어서 내 체질에 또는 체력에 맞지 않는다면 처음부터 체력을 다 소진할 물건과 연애를 시작하지 마세요. 돈이 없으니 저 멀리 있는 부동산과 연애를 시작해야 한다는 생각은 버리십시오. 얼마든지 내 스타일에 맞는 물건과 만날 수 있는 길은 열립니다. 장담합니다.

돈이 없어서, 배운 게 없어서, 내 처지에…
이건 모두 핑계입니다.
정말 해보기는 했나요? 어떤 상황에서도 길은 있습니다.

"권리분석 순서는 경매사이트의 어디어디 클릭하고, 그다음 순서는 이것입니다." 이렇게 설명해야 뭘 가르친 거 같고, 또 뭘 배운 거 같을 수도 있겠죠. 하지만 그게 전혀 중요하지 않은데, 연기하면서 생색내고 싶지 않습니다.

첫 번째로 물건의 가격을 정확히 아는 프로페셔널한 경매투자자가 되세요. 내가 갖고 싶은 부동산에 관심을 두고 사랑하면서 걸어보세요. 그리고 핸드폰을 꺼내 찍어보세요. 버스를 타고 가다가도, 내가 관심있는 동네를 지나면서도 사진을 찍으세요. 내 공부는 내 스타일대로 하세요. 내 스타일을 만드세요.

물론 권리분석에서 간단한 용어는 알아들을 수 있게 공부하세요. 나한테 손해를 끼치는 함정은 피하자고요. 그다음 주변의 변화에 주목하세요. 가만히 있으면 나만 뒤처집니다.

항상 경제, 정치, 경제, 트렌드 등 다양한 분야에 관심을 기울이세요. 이게 권리분석의 시작이자 마무리입니다.

물건에 따라
권리분석을 다르게 하나요?

이 질문에는 '경매투자의 정석'으로 말하겠습니다. 너무 긴장하진 말고 '이런 거구나!' 하면서 가벼운 마음으로 따라오세요. 스미듯 익혀보자고요.

권리분석이란 법원경매를 통해 경매물건을 낙찰받기 전 낙찰자가 낙찰 대금 이외에 추가로 인수해야 하는 권리가 있는지를 확인하는 절차입니다. 권리분석을 하기 위해서 기준이 되는 권리를 찾고, 인수되는 권리와 말소되는 권리를 구분해야 합니다.

쉽게 말해 서류상 문제가 있는지, 어떤 점을 중요하게 봐야 하는지 판단하는 일입니다. 권리분석을 할 때 서류상 확인할 수 있는 내용은 부동산등기기록, 토지임야대장, 건축물대장이 있습니다. 공통으로 권리분석 해야 하는 내용입니다.

부동산등기기록

각 토지나 각 건물대지의 지번 / 소유권 지상권 지역권 전세권 저당권 권리질권 채권담보권 임차권 등의 설정 여부 및 등기 순위

(부동산등기법 제3조, 제34조, 제40조 및 제48조)

토지임야대장

토지의 소재지 지번 지목 면적 소유자 공유 여부 공유지분 및 공유자에 관한 사항 / 대지권 등기 여부 대지권 비율 및 소유자에 관한 사항 등

(공간정보의 구축 및 관리 등에 관한 법률 제71조 및 공간정보의 구축 및 관리 등에 관한 법률 시행규칙 제68조 제1항)

건축물대장

건축물의 지번 및 행정 주역 / 건축물의 면적 구조 용도 층수 가설건축물 여부

(건축법 제38조 제3항, 건축물대장의 기재 및 관리 등에 관한 규칙 제7조 및 별지 제1조 서식 참고)

그렇다면 상가, 주택, 땅을 권리분석 할 때 다르게 해야 하는 점이 있을까요?

권리분석이란 나보다 권리가 있는 녀석이 사라지느냐? 남아 있느냐?를 보는 것입니다. 등기부 등본을 보면서 해당 부동산이 주인을 누구로 바꿨고, 빚이 얼마인지 파악되었습니다.

빚의 순위도 날짜별로 순서를 정해주고 기준으로 삼을 만한 녀석

만 찾으면 됩니다. 그보다 힘센 녀석은 피하는 겁니다.

주거용 부동산을 낙찰받기 위해 토지대장을 따로 보지는 않습니다. 해당 부동산이 가지고 있는 땅의 종류와 크기를 알아야 어떤 변신을 위해 그 땅이 쓰일지 판단하게 됩니다.

하지만, 상가를 낙찰받기 위해선 상가의 용도에 의한 수익을 먼저 계산해야 합니다. 주택은 관리비 연체료가 감당 가능한 정도지만, 상가는 연체료를 비롯해 인수해야 하는 금액을 확실히 알고 입찰해야 합니다.

쓰지 않은 공과금을 대신 내는 것도 아깝지만, 장기간 공실 상태로 있던 상가가 떠안고 있는 공용 관리비도 상당히 큽니다.

공실이 된 이유와 경매로 나온 이유를 모르고 낙찰받아서 낙찰자 역시 수익을 내지 못한다면 시세차익도 크지 않고, 매달 관리비와 대출이자도 감당해야 하는 폭탄이 됩니다.

부동산은 잘못이 없습니다. 권리분석, 상권분석을 잘못한 낙찰자 잘못입니다.

대금 미납 물건인데
입찰해도 될까요?

잔금을 미납한 물건은 주로 권리분석에 문제가 있었거나 시세를
잘못 조사한 경우가 많습니다. 그리고 다음 입찰자 역시 시세를 파악

구분	매각기일	최저매각가격	결과
1차	2022-09-20	41,000,000	유찰
	매각 31,470,000원 (76.76%) / 1명 / 미납		
3차	2022-12-13	28,700,000	유찰
4차	2023-01-13	20,090,000	
	매각 26,111,100원 (63.69%) / 입찰 2명 /		
	(2위금액 22,112,000원)		
	매각결정기일 : 2023-01-20 - 매각허가결정		
	지급기한 : 2023-02-13		

출처 : 탱크옥션

할 때 잘못된 방식으로 조사할 확률이 높습니다.

입찰 전에 현장 시세조사를 철저히 하고, 권리분석에 문제가 없는지 신중하게 확인해야 합니다. 아무리 좋아 보이는 물건이 경매로 나왔다 할지라도 하자가 있는 물건일 수 있으니 섣불리 입찰에 들어가면 위험합니다.

임장 전 손품으로 조사할 때부터 현장에 나가 시세를 조사할 때까지, 물건을 객관적으로 판단할 수 있는 눈과 귀를 가지고 발품을 팔아야 합니다.

재매각 물건은 낙찰자의 자금능력 문제로 잔금을 못 낸 물건만 입찰할 수 있습니다. 그래서 '이럴 만한 사유가 있겠지!'라는 추측만으로 입찰에 임하는 초보들이 많습니다.

경매 초보의 눈에는 재매각 글자가 전혀 공포스럽지 않은가 봅니

출처 : 탱크옥션

다. 의외로 많은 분이 입찰에 임하고, 그 물건의 두 번째 미납자가 되는 사례가 발생합니다.

여러 번 위험성을 강조해도 지나치지 않을 것 같습니다. 꼭 사유를 정확히 파악한 물건만 입찰하세요.

외국인 임차인도
대항력이 있나요?

국내 체류하는 비 내국인의 유형에는 3가지가 있습니다. 외국인과
외국 국적 동포, 재외국민입니다.

첫 번째는 외국인의 경우입니다.

외국인이 출입국관리사무소에 외국인 등록과 체류지 변경신고를
하면 한국 국적 주민의 주민등록 및 전입신고와 같은 효력을 인정해
줍니다. (우선변제권을 취득하려면 확정일자를 추가로 받아야 합니다.)

TIP

출입국관리법 제88조의 2 (외국인 등록증 등의 주민등록증 등의 관계)
1. 법령에 규정된 각종 절차와 거래 관계 등에서 주민등록증이나 주민등록등본 또
는 초본이 필요하면 외국인 등록증이나 외국인 등록 사실 증명으로 이를 갈음한다.
2. 이 법에 따른 외국인 등록과 체류지 변경신고는 주민등록과 전입신고를 갈음
한다.

두 번째는 외국 국적 동포입니다.

외국 국적 동포는 임대차 계약을 체결한 후 외국인 등록과 체류지 변경신고를 하거나 국내거소신고를 하면 그때부터 대항력이 발생합니다. (확정일자는 따로 받아야 합니다.)

마지막으로 재외국민입니다.

재외국민이 국내에 30일 이상 거주를 목적으로 입국하면 거주 시 관할 시, 군, 구청에 주민등록을 신고해야 하는 의무가 있습니다. 주민등록을 하면 그때부터 주임법상의 대항력이 발생합니다.

여기서, 재외국민 거주자는 2015. 1. 22 이후에 전입 세대열람 내역에 기재가 되었습니다. 그러나 외국인과 외국 국적 동포는 전입세대 열람에 나오지 않습니다. 따라서 꼭 현장 확인이 필요합니다.

법원은 경매를 진행하면서 외국인 등록증을 열람할 권한이 없어 경매 건물의 외국인 거주 여부를 파악하지 못합니다. 외국인의 거소신고 내용은 법원에서 조회할 수 없어 주민등록번호가 있는 내국인 임차인에게만 경매 상황을 통지하게 됩니다. 즉, 국내에 거주하고 있는 외국인은 전세로 사는 집이 경매로 넘어갔을 때 이를 알 방법이 없습니다.

경매 입찰자는 선순위 임차인을 확인하기 위해서 전입세대 열람을 떼어 보면, 외국인 및 재외 교포는 전입세대 열람에서 보이지 않습니다. (재외국민 제외) 만약 외국인 등록이나 거소신고 날짜가 1순위 권리자보다 선순위라면 대항력을 가지기 때문에 보증금을 낙찰자가 인수해야 합니다. 이에 대법원은 다음과 같이 판시한 바 있습니다.

외국인 또는 외국 국적 동포가 한 외국인 등록이나 체류지 변경 신고 또는 국내거소신고나 이전신고에 대해서는 주택임대차보호법 제3조 제1항에서 주택임대차의 대항력 취득 요건으로 규정하고 있는 주민등록과 같은 법적 효과가 인정되며 이는 외국인 등록이나 국내거소신고 등이 주민등록과 비교해 공시기능이 미약하다고 해 달리 볼 수 없다.

한편, 외국인 임차인에 대한 정확한 판결은 없는 상황입니다.

경매에서 말하는 배당이란
무엇일까요?

배당은 매수인이 매각대금을 냈을 때 경매사건에서 낙찰된 금액 중 집행비용을 공제하고 남은 잔액을 채권자들에게 우선순위에 따라 나누어주는 과정을 말합니다.

만약 낙찰금액이 모든 채권자의 채권액보다 많다면 배당을 끝낸 후 남은 금액은 채무자 겸 소유자에게 돌아갑니다. 그렇지만 일반적으로는 낙찰된 금액보다 채권액이 더 많으므로 원칙과 순위에 따라 배당금액을 정해 나누게 됩니다.

주의할 점은 채권자들 중 돌려받지 못한 채권이 발생하면 채무자에게 다시 압류가 들어가게 됩니다. 그리고 채무자가 갚지 못한 채권 중 낙찰자가 떠안아야 하는 채권도 있으므로, 권리분석을 할 때 배당 계산을 미리 해보는 것이 중요합니다.

배당의 순서는 다음과 같습니다.

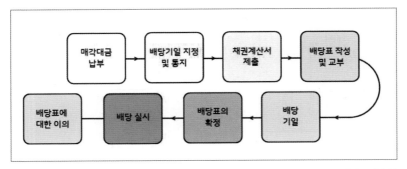

배당 순위에 따른 채권자 및 임차인의 배당액이 얼마인지 입찰 전에 분석하는 것은 매우 중요합니다. 배당 계산을 통해 경매의 수익률뿐만 아니라 명도의 난이도까지 예측할 수 있으므로 되도록 입찰 전미리 해보는 것을 추천합니다.

대항력 여부와 상관없이 배당을 받는 임차인과 배당을 받지 않는임차인은 명도 과정 중 태도(저항)가 다르므로 시간과 비용에서 많은차이가 납니다. 이처럼 배당 계산을 먼저 해본다면 입찰가 및 경매비용을 고려하는 데 많은 이점으로 작용할 수 있습니다.

배당금액은 어떻게 모이게 될까?

배당금액은 낙찰자가 입찰금으로 써내어 납부한 금액을 제외하고도, 여러 부분에서 모여 배당이 됩니다. 배당금액의 구성은 다음과 같습니다.

1. 매각대금 (매수인의 매수보증금 포함)

2. 재매각 시 전 매수신청인이 낸 매수신청보증금

    (민집법 138조 제4항)

3. 매각 허부에 대한 항고인의 기각 시 공탁한 보증금

    (민집법 제 137조 제6항)

4. 재매각 절차가 취소되었을 경우에 매수인이 대금 지급기한부
    터 대금납입 당일까지 연 12%에 의해 지급한 지연이자

    (민집법 138조 2항)

5. 매각 허부에 대해 채무자와 소유자 이외의 자가 항고를 제기
    하였다가 기각된 경우, 항고를 한 날부터 항고 기각결정이 확
    정된 날까지 연 12%의 이율에 의해 산정된 금액

    (민집법 제130조 제7항)

이런 금액들이 배당금액으로 포함되어 배당 절차가 이루어집니다.

2번과 같은 경우는 낙찰을 받은 최고가매수인이 개인적인 이유(권리분석 및 시세파악 오류, 대출 등 이유는 다양함)로 잔금 납부를 하지 않고 낙찰자의 자격을 포기한 상황입니다.

이처럼 잔금을 납부하지 않는다면 입찰 시 제출했던 입찰보증금 또한 반환받지 못하고 배당금액으로 포함되기 때문에 입찰 시 유의해야 합니다.

▌ 배당 절차

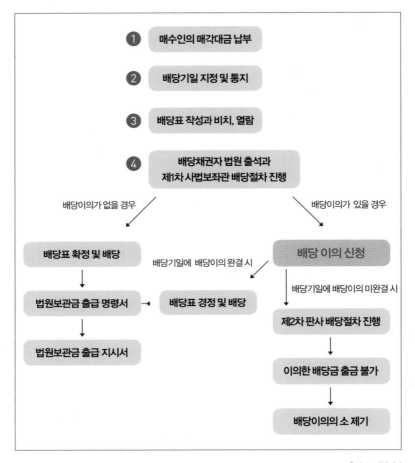

출처 : 모세컴퍼니

만약 배당이 잘못되면
어떻게 해야 하나요?

배당 절차 중 배당액이 잘못 잡혀 손해가 발생한다면 '배당이의의 소'를 할 수 있습니다.

'배당이의의 소'란 이의를 신청한 채권자가 이의에 관해 이해관계를 가지고 또 이의를 정당하다고 인정하지 않는 다른 채권자를 상대로 이의를 주장하기 위해 제기하는 소(민사집행법 제154조)를 말합니다.

배당이의의 소는 이의를 주장한 채권자를 포함해 집행력 있는 집행권원의 정본을 갖지 않은 채권자에 대해 이의를 신청한 채무자도 제기할 수 있습니다.

TIP

* 경락 : 경매에 의하여 동산 또는 부동산의 소유권을 취득하는 일입니다.
참고로, 최고가매수신고인은 배당이의 신청을 할 수 없습니다.

배당이의 소의 원고적격이 있는 자는 배당기일에 출석해 배당
표에 대한 실체상의 이의를 신청한 채권자 또는 채무자에 한하
고, 제3자 소유의 물건이 채무자의 소유로 오인되어 강제집행목
적물로서 *경락된 경우에도 그 제3자는 경매절차의 이해관계인
에 해당되지 아니하므로 배당기일에 출석해 배당표에 대한 실
체상의 이의를 신청할 권한이 없으며, 따라서 제3자가 배당기일
에 출석하여 배당표에 대한 이의를 신청하였다고 하더라도 이
는 부적합한 이의신청에 불과하고 그 제3자에게 배당이의 소
를 제기할 원고자격이 없습니다. (대법원 2002. 9. 4 선고 2001다
63155)

이들은 배당기일로부터 1주 이내에 '배당이의의 소' 제기 증명원을
해당 집행법원에 제출해야 합니다. 이를 행하지 않을 때는 배당이의
가 취하된 것으로 간주합니다.

낙찰을 부르는 TIP

권리분석을 할 때 임차인 대항력은 있지만, 배당을 못 받는 경우가 있습니다. 이런
경우에는 낙찰자가 임차인의 임차보증금을 인수해야 한다는 뜻입니다. 보통 낙찰
금에서 임차인에게 배당을 해주지만 그것이 안 된다는 것입니다. 그렇게 되면 낙찰
자가 임차인에게 금액을 줘야 하는 상황이 됩니다.

경매물건을 볼 때
대지지분은 뭔가요?

대지지분이란 공동주택 전체의 대지면적을 소유자 수로 나눈 면적을 말합니다. 대지지분이 클수록 해당 물건을 소유한 사람이 가진 땅의 면적도 넓다는 것을 의미합니다.

만약 다세대 빌라와 아파트가 같은 면적이라면 가구 수가 많을수

출처 : 모세컴퍼니

록 대지지분이 적어집니다. 즉, (면적이 같을 경우) 일반적으로 용적률이 높아 가구 수가 많은 아파트가 대지지분이 더 적습니다.

대지지분은 주거단지의 평당 가격을 올려주거나, 재개발이나 보상이 이루어질 때 중요한 역할을 합니다. 토지가격과 비례해 평가금액을 산정하므로 대지지분이 큰 곳이 추가분담금의 부담이 적습니다.

재개발에서의 대지지분은 추후 조합원으로 배정받는 평형 산정의 기준 및 추가분담금을 결정하는 중요한 요소입니다. 또한, 대지지분이 넓으면 동 간 간격이 넓고, 단지 안 녹지비율과 주차장이 증가합니다. 따라서, 개발을 앞둔 부동산이거나 개발을 목적으로 매수한 부동산이라면 대지지분을 꼭 확인해야 합니다.

대지지분 = 대지권의 목적인 토지면적 × 대지권 비율

내가 가진 부동산의 대지지분을 확인해보려면?

1 K-Geo 플랫폼(kgeop.go.kr) 인터넷에 접속해 토지정보 클릭

② 검색창에 단지명을 검색한 후 '상세정보보기' 클릭

③ 부동산의 동, 층, 호수 기재 후 대지지분 확인

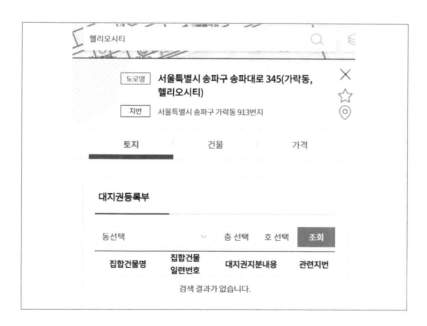

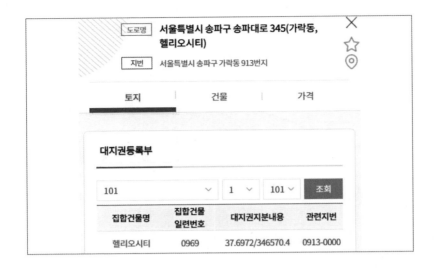

대지지분을 확인하면서 추가로 알아두면 좋은 것은 '용적률'입니다. 용적률은 대지면적에 대한 건축물의 연면적(건물 각 층의 바닥 면적을 합한 전체 면적. 총면적)의 비율입니다. 용적률이 높을수록 건축물을 높이 올려 투자가치를 높일 수 있습니다.

주택이 가진 대지지분이 크고, 용적률도 높아서 새로 주택을 지을 때 층수를 높여 지을 수 있다면 투자자 입장에서는 '가치가 높은 부동산'이라고 평가할 수 있습니다.

위반건축물 같은데 낙찰받아도 될지 걱정이에요

경매물건을 조사할 때 꼭 봐야 하는 것 중 하나가 건축물대장입니다. 건축물대장에서는 해당 부동산이 다세대인지, 사무소인지 구별할 수 있습니다. 그리고 위반건축물인지 아닌지를 판가름할 수 있는 중요한 자료입니다.

근린생활 빌라는 근린생활시설을 주택으로 용도 변경해서 사용하는 위반건축물입니다. 건축법상 근린생활시설은 주차 대수나 층수 기준 등을 충족하지 못하기 때문에 주택으로 용도를 변경하는 것은 불법입니다. (연립주택과 다세대는 주택으로 쓰이는 층수가 4개층 이하인 건축물을 말합니다.)

따라서 빌라 건물이 총 5층 이상으로 지어졌거나 필로티 구조의 6층 건물이라면 해당 호수가 불법으로 근린시설로 허가받은 것은 아닌지 확인해야 합니다.

그 외에도 불법에 해당하는 사례들이 많습니다. 고시원에 취사 시설을 설치하거나 세입자를 늘리기 위해 주택 내부에 임의로 임시 벽을 세워 구조를 변경하는 '방 쪼개기', 계단식 형태의 건축물 상층부 베란다에 창틀, 조립식 패널을 사용해 창고나 보일러실로 활용하는 것, 주차장 무단 용도 변경 등이 위반건축물에 등재될 수 있으니 주의해야 합니다.

▌ 건축물대장 위반건축물 표시

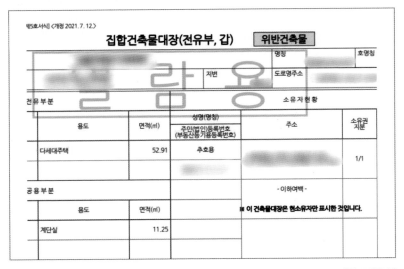

출처 : 모세컴퍼니

위반건축물에는
어떤 것이 있나요?

불법에 해당하는 위반건축물 사례들이 많습니다. 다음은 자주 접할 수 있는 4가지 위반 사례들입니다.

첫 번째는 증축허가(신고) 대상 건축행위입니다.

1. 건축면적의 증가

2. 연면적의 증가

3. 층수의 증가

4. 높이의 증가

베란다를 이용해 무단으로 수평증축을 하였거나 옥상층 빈 공간을 활용한 수평증축, 조립식 판넬 창고 무단증축, 일반음식점 무단증축 등이 해당합니다.

▌2020년 기준 위반 유형

구분	위반종류	위반유형	증축위치	비율
주 택	증 축	일조 및 기타 제한으로 증축불가부분	옥상위	78%
			테라스	
			베란다	
			발코니	
			기타	
		기타증축	대지내 공간	14%
			옥상 위	
			노출된 계단실 상부	
			도로 후퇴 부분	
			주차장 위	
			기타	
	용도변경	주택 ⇒ 근생		1%
	대 수 선	가구수 증가		7%
		지붕틀 해체·수선		
주택 외 시설	증 축	대지 내 자투리 공간		82%
		도로 후퇴 부분		
		대지 내 여유 공간		
		노출된 계단실 상부		
		주차장		
		옥상		
		노대		
		기타		
	용도변경	근생 ⇒ 주택		16%
		근생 ⇒ 위락시설		
		기타		
	대 수 선	방화구획 해체		2%
		주계단 철거, 기둥 제거		

출처 : 위반건축물 예방 사례집

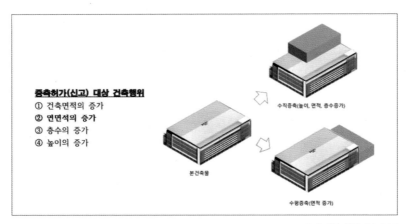

증축허가(신고) 대상 건축행위
① 건축면적의 증가
② 연면적의 증가
③ 층수의 증가
④ 높이의 증가

수직증축(높이, 면적, 층수증가)

본건축물

수평증축(면적 증가)

출처 : 위반건축물 예방 사례집

두 번째는 대수선 허가(신고) 대상 건축행위입니다.

세대 수를 늘리거나 건축물의 기둥, 보, 내력벽, 주계단 등의 구조나 외부 형태를 수선 또는 변경하여 증설하는 것으로, 대통령령으로 정하는 것을 말하며 시장에게 허가를 받아야 합니다. [건축법 제11조(제14조), 건축법 시행령 제2조]

사례는 다음과 같으며, 이외에도 더 많은 허가 대상이 포함됩니다.

1. 다가구주택의 가구 간 경계벽 또는 다세대주택의 세대 간 경계벽을 증설 또는 해체하거나 수선 또는 변경하는 것
2. 건축물의 외벽에 사용하는 마감재료(법 제52조 제2항에 따른 마감 재료를 말한다)를 증설 또는 해체하거나 벽 면적 30제곱미터 이상 수선 또는 변경하는 것
3. 기둥을 증설 또는 해체하거나 세 개 이상 수선 또는 변경하는 것
4. 내력벽을 증설 또는 해체하거나 그 벽 면적을 30제곱미터 이상 수선 또는 변경하는 것

실제 위반 사례로는 세대수보다 많은 가스계량기, 세대수보다 많은 우편함, 외벽마감재를 무단으로 훼손, 문을 임의로 설치해 방화구획 임의증설 등이 해당합니다.

세 번째는 용도변경허가(신고) 대상 건축행위입니다.

사용승인을 받은 건축물의 용도를 변경하려는 자는 시장의 허가를 받거나 신고를 해야 합니다.

창고시설을 근린생활시설 음식점으로 무단 용도변경을 하였거나 근린생활시설을 주택으로 무단용도 변경한 경우, 주차타워를 창고로 무단용도 변경한 경우 등이 해당합니다.

근린생활시설을 주택으로　　근린생활시설을 주택으로　　　창고시설을 근린생활시설
무단용도변경 함　　　　　　무단 용도변경 함　　　　　음식점으로 무단 용도변경 함

출처 : 위반건축물 예방 사례집

마지막으로 주차장입니다.

주차수요를 유발하는 시설을 건축허가나 설치하려는 자는 부설주차장을 설치해야 하며 주차장 외의 용도로 사용할 수 없습니다. (주차장법 제19조, 주차장법 제19조의 4)

사례는 부설주차장 단위구역을 주택 마당으로 이용해 주차기능을 훼손한 경우 및 주차구획에 울타리를 설치해 주차구획 훼손, 주차구획을 임의로 삭제한 경우 등이 해당합니다.

▌ 용도별 설치해야 할 부설주차장 대수

① 위락시설	○ 시설면적 67㎡당 1대(시설면적/67㎡)
② 문화 및 집회시설(관람장은 제외한다), 종교시설, 판매시설, 운수시설, 의료시설(정신병원·요양병원 및 격리병원은 제외한다), 운동시설(골프장·골프연습장 및 옥외수영장은 제외한다), 업무시설(외국공관 및 오피스텔은 제외한다), 방송통신시설 중 방송국, 장례시설	○ 시설면적 100㎡당 1대(시설면적/100㎡)
③ 제1종 근린생활시설(「건축법 시행령」 별표 1 제3호바목 및 사목(공중화장실, 대피소, 지역아동센터는 제외한다)을 제외한다), 제2종 근린생활시설, 숙박시설	○ 시설면적 132㎡당 1대(시설면적/132㎡) ○ 숙박시설 중 생활숙박시설은 시설면적 100㎡당 1대 또는 호실 당 0.7대로 하되, 이 중 주차대수가 많은 것을 적용한다.
④ 단독주택(다가구주택을 제외)	○ 시설면적 50㎡초과 150㎡이하: 1대 ○ 시설면적 150㎡ 초과: 1대에 150㎡를 초과하는 100㎡당 1대를 더한 대수 {1+ [(시설면적-150㎡)/100㎡] }
⑤ 다가구주택·공동주택(기숙사를 제외한다)·업무시설 중 오피스텔	○ 「주택건설기준 등에 관한 규정」제27조 제1항에 따라 산정된 주차대수로 하되, 세대당 주차대수가 1대 이상이 되도록 한다. 이 경우 오피스텔의 전용면적은 공동주택의 전용면적 산정방법을 따른다. 단, 「주택법 시행령」제10조제1항제1호에 따른 원룸형 주택은 세대당 주차대수 0.7대(세대당 전용면적이 30제곱미터 미만인 경우 0.6대)로 한다.
⑥ 골프장, 골프연습장, 옥외수영장, 관람장	○ 골프장은 1홀당 15대(홀의 수×15) ○ 골프연습장은 1타석당 1대(타석의 수×1) ○ 옥외수영장은 정원 8명당 1대(정원/8명) ○ 관람장은 정원 50명당 1대(정원/50명)
⑦ 수련시설, 공장(아파트형은 제외한다), 발전시설	○ 시설면적 350㎡당 1대(시설면적/350㎡)
⑧ 창고시설	○ 시설면적 400㎡당 1대(시설면적/400㎡)
⑨ 그 밖의 건축물	○ 시설면적 200㎡당 1대(시설면적/200㎡)

출처 : 위반건축물 사례집

모르고 위반건축물을 낙찰받았는데
어떻게 해야 할까요?

모르고 위반건축물을 낙찰받았더라도 낙찰자는 원래의 용도로 복구해야 할 의무가 있습니다. 불법으로 개조된 건축물을 원상으로 복구할 때까지 지방자치단체에서 이행강제금을 부과합니다. 최대 1천만 원에 달하며 1년에 2회 부과됩니다. 상습영리 목적을 가진 위반행위자에게는 이행강제금이 가중부과(2배) 됩니다.

▎위반건축물 행정처분 절차

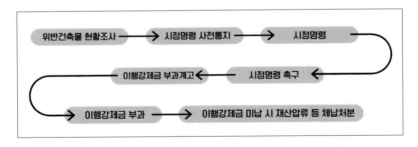

위반건출물은 낙찰자가 위반된 부분을 바로잡을 때까지 시간과 비용이 들기 때문에 손이 많이 가는 물건입니다. 만약에 전 소유자가 이행강제금을 미납했더라도 낙찰자가 미납금을 떠안지는 않습니다. 경락으로 인해 소유권이 이전되면 소유권 이전 후의 이행강제금만 새로이 낙찰자에게 부과됩니다.

한편, 위반건축물은 낙찰받은 후 임대를 놓으면 세입자 대출이 나오지 않습니다. 모든 등록 임대사업자의 임대주택에는 임대보증금에 대한 보증보험에 가입하도록 의무화했습니다. 하지만, 위반건축물일 경우 임대보증금 보증 서류조차 받아주지 않는 경우가 많습니다. 결국, 세입자들이 임대 기간이 끝나고 보증금을 확실하게 받아나갈 수 있다는 확신이 없으므로 여러 세입자가 꺼리는 임대 물건이 됩니다.

위반건축물인지 아닌지 어떻게 확인할까?

입찰 전 건축물대장에 위반건축물 표시가 없는지 확인해보는 것이 가장 간편하고 중요합니다.

하지만, 건축물대장에 기재되지 않은 위반 사례도 많으므로 직접 현장에 방문해 확인하는 것이 좋습니다. 실제로 적발 유형별 위반건축물 비율을 살펴보면 항공촬영이 64%로 높은 비율을 차지하지만, 그에 못지않게 민원제보도 34%를 차지하므로 현장에서의 발견이 중요합니다.

위반건출물인지 확인하는 방법을 정리하면, 우선 건축물대장을 열람해 위반건축물의 표시가 있는지 확인해야 합니다. 더 나아가 등기

■ 위반건축물 여부 확인

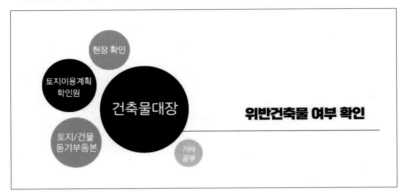

부 등본, 토지이용계획 확인원 등까지 살펴본다면 확실한 답을 찾아낼 수 있습니다.

　손품으로 조사한 결과 위반건축물 여부가 판단되었다면, 마지막으로 현장에 나가 직접 눈으로 보면서 손품 상황과 현장 상황이 일치하는지 확인해봐야 합니다.

소유주가 '망'이에요. 낙찰받아도 되나요?

경매 진행 중 채무자 겸 소유자가 사망하는 경우 재산상속인들에게 승계 없이 경매절차가 이뤄져도 절차상의 하자로 볼 수 없다는 대

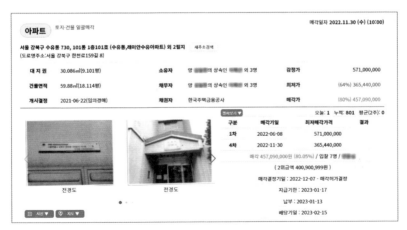

출처 : 탱크옥션

법원 판례가 있습니다. (대법원 1969. 9. 23. 자69 마581 결정)

즉, 송달의 문제나 물건 자체의 하자가 있지 않고, 사망한 사실에 대해서는 매각 불허가나 매각허가결정 취소를 받기 어렵습니다.

소유주가 '망'인 물건을 살펴보면 경매로 나오게 된 이유가 여러 종류가 있습니다. 크게 나뉘는 것은 망 OOO의 상속인 또는 망 OOO입니다. 주로 부모에게 상속을 받기 위해 형제들이 경매로 넘기는 경우가 있고, 또는 사망한 분이 채무 관계가 있어 경매로 넘어간 것입니다.

'망'의 물건을 낙찰받으면 상속인들과 연락이 되었을 시에는 잔금을 내고 소유권 이전이 끝난 후 상속인들에게 세대 현관 비밀번호를 넘겨받을 수 있습니다. 경매물건 안에 남아있는 동산물건들은 상속인과 의논하여 처리할 수 있습니다.

출처 : 탱크옥션

경매 초보가 꼭 알아야 할 질문 TOP 88

이럴 때 대부분 상속인은 귀중품 외의 폐기물건을 낙찰자에게 치워 달라고 부탁하는 경우가 많습니다. 공식적인 절차는 아니지만, 경험에 의하면 '명도합의서'를 작성한 후 폐기물을 처리해야 합니다.

하지만 합의서 작성이 어려울 때는 상속인으로부터 폐기물 처리에 관해 동의하였다는 문자를 받아 놓으면 됩니다.

만약 상속인들과 연락이 어려울 때는 강제집행 진행절차를 거쳐서 문을 열고 동산경매까지 진행해야 차후에 있을 불미스러운 일을 방지할 수 있습니다. 낙찰자가 임의로 개문(문 따기)하는 방법은 위험하니, 절대 해선 안 됩니다.

■ 강제집행 절차 현장 모습

출처 : 모세컴퍼니

 **낙찰을 부르는 TIP**

채무자가 사망하면 경매는 정지되나요?

경매개시결정 후에 채무자, 소유자가 사망했다면 경매 진행은 정지되지 않고 진행됩니다. 만약 상속인이 있다면 상속인은 이해관계인으로 신청해 매각절차에 관여할 수 있고, 이해관계인으로 신청을 하지 않더라도 매각절차는 그대로 진행됩니다. (대법원 98마 2509, 2510)

3단계 │ 임장 (현장조사)

임장 갈 때
무엇을, 어떤 순서로 봐야 하나요?

드디어 투자N만의 임장 루틴을 말씀드릴 기회가 왔네요.

손품 임장이 끝났다면, 그중에서 가장 현장 상태가 궁금한 물건을 고릅니다. 현장 임장을 위해 출발 전에 포털사이트의 길 찾기로 예상 경로를 검색해봅니다.

예를 들어, 이번 임장은 출퇴근을 할 때 이용하는 대중교통이 편리한 임장 코스입니다. 이때는 빨리 다녀올 수 있는 자동차 임장을 포기하고, 그곳에서 생활하는 주민과 같은 대중교통을 이용합니다. 출퇴근 시간의 혼잡도 경험하고 환승도 해봅니다.

물건 임장이라 해서 목적지를 고정하고 현장을 방문해 해당 물건만 관찰하고 오는 것이 아닙니다.

저는 성남 구도심을 임장하기 위해 뜨거운 태양이 정수리를 태울 정도로 햇볕이 따가운 날에도 걸어서 구릉을 올라갑니다. (마을버스

운행하는 동네) 이때는 '허벅지가 가슴에 닿을 정도다'라며 경사도를 짐작할 수 있는 농담도 해가면서 살고 있는 주민과 똑같이 길을 오릅니다. 임장을 위한 가방만 메고 걷는 것이 아니라 모란 시장에서 장을 봐서 무거운 짐을 들고 오르는 시뮬레이션도 합니다.

그리고 같은 곳을 마을버스를 이용해 또다시 방문합니다. 이곳의 주민들은 경사도가 익숙해서 언덕에서도 마을버스 환승을 기다리고, 당연하다는 듯 경사로를 걸어 올라갑니다. 외지인의 시선과 원주민의 시선은 이렇게 다를 수 있다는 점을 꼭 기억해야 합니다.

이 방법을 용산구 해방촌을 임장할 때도 접목해 봤고, 까치산역을 이용하는 화곡동 구릉지 동네에도 접목해 보았습니다. 같은 구릉 동네지만 다른 연령층이 사는 모습과 상권 형성도 비교해보는 임장을 꾸준히 하고 있습니다.

대중교통으로 하는 임장과 다른 방법으로, 자차를 가지고 하는 임장이 있는데요. 이때는 주차 문제와 출퇴근 시간을 포함해 한가한 시간의 도로 정체 상황도 점검합니다.

발품 임장 시 점검해보면 좋은 것은 '발품 임장 체크리스트'(211쪽 참고)로 표시해봅니다. 임장 날짜와 임장했던 시간대가 언제인지 꼭 표기해야 합니다. 오늘과 내일의 결과가 다르므로 언제 임장했는지가 중요합니다.

사건 사고 여부는 물건지 반경 내에서 뉴스에 나올 만한 나쁜 사건이 있는지, 범죄인이 거주하는지 살펴봐야 합니다. 성범죄자가 사는 동네는 모두가 꺼리는 악재입니다.

상권은 그 물건(해당 부동산 주변)에서 누릴 수 있는 인프라입니다. 없는 것보다는 모두 있는 게 좋은 상권이지만, 어떤 레벨의 상권이 형성되어 있는지도 주민의 생활수준과 밀접하므로 중요합니다.

학군은 어린이집부터 대학교까지 집값에 영향을 줄 수 있는 학교를 조사합니다. 학군은 악재와 호재가 극명하게 나뉘는 부분입니다.

부동산 시세조사 중 아파트는 단지에서 쉽게 체크 가능하지만, 영역을 넓혀서 경쟁물건 조사도 함께해야 합니다. 빌라는 시세가 명확하지 않으므로 비교물건 선정을 나노 수준까지 쪼개서 꼼꼼하게 비교한 가격만 기록합니다.

출처 : 모세컴퍼니

손품으로 충분한 정보를 얻었는데
임장도 가야 하나요?

경매 입찰가나 주변 시세를 조사하기 위해 인터넷으로 매물조사를 할 때 많은 사람이 함정에 빠지곤 합니다.

바로 허위매물 때문인데요. 수많은 매물 중 허위매물을 선별하기란 어렵습니다. 본인도 모르게 당연히 실재하는 매물이라고 넘기기 때문에 의심조차 하기 어렵습니다. 하지만 허위매물에 속아 전세가 및 매물의 가치를 잘못 판단하게 된다면 낙찰받은 후 수익 및 비용에서 큰 문제가 발생하기 때문에 꼭 현장 임장으로 검증해야 합니다.

간단한 허위매물 구별법을 몇 가지 알려드리겠습니다.

우선 해당 매물이 주변 시세보다 눈에 띄게 저렴하다면 의심을 해봐야 합니다. 급매물이라면 어느 정도 이해할 수 있지만, 급매물도 아니라면 미끼상품일 가능성이 큽니다. 추가로 매물 등록일자나 매물

기본정보 등을 하나하나 살펴본다면 어느 정도 허위매물을 거를 수 있습니다.

그러나 가장 중요한 것은 인터넷으로 본 매물을 현장 임장으로 확인해보는 겁니다. 손품으로 조사했을 때는 완벽한 매물이었고, 부동산중개업소에 연락을 했을 때도 보러 오라며 약속을 잡았다면 실매물로 오해하기 쉽습니다.

하지만 막상 매물을 보러 부동산에 방문했을 때 이 매물은 나갔다면서 다른 매물로 유도하는 경우가 종종 있습니다. 그러므로 임장은 손품을 거쳐 꼭 발품으로 마무리를 지어야 합니다.

또 다른 경우도 있습니다. 손품 임장을 하던 중 네이버 부동산에 경매물건과 비교 가격이 비슷하게 올라온 물건을 발견합니다. 그러면 '그래, 경매물건과 비슷한 매물이 있는데, 왜 힘들게 입찰하고 명도까지 진행해? 여기에 전화해서 급매로 사야겠어!'라고 생각하게 됩니다. 그래서 부동산중개업소에 전화를 겁니다.

"안녕하세요, 네이버에서 매물을 보고 연락드립니다. OOO 물건 가격이 이게 맞을까요? 실매물을 볼 수 있을까요?"

인터넷에 올라온 물건을 장황하게 설명하며 물어보니 부동산으로부터 다음과 같은 답변이 돌아옵니다.

"네~ 이 물건의 현재 가격이 맞습니다. 하지만 현재 경매가 진행 중인 물건이므로 올려진 매물 금액으로 경매 대행을 해서 낙찰을 받아드리겠습니다."

역시 낚였구나! 경매 초보들이 많이 겪는 일입니다.

입찰 준비를 하면서 인터넷에 올라온 매물을 비교하다가 적당한 경매물건이 올라왔을 때 그냥 매물로 살 생각을 하지만, 결론은 '부동산중개업소에서 올려둔 금액으로 낙찰을 받아주겠다'라는 내용입니다. 마치 실매물이 있는 것처럼 인터넷에서 보여주지만 실상은 그렇지 않습니다. 실매물과 허위매물, 미끼상품을 잘 구별해야 합니다.

▮ 현장 임장 중 길거리 벽에서 찍은 사진

지역에 따라 임장하는 방법이
어떻게 다른가요?

경매로 부동산을 낙찰받기 전에 꼭 해야 하는 것 중 하나가 '임장'입니다. 흔히 '발품을 판다'라고 말합니다.

컴퓨터 앞에 앉아서 키보드를 두드리며 조사하는 것을 손품이라 하고, 직접 부동산 현장을 가 보고 부동산중개업소도 방문해보는 것을 발품, 즉 임장이라고 합니다.

그런데 임차 들어갈 집을 구하러 돌아다니거나 일반 매매를 하려고 부동산중개업소를 방문할 때는 거리낌 없이 들어가지만, 경매물건 때문에 발품을 팔 때는 왠지 들어가기가 꺼려집니다. 경매물건을 조사하러 왔다고 솔직하게 말해도 되는 건지, 경매라고 하면 싫어하지는 않는지 들어가기 전부터 걱정이 늘어납니다.

물론 부동산 사장님께 솔직하게 말하고 정보를 구해도 됩니다. 하지만 조사하려는 부동산 인근의 전세가는 얼마인지, 동네는 좋은지 등 목적을 밝히지 않아도 충분히 물어볼 내용이 많고, 오히려 '경매'라는 것을 말하지 않는 것이 객관적인 정보를 얻을 수 있습니다.

임장 전 사전 손품 조사는 필수

어떻게 하면 임장을 효율적으로 할 수 있을까요?

발품을 팔면 팔수록 노하우가 생기고 개인마다 잘하는 부분이 보일 것입니다. 초보거나 처음 임장을 나가는 사람이라면 임장 전 사전 손품 조사를 꼭 하는 것이 좋습니다. 무작정 경험 삼아 한번 해보자는 마인드도 좋지만, 공부도 예습하면 이해가 더 잘되는 것처럼 임장도 손품 조사를 하고 발품을 팔아야 이해가 잘됩니다.

우선 임장을 하려는 동네나 부동산을 한 곳 정해 놓고, 인근 부동산의 매물정보와 반경 어디까지 임장을 할 것인지, 주변 호재는 어떤 게 있는지 미리 알고 갑니다. 그러면 현장에서 더욱 생생하게 정보를 얻을 수 있습니다.

부동산의 가치를 알아보는 법

부동산에 갈 때는 여러 가지 버전의 입장으로 임장을 하면 좋습니다. 매수자로, 투자자로, 세입자로 각각 다른 입장이라고 가정하고 발품을 팔다 보면 각 입장에 따른 지역별 장점과 단점을 알 수 있습니다. 특히 세입자 입장에서 발품을 팔면 경매로 낙찰받은 후 임대를 놓을 때 도움이 됩니다.

 임대인으로서 무작정 내 물건이 좋다고 평가하는 것이 아니라 고객인 임차인이 왜 수많은 집들 중 이 물건을 택해야 하는지 객관적으로 살펴볼 필요성이 있습니다. 이런 과정 중 괜찮은 부동산이 있다면 다음에 임대를 놓을 때 미리 연락을 해서 매물을 올릴 수도 있습니다.

낙찰을 부르는 TIP

임장 시 체크포인트

겨울철 정겹게 만나는 붕어빵의 가격으로 그 동네의 물가를 실감할 수 있습니다.

▌같은 날 서울의 송파구(좌)와 구로구(우)의 붕어빵 가격 차이

출처 : 모세컴퍼니

임장 갈 때 부동산중개업소를
방문해야 할까요?

손품 임장이 끝났다면 발품 임장 차례입니다. 물건이 있는 동네에 임장을 가려고 합니다. 그렇다면 동네 부동산중개업소를 방문하는 게 좋을까요? 부동산 방문은 상황에 따라 달라질 수 있는데요.

우선 지역(로컬) 부동산은 대부분 자신의 동네에 나온 경매물건을 모르는 경우가 많습니다.

우리가 물건지에 방문해서 부동산에 "여기 경매물건이 나왔던데요"라고 말한다면, 부동산은 경매물건을 알게 되고 우리의 입찰 경쟁자가 될 수도 있습니다. 특별한 경우가 아니라면 방문하지 않는 게 좋겠죠? 그럼 특별한 경우는 어떤 경우를 말하는 걸까요?

제가 생각하는 특별한 경우는 외부인에게 알려지지 않은 개발 호재가 시작될 때입니다. 개발이 소소하게 있다면 동네 거주자만 알고 있고, 그 동네 안에서만 공유되는 경우가 있습니다. 이럴 때는 정말 초보인 척 부동산에 들어가서 동네 분위기와 시세를 물어보곤 합니다. 방문한 부동산과 잘 맞는다면 낙찰 후 물건을 내놓을 부동산도 확보됩니다. 임장은 상황에 맞게 (일명 케바케) 하는 것이 중요합니다.

이렇게 말하면 많은 분들이 의아해할 점이 하나 있습니다. 대부분의 사람들이 생각하는 부동산 방문의 목적은 '시세조사'이기 때문입니다. 입찰 전 임장에서 부동산에 방문해 시세조사하는 것은 평상시 조사를 열심히 하고, 전반적인 시세를 알고 있는 사람이 아니라면 정확성이 떨어집니다. 입체적으로 시세의 변동도 알아야 하며 인근 물건의 시세, 입찰할 부동산과 경쟁이 될 만한 물건의 시세까지 알아야 합니다. 입찰만을 위한 시세조사를 목적으로 방문했다면 그날의 단면적인 시세만 알고오기 때문이죠.

일주일 전 부동산에 방문해 들은 부동산 사장님의 시세조사 브리핑을 바탕으로 입찰가를 정해 낙찰받았지만, 그게 만약 부동산 사장님의 잘못된 브리핑이라면요?

결국, 입찰을 위해 정해진 시간에 쫓기며 부동산 임장을 하는 것은 좋은 방법이 아닙니다. 입찰하고 싶은 물건이 아직 없어도 평상시 관심이 가는 지역이나 시세조사 하는 지역을 넓혀가며 미리 감을 익히는 것이 좋습니다. 아무것도 모르는 백지상태에서 부동산 임장을 가면 오히려 독이 될 수 있으니 주의해야 합니다.

부동산을 통해 시세조사를 하지 말라는 말이 아니며, 무조건 부동산 방문이 나쁘다는 것은 아닙니다. '임장 시 부동산은 안 된다!'라고 단정을 지어 생각하지 않았으면 합니다.

손품 과정에서 조사한 비교매물이 실매물인지 확인할 때도 부동산 방문이 필요합니다. 물건 비교를 위해 부동산에 방문해 물건을 보는

출처 : 모세컴퍼니

경우가 있습니다. 이런 물건은 급매일 경우 경매물건보다 좋을 수 있습니다. 그럴 때는 급매로 잡는 방법도 있습니다. 경매의 입찰이 최선인지 확인하고, 비교해야 할 때 부동산을 방문합니다.

다시 한 번 정리하면, 손품 조사가 끝났고 입찰하려는 마음이 굳어져 동네 분위기만을 보러 간 경우는 부동산 방문을 추천하지 않습니다.

하지만, 개발 호재에 대해 헷갈리는 부분이 있고, 정확하게 알아야 하는 정보가 있을 때는 부동산 방문 및 현장 임장을 추천합니다.

그런데 동네 분위기를 봐야 한다며 부동산을 방문하는 분들이 있습니다. 분위기를 본다는 게 무엇일까요? 임장을 할 때 목적을 대충 잡고, 뭉뚱그려 현장에 나오는 것은 효율적인 임장이 될 수 없습니다. 부동산 사장님이 점심 때 무엇을 식사로 드시는지 궁금한 것도 아니고, 동네에 걸어 다니는 사람들은 항상 다르기 마련인데, 목적이 정확하지 않다면 볼 것도 보지 못하고 오게 될 확률이 높습니다.

발품 임장의 핵심은 무엇을 보고 올지 정확하게 아는 것입니다.

1. 비교물건이 실매물인지
2. 낙찰받기 전에 더 좋은 물건이 있고, 거래 가능한 물건인지
3. 임대나 매매가 잘 되는 곳인지
4. 해당 지역 부동산 사장님들의 태도가 얼마나 적극적인지
5. 지역 부동산의 활성화가 어느 정도 되어 있고 일을 잘하는지

이와 같은 내용을 파악하기 위한 목적으로 부동산을 방문한다면 좋습니다. 여기에 추가로 일 잘하는 부동산 사장님이거나 '나와 잘 맞는다'라고 생각되는 부동산 사장님이라면 두세 군데 정도 추려 놓습니다. 그리고 나중에 해당 동네에 물건을 내놓거나 부동산의 도움이 필요할 때를 대비해 인연을 유지하면 좋습니다. 언제나 예쁜 사람에게(외모 말고 마음) 좋은 물건이 먼저 올 수밖에 없습니다.

 **낙찰을 부르는 TIP**

부동산중개업소 방문

부동산중개업소의 특징 중 지역에서 오래 운영하신 사장님은 원주민이라 할 수 있습니다. 동네 특징이나 밥숟가락 개수 정보까지 들을 수 있는 장점이 있지만, 보통은 그 동네를 부정적으로 말하는 경우가 많은 것이 단점입니다.
또한, 새로운 형태의 기업형 부동산이 있습니다. 책상을 일렬로 쭉 배치하고 공격적인 마케팅을 한다는 장점과 내 물건을 아주 많이 깎아서 손쉽게 진행하려는 단점이 있습니다.

부동산의 장단점을 체크하는 것 또한 발품 임장 시 해야 할 일입니다. 부동산 방문 시 사탕 하나라도 챙겨 나오기보다는 커피 한 잔이라도 사서 들어갈 수 있는 단골 가게를 만드시길 바랍니다.

▌발품 임장보고서 예

【임장보고서】 – 손품임장을 현장 체크하는 용도		입찰 여부 O / X
사건번호	**타경**	**중요도 : O △ X**
물건 부동산 외부 상태 체크		
출퇴근 유동인구 연령층 / 인구수		
인프라		
학원가 수준 학원비 / 과외비		
부동산중개업소 조사		
현장 시세 조사		
임장 범위		
현장 발품 호재		
예상 수익		

출처 : 모세컴퍼니

임장 갈 때
옷차림도 중요한가요?

계속 임장에 대해 이야기 중인데요. 이번에는 임장을 할 때 많은 분들이 사소하게 놓칠 수 있는 옷차림에 대해 알려드리겠습니다. 우리가 저녁 시간에 동네 및 아파트 단지의 분위기를 보기 위해서 임장을 갔다면 동네 거주민이 마실 나온 것처럼 입어도 괜찮고, 퇴근하는 직장인처럼 입고 가도 괜찮습니다.

하지만 낮에 임장을 가서 부동산까지 방문해야 할 때는 트레이닝복, 허름한 백팩, 누가 봐도 대충 입은 것 같은 옷차림은 피해야 합니다. 부동산 방문도 하나의 임장 과정입니다. 분명 투자 목적으로 왔다고 하는데, 허름한 옷차림으로 방문했다면 어느 누가 투자자라고 생각할까요? 우리가 반대로 생각해보면 쉽게 이해될 겁니다.

지역과 동네 특성에 맞게 교통편도 달라지고 임장 범위도 달라집니다. 그럼 당연히 옷차림도 맞게 입어야겠죠? 성수동은 MZ 세대가 많이 찾는 핫플레이스입니다. 그런 성수동에 경매물건이 나왔습니다. 가격도 좋고 입찰하고 싶은 마음이 가득합니다. 그렇다면 이제는 발품 임장을 할 시간입니다. 임장을 가려는데 어떤 복장으로 가야 할까요?

1번 트레이닝복 세트
2번 옷장에서 대충 찾아 입은 듯한 옷
3번 적당히 꾸민 옷

성수동엔 어떤 옷을 입고 가실 건가요? 만약 저라면 적당히 꾸며서 갈 것 같습니다. 임장은 단순히 경매물건만 보러 가는 것이 아닙니다. 동네 특성과 분위기, 느낌까지 알고 와야 합니다. 성수동이라면 맛집에서 밥도 먹어야 하고, 카페도 가봐야 합니다. 그렇다면 대충 입은 옷보다는 어느 정도 꾸민 깔끔한 옷을 입어야 성수동이라는 동네에 흡수되어 임장을 할 수 있습니다.

옷차림뿐만 아니라 그곳에 사는 사람인 척을 해야 할 때도 있습니다. 그럴 땐 동네에 유명한 식빵집이 있다면 식빵을 사서 먹는 노력도 해야 합니다. 이 지역 사람들은 얼마짜리의 식빵을 먹는지, 어느 정도 물가가 형성된 지역인지 봐야 합니다. 이처럼 임장을 할 때는 현장에 스미듯 임장하고, 그 동네 사람이 되려고 노력해야 합니다.

또는, 타지에서 투자하려고 온 콘셉트인 경우가 있습니다. 이때는 내가 보는 물건의 가격과 맞게 외모를 꾸미는 것이 중요합니다(단순히 외모가 아니라 전체적인 분위기).

내가 얼마를 가지고 있는 사람인지 돈의 액수를 이마에 바코드처럼 찍고 다니지 않는 이상, 부동산중개업소 사장님 입장에서는 내가 어떤 사람인지 알 수 없습니다. 내 겉모습과 맞을 만한 매물 그 이상을 계속해서 보여주는 부동산은 없습니다.

부동산에선 시간 낭비를 하려고 하지 않습니다. 임장을 다닐 때 '거짓으로 다닌다'라는 모습이 보여서는 안 됩니다. 부동산이 보여주는 매물을 진짜 살 수 있는 사람처럼 보여야 합니다. 부동산을 속이겠다는 것이 아니라 좋은 매물을 소개받기 위한 노력이라 생각하세요. 그날 임장에 최선을 다하세요.

▌임장 옷차림영역 체크사항

2023년도 경매영어

임장 옷차림영역

| 성명 | | 사건번호 | | | | - | | | |

Q. 다음 중 임장 옷차림 내용으로 알맞은 것을 모두 고르시오.

① 임장할 때는 옷을 아무거나 입고 가도 된다.

② 부동산 사장님에게 많이 보여달라고 조른다.

✓ 지역, 동네에 맞는 옷차림으로 임장을 간다.

✓ 임장 시 동네 유명한 맛집을 먹어본다.

✓ 그 날의 최선을 다한 임장을 한다.

출처 : 모세컴퍼니

발품
임장 체크리스트

년   월   일   요일   AM / PM   시   분

· 사건번호   · 입찰일   · 입찰가

주소	(총 층)	관리비	
면적	㎡/평	주차가능대수	
구조		사건사고 여부	

· 환경 및 시설

교통	지하철역 : 도보, 버스 : 분	지하철역 : 도보, 버스 : 분	버스정류장 도보 : 분		
상권	□편의점	□카페	□백화점	□병원	□관공서

학군	□어린이집 및 유치원 □초등학교 □중학교 □고등학교 □대학교 □(기타 :)
보안	□경비실 □CCTV □외부 샷시 수리 □공동현관 도어락 □무인 택배함
기피, 유해시설	□유흥업소 □묘지 □생활 폐기물 소각장 □교도소/구치소
건물 상태	□크랙× □누수 및 물자국× □곰팡이× □옥상방수○
방향	□동향 □서향 □남향 □북향 (조망 : □좋음 □나쁨)
수요도	□투자자 수요 □실수요자 수요 □수요도 저조

부동산 시세 조사

4단계 | 경매 입찰

입찰하러 법원에 갈 때 주의할 점은? (서울 지역)

서울중앙지방법원

중앙법원은 다른 법원들보다 크고, 길 찾기가 어렵습니다. 처음 방문하면 헤맬 수 있습니다.

교대역 10번 출구에서 쭉 직진하면 중앙법원이 나옵니다. 하지만 오르막길 10분이라, 교대역 6번 출구에서 서초10번 마을버스를 타고 가는 것도 방법입니다. 저는 걷는 임장을 주로 하다 보니 법원도 항상 걸어 다니는 편입니다.

중앙법원 경매법정은 동문과 가까운 서울법원종합청사 제 4별관에 있습니다. 서관, 동관, 별관이 있으니 지도를 보고 가면 됩니다.

2층으로 올라가면 211호에 입찰 법정이 있습니다. 법정 안으로 들어가면 다른 법원들과 달리 엄청 크고 대학교의 큰 강당 같은 느낌이

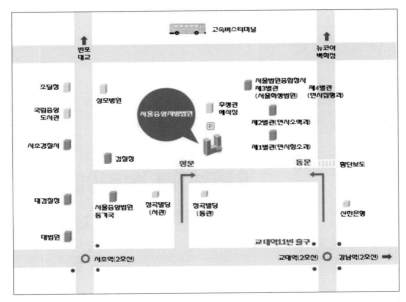

출처 : 서울중앙지방법원 홈페이지 (https://seoul.scourt.go.kr)

듭니다. 중앙법원에는 1층에 신한은행이 있습니다.

중앙법원은 건물 안팎이 웬만한 공원보다 커서 많이 다녀본 사람들도 미로처럼 어렵게 생각합니다. 건물을 찾기 위해서는 법원 밖으로 다니는 게 수월합니다. 제 4별관은 아크로비스타 아파트를 마주보고 있는 문으로 들어가면 쉽게 찾을 수 있습니다. 아파트를 등지고 들어가면 바로 찾을 수 있을 겁니다.

가장 중요한 것은 주차입니다. 법원마다 주차가 어렵지만 중앙법원은 더 어렵습니다. 간혹 입찰을 해야 하는데 주차를 못 해서 입찰을 못하는 경우도 있습니다. 너무 안타까운 상황입니다. 그래서 추천드리는 방법은 대중교통으로 가는 것입니다.

주소	서울특별시 서초구 서초중앙로 157	
대표전화	02) 530-1114	
입찰 시간	입찰 개시 10시 접수 10:10~11:10 개찰 시작 11:20	* 알림과 법정문을 열어준 후 10분 준비시간을 줌.
관할구역	강남구, 관악구, 동작구, 서초구, 종로구, 중구	
집행방법	사건번호 순으로 진행	

서울동부지방법원

동부법원은 송파구에 있습니다. 매주 월요일에 경매가 진행됩니다. 8호선 문정역에서 나오면 지하와 지상으로 각각 법원으로 갈 수 있습니다. 처음 가는 길이라면 어디로 가야 할지 당황스러울 수도 있으니 여유시간까지 계산해서 가는 게 좋습니다. 동부구치소가 근처에 위치해 있는데, 동부구치소와 동부법원을 착각해서 방문하는 것을 주의해야 합니다.

출처 : 서울동부지방법원 홈페이지 (https://sldongbu.scourt.go.kr)

출입구 4번 법정동으로 들어가면 경매법정입니다. 동부법원은 출입구 4번과 경매법정이 바로 연결되어 있어 보안 검색 없이 들어갈 수 있습니다. 그리고, 당일 4시간 이상 주차하면 법원 내 블랙리스트에 올라가서 주차를 당분간 못하게 됩니다. 만약 차로 가야 한다면 꼭 이 사실을 알고 방문해야 합니다. 법원이 무료주차라 생각하고 주차 후 다른 곳에 가면 안 됩니다. 입찰할 때 차단기가 아예 안 올라가는 것을 맛보게 될 것입니다.

동부법원은 특이하게 사건이 많으면 11시 20분 마감, 적으면 11시 10분 마감을 하므로 시간에 주의해서 방문해야 합니다.

주소	서울특별시 송파구 법원로 101 (문정동)
대표전화	02) 2204-2114
입찰 시간	입찰 개시 10시 접수 10:00 ~11:10 / 11:20 개찰 시작 11:20
관할구역	강동구, 광진구, 성동구, 송파구
집행방법	사건번호 순으로 진행

서울서부지방법원

서부법원은 마포구에 있습니다. 대중교통으로 이용하기 편한 곳입니다. 공덕역 4번 출구에서 약 600미터, 애오개역 4번 출구에서 약 400미터입니다.

서부법원은 인터넷에 검색하면 가까운 역이 애오개역으로 나오지만 공덕역과도 거리가 비슷합니다. 그러므로 법원에 갈 때는 애오개역에 내려서 가고, 입찰이 끝난 후 돌아갈 때는 공덕역으로 가보세요. 입찰도 하고 임장도 할 수 있는 일석이조의 경로입니다.

정문 입구에서 오른쪽을 보고 '서울서부지방법원'이라 쓰여 있는 곳으로 들어가면 됩니다. 문으로 들어가 소지품 검사 후 오른쪽 계단을 이용해 신관 2층으로 올라가면 경매법정입니다. 입구에서 왼쪽이 본관, 오른쪽이 신관입니다. 2층으로 올라가면 대출상담사들이 명함과 경매정보지를 주기 때문에 법정 찾기는 쉽습니다.

법정 앞 대기하는 공간은 다른 법원보다 작습니다. 당일에 물건이

출처 : 서울서부지방법원 홈페이지 (https://slseobu.scourt.go.kr)

많으면 사람이 많이 몰려서 서 있는 경우를 볼 수 있습니다.

　신한은행 또한 본관 2층에 자리 잡고 있습니다. 보증금 준비를 안
했을 경우 일찍 가서 수표로 보증금을 뽑으면 됩니다. 경매법정은
209호에 있습니다. 경매법정을 가장 찾기 쉬운 법원입니다. 1층에는
민원실과 우체국이 있습니다. 셀프 등기할 때 우체국을 가야 하니 위
치를 미리 알아두면 좋습니다.

주소	서울 마포구 마포대로 174 (공덕동)
대표전화	02) 3271-1114
입찰 시간	입찰 개시 10시 접수 10:00~11:10 개찰 시작 11:30
관할구역	마포구, 서대문구, 용산구, 은평구
집행방법	10명 이상 입찰자의 물건 순으로 진행 후, 사건번호 순으로 진행

서울남부지방법원

출처 : 서울남부지방법원 홈페이지 (https://slnambu.scourt.go.kr)

남부법원은 양천구에 있습니다. 목동역에서 걸어오면 도보 10분 정도 걸립니다. 입구는 정문과 주차장 입구가 있는데, 주차장 입구에서 들어오면 바로 경매법정입니다. 정문으로 들어오면 검찰청과 같이 사용하는 문으로 들어와 오른쪽 건물로 가면 됩니다.

모든 법원은 똑같이 입구에서 가방, 소지품 검사를 합니다. 입구에서 직진하다가 왼쪽 골목으로 들어오면 경매법정이 있습니다. 쭉 직진하면 신한은행이 있고, 경매계는 2층에 있습니다.

주소	서울특별시 양천구 신월로 386 (신정동)
대표전화	02) 2192-1114
입찰 시간	입찰 개시 10시 접수 10:00 ~11:10 개찰 시작 11:10
관할구역	강서구, 구로구, 금천구, 양천구, 영등포구
집행방법	사건번호 순으로 진행

서울북부지방법원

북부법원은 도봉구에 있습니다. 도봉역에서 내린 후 3번 출구에서 법원의 후문까지 길이 있습니다. 1호선 이용 시 연착이 생각보다 많으므로 미리 출발하는 걸 추천합니다.

법정동 1층으로 들어와 보안검색대 통과 후 경매법정으로 갑니다. 밖에서 서 있을 때 오른쪽 끝에 있는 법정동 문으로 들어가면 바로 경매법정이 나옵니다. 경매법정 밖에는 모니터가 있어 사람이 많으면 밖에서 관람해 법정 안 상황을 알 수 있습니다. 북부법원은 다른 법원들과 다르게 1층에 농협이 있습니다.

출처 : 서울북부지방법원 홈페이지 (https://slbukbu.scourt.go.kr)

주소	서울특별시 도봉구 마들로 749
대표전화	02) 910-3114
입찰 시간	입찰 개시 10시 접수 10:00 ~ 11:10 개찰 시작 11:20
관할구역	강북구, 노원구, 도봉구, 동대문구, 성북구, 중랑구
집행방법	입찰자가 많은 순으로 진행 후, 사건번호 순으로 진행

낙찰을 부르는 TIP

수도권 법원 한 줄 평

- 수원지방법원 안산지원은 주차시설이 협소해서 주변 아파트에 주차하거나, 주변 유료주차장을 이용합니다.
- 수원지방법원 안양지원은 조금 일찍 가면 주차가 수월합니다. 차로 방문하거나 평촌역에 내려서 걸어갈 수도 있습니다.
- 의정부지방법원은 예전 건물을 그대로 사용하고 있어서 많이 협소합니다. 입찰 시 미리 서둘러 방문하고 주차는 불가능하다는 생각으로 주변 유료주차장을 이용하세요.
- 의정부지방법원 남양주지원은 최근에 분리되면서 새 건물에 입주하여 쾌적한 분위기입니다.
- 의정부지방법원 고양지원은 3호선 마두역에서 가까운 위치라 대중교통을 이용해도 편리합니다.

※ **주의** : 법원 주차장에서 주차시간 4시간을 넘기면 블랙리스트에 올라가서 한동안 법원 주차장 이용이 제한될 수 있습니다.

전국 법원이
모두 똑같은 시간에 시작하나요?

입찰 들어갈 물건이 결정되었다면 어디에 있는 어느 법원인지, 몇 시에 시작하는지 확인해야 합니다.

모든 법원의 시작 시간과 마감 시간이 똑같다고 생각하거나, '법원이니까 공무원들 일하는 시간과 똑같겠지'라고 대충 생각하면 안 됩니다. 물건 분석을 치열하게 하고, 입찰가 산정 후 서류를 모두 준비했어도 입찰 시간을 맞추지 못한다면 물거품이 됩니다.

경매사이트의 맨 아래쪽에 해당 법원 마감 시간이 적혀 있기도 하지만, 가장 정확한 것은 대법원 경매사이트에서 보는 것입니다. 대법원 경매사이트에 들어가서 경매공고 → 부동산매각정보 → 법원 선택 후 검색조건 부분을 보면 해당 법원과 매각기일, 시간이 나와 있습니다. 잘 확인한 후 경매기일과 입찰 시간에 맞춰 법원을 방문합니다.

만약 처음 입찰을 준비 중이라면 미리 방문해보는 것도 추천합니다. 입찰은 어떻게 진행되는지, 어떻게 낙찰되는지, 입찰 당일 처음 가서 경험해보는 것보다 미리 분위기를 경험해보고 입찰 시뮬레이션을 해본다면 당일에 당황하는 일이 적어질 것입니다.

추가로 법원에 들어갈 때 입구에서 소지품 검사를 하니 당황하지 말고 자연스럽게 가방을 밴드에 올려두면 됩니다.

부동산 경매는 물건의 관할 법원을 확인 후 해당하는 법원에 방문하면 됩니다. 자신의 집 주소와 가까운 법원, 가고 싶은 법원을 가는 것이 아닙니다. 꼭 물건에 맞는 법원을 가야 합니다. 어디 법원을 가야 하는지 확인했다면 법원의 입찰, 마감 시간을 꼭 체크해야 합니다. 입찰 시작시간은 대부분 오전 10시에 시작합니다. 하지만 법원마다 다르므로 자신이 들어가는 법원의 마감 시간을 확인하고 입찰서를 시간 안에 제출하길 바랍니다. 1분이라도 늦으면 받아주지 않습니다.

대략 10시에 입찰 시작을 알려주고 11시 10분에 입찰 마감 벨이 울립니다. 그 후 입찰함이 열리고 입찰봉투를 집행관들이 정리합니다. 입찰할 때 붙였던 스테이플러도 일일이 해체 후 물건번호와 입찰가를 비교해서 줄을 세워 둡니다. 처음에는 의아했지만, 큰돈이 왔다 갔다 하는 일이라 그런지 아날로그식으로 사람이 진행하는 게 더 정확하고 믿음이 가는 것 같습니다.

입찰표 정리가 끝나면 11시 30~40분쯤 개찰이 시작됩니다. 어떤 물건에 몇 명이 들어오는지 불러주는 법원도 있습니다. 이럴 때는 물건에 몇 명이 들어왔는지 적어둔 후 복기하면 좋습니다.

서울에는 총 다섯 개의 법원이 있습니다. 동서남북에 하나씩 중앙에 하나. 서울의 경우는 대부분 10시에 시작해서 11시 10분에 끝납니다.

낙찰을 부르는 TIP

전국 법원 입찰 시간표

서울

중앙	10:00~11:10
동부	10:00~11:10
서부	10:00~11:10
남부	10:00~11:10
북부	10:00~11:10

경기도

수원	10:00~11:00
성남	10:00~11:10
여주	10:00~11:10
평택	10:00~11:20
안산	10:00~11:00
안양	10:00~11:00
의정부	10:30~11:50
고양	10:00~11:20
남양주	10:30~11:50

인천

인천	10:00~11:20
부천	10:00~11:10

충남

대전	10:30~11:30/14:10~15:10
천안	1000~11:10/14:00~15:10
공주	10:00~11:30
서산	10:00~11:30/12:00~13:00
홍성	10:00~11:30
논산	10:00~11:20

충북

청주	10:00~11:30
충주	10:00~11:30
제천	10:00~11:30
영동	10:00~11:20

강원도

춘천	10:00~11:00
원주	10:00~11:20
강릉	10:00~11:15
속초	10:00~11:10
영월	10:00~11:10

부산

부산	10:00~11:20
동부	10:00~11:20
서부	10:00~11:20

울산

울산	10:00~11:30
대구	10:00~11:10

경남

창원	10:00~11:10
통영	10:15~11:10
거창	10:00~11:20
밀양	10:00~11:20
진주	10:00~11:30
마산	10:00~11:10

경북

서부	10:00~11:10
경주	10:00~11:10
포항	10:00~11:10
김천	10:00~11:20
상주	10:00~11:30
의성	10:00~11:10
영덕	10:00~11:00
안동	10:00~11:10

전라도

광주	10:00~11:10
목포	10:00~11:20
순천	10:00~11:30
해남	10:00~11:30
장흥	10:00~11:30

전주

전주	10:00~11:00
남원	10:00~11:10
군산	10:00~11:00
정읍	10:00~11:00

제주도

제주	10:00~11:30

입찰가는
어떻게 정하면 좋을까요?

입찰가를 정하기 위해서는 먼저 손품으로 정보를 모아야 합니다. 현 시세를 파악하고 비교하며 적당한 입찰가를 정합니다. 발품은 확인과정으로 남겨둡니다.

참고로 저는 몇 명의 사람들이 입찰을 할지, 어떤 사람들이 입찰을 할지, 다른 사람들은 어느 정도의 금액을 쓸지 등 그간의 경험을 통해 깊고 넓게 고민합니다.

일반적으로 입찰가를 정하는 방법은 입찰하려는 물건과 비슷한 물건들의 낙찰통계를 가지고 정합니다. 이것은 입찰 경쟁자들이 입찰가를 정하는 방식을 짐작하게 합니다. 그 금액에다가 수익에 지장이 없는 선에서 조금 높게 입찰가를 산정하면 됩니다. 그러면 낙찰받을 확률이 높아집니다.

그리고 같은 물건에 입찰을 올 입찰자 수는 다음과 같은 방법으로 예상해볼 수 있습니다. 입찰하려는 물건의 매각기일이 4월이라면 4월에 진행되는 입찰 비교물건과 그 주에 있을 입찰 비교물건, 그 지역의 입찰물건까지, 이렇게 세 카테고리로 점점 범위를 좁혀가며 경쟁물건을 모두 파악합니다.

이렇게 비슷한 물건에 몇 명의 인원이 여러 입찰물건에 분산될 것이며, 내 입찰물건에 경쟁할 것인지 비교해 예측합니다.

입찰가를 산정할 때는 '무조건 싸게 산다는 것'을 원칙으로 해야 합니다. 여기서 말하는 싸게 산다는 것은 '무엇'보다 싸게 사는 것인지, '무엇'의 기준을 잘 정해야 합니다. 정한 기준이 내 입찰물건과 비교할 수 있는 가장 최상, 소수점까지 비슷한 물건을 찾는 게 임장입니다.

내 입찰물건과 전혀 다른 물건을 비교한다면 그것은 가격 비교라 할 수 없습니다. 최상의 물건이 어디 범위까지 있는지, 만약 내 물건과 비교물건이 동네 주위에 없다면 다른 지역까지 봐야 합니다.

나무 하나만 보는 것이 아닌 넓은 숲을 보는 연습을 해야 합니다. 숲을 볼 때도 단순히 숲을 보는 것이 아니라 숲 안에서 좋은 나무를 고르는 방법을 알고 연습해야 합니다. 넓게 보는 눈과 세심함이 같이 작용하는 것이 포인트입니다.

빌라 입찰가 정하는 방법

▌빌라 입찰가 정하는 방법

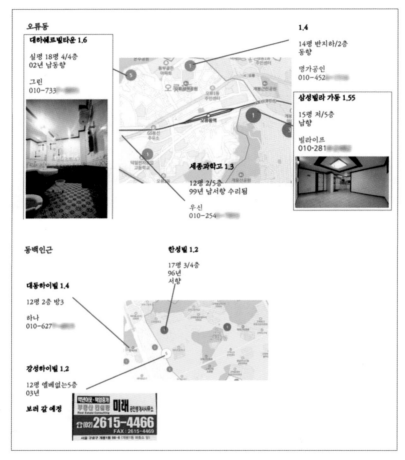

　　빌라 입찰가를 산정할 때는 입찰하려는 물건 반경 안에서 비슷한
조건(방, 면적, 화장실 개수 등)의 비교물건을 정리합니다.

베드타운에 입찰물건이 있는 경우라면 출퇴근이 가능한 노선에서 비교물건을 검색합니다. (**예** 증산역에 물건이 있는 경우라면 DMC, 공덕역, 이태원역 등 출근 위치의 물건까지 비교)

■ 사례 : 증산역 출퇴근 임대가 비교 물건 (전세, 단위 : 원)

전철 역명	증산역	DMC역	이태원역
비교물건 1	2.5억	2.3억	3억
비교물건 2	2.9억 (신축)	2.6억	2.6억
비교물건 3	2.2억 (구축)	3억	1.5억(보증금) / 30만(월세)

아파트 입찰가 정하는 방법

아파트는 시세 조사가 빌라에 비해 편리합니다. 각종 시세 조사가 가능한 사이트에 나온 매물을 비교해서 입찰가를 선정합니다.

■ 아파트 시세 조사 비교 사이트

호갱노노	최근 실거래 그래프 및 현장에서 실거주 주민들의 이야기 확인
직방	같은 단지의 아파트 매물 확인
아실	아파트 실거래 확인

여기에 더해서 최근 비교물건의 낙찰 사례를 보고, 다른 입찰 경쟁자들의 예상 입찰가를 추측합니다. 해당 물건에 입찰할 입찰 인원도 예측해봅니다.

입찰서는
당일 경매법정에서만 쓸 수 있나요?

경매법정 안을 살펴보면 입찰서를 작성하는 부스에 줄을 서서 대기하는 모습이 보입니다. 긴장되고 떨리는 순간에 줄을 서며 시간을 보내는 건 심리적으로 매우 초조해지기 마련입니다. 시간이 촉박해 입찰 마감 시간에 쫓기고 있다면 더욱 그렇습니다.

도장, 서명, 금액 및 숫자 등 중요한 부분을 단 하나라도 실수한다면 무효가 되거나 패찰이 되는데요. 이때 좋은 방법이 있습니다. 입찰서를 미리 작성해가는 것입니다.

만약 당일까지도 입찰금액을 정하지 못했다면 입찰금액 적는 칸은 입찰 당일까지 고민해보고 적어도 됩니다. 금액 부분만 제외하고 나머지 모든 부분을 미리 작성해간다면 편하게 입찰할 수 있습니다.

그런데 입찰서와 입찰봉투, 보증금봉투는 어떻게 미리 구하는지 궁금할 것입니다. 입찰을 자주 하는 사람이라면 입찰 당일 경매법정

안 테이블 위에 진열된 입찰서류를 2~3장 정도 여유 있게 챙겨오면 됩니다. 수기로 작성할 때 실수하기 쉽다는 걸 알기 때문에 여러 장 가져가도 뭐라고 하지 않습니다.

특히 처음 입찰을 하는 경우라면, 본인의 경매물건은 아니더라도 다른 경매물건의 입찰이 진행되는 날에 직접 입찰서류를 챙기며 한번 체험해보는 것도 좋습니다.

예를 들어, 이미 한 번 예행연습을 하며 여유 있게 챙겨온 서류 덕분에 법원에 가지 않아도 입찰서류가 준비되어 있다고 가정해보겠습니다. 입찰서를 작성하던 도중 현재 내가 들어가야 하는 물건의 해당 법원은 서울중앙지방법원인데, 작성하고 있는 입찰서류에는 수원지방법원으로 적혀 있습니다.

그렇다면 이것은 무효가 되거나 패찰의 원인이 될까요?

정답부터 말하면, 그렇지 않습니다. 입찰서류는 종이일 뿐 본인이 필요한 부분을 정확하게 작성하고 제출했다면 유효한 입찰서가 됩니다. 즉, 입찰서에 적혀 있는 법원명이 달라도 입찰하는 데 문제가 없습니다.

입찰서만 있다면 집, 법원 주변 카페, 법원 안 어디서든 작성할 수 있으니 마감 시간 안에만 맞춰 제출하면 됩니다.

제 경우를 말씀드리면, 입찰보증금은 당일 해당 법정 은행에서 인출하지 않습니다. 한번은 법정 1층에 있는 신한은행에서 입찰보증금을 인출하기 위해 번호표를 뽑고 기다렸습니다. 차례가 되어 창구로 가서 수표 한 장을 인출했습니다.

"헉!" 은행 직원분이 큰소리로 되묻습니다.

"총 ○○○○원 맞으시죠?" 급히 조용히 해달라고 부탁해도 은행

직원의 목소리는 낮아지지 않았습니다.

경매에 입찰하기 위해 방문한 고객이라면 수표 금액만 들어도 어느 물건에 입찰하려는지 짐작할 수 있습니다. 이 일 이후로 절대 법원 안에 있는 은행에서 입찰보증금을 인출하지 않습니다.

법원 안 은행에서 입찰보증금을 찾거나 법원 또는 주변 카페에서 입찰서를 작성할 때 같은 물건에 입찰하는 사람이 주변에 있을 수 있습니다. 말 한마디 한마디를 조심하고 입찰서 내용이 남에게 보이지 않도록 주의해야 합니다.

입찰서를 쓸 때
무엇을 주의해야 할까요?

경매 입찰보증금은 최저 매각가의 10%를 준비해야 합니다. 본인이 입찰서에 작성한 입찰가의 10%가 아니란 것을 꼭 기억해야 합니다.

만약 1원이라도 부족하다면 무효가 되기 때문에 정확히 최저 매각가의 10% 또는 그 이상의 금액을 준비하는 것이 좋습니다. 10% 이상의 금액을 보증금으로 제출했을 때는 추후 본인 계좌로 차액을 입금해주니 이 부분은 안심해도 좋습니다.

간혹 입찰보증금을 현금으로 준비하는 사람이 있는데, 가능하면 수표로 준비하는 것이 좋습니다. 수표는 금액을 한눈에 알아볼 수 있지만, 현금은 개찰 담당자가 일일이 세어봐야 하므로 시간이 오래 걸립니다. 만약 당일 진행하는 입찰물건이 많아서 법정에 사람이 많다면 따가운 눈초리를 받을 수 있습니다. 이제 입찰보증금까지 준비했다면 입찰서를 작성합니다.

입찰서에는 사건번호와 물건번호 공란이 있습니다. 사건번호는 2019타경○○○○ 또는 2021타경○○○○처럼 연도와 사건의 번호를 적는 칸이고, 물건번호는 사건번호 옆 숫자를 적는 칸입니다.

주로 물건번호가 없거나 1, 2 등의 간단한 번호인데, 물건번호가 있으면 해당 물건번호를 정확하게 적어야 합니다.

만약 물건번호가 따로 없다면 입찰서 물건번호 칸에 아무것도 작성하지 않아도 됩니다. 하지만 물건번호 칸을 적지 않고 넘기는 습관이 생기면 다음에 자신도 모르게 물건번호 칸을 넘겨버리는 경우가 있습니다. 물건번호가 없더라도 '1'을 적는다면 물건번호를 까먹지 않는 데 도움이 됩니다. (의미상 물건번호가 없는 것은 물건번호 '1'과 동일시합니다.)

입찰자의 이름과 주소

입찰표에는 입찰자의 이름과 주소를 적어야 합니다. 입찰자가 법인이면 법인의 이름, 대표자의 지위와 이름, 등기 기록상의 본점 소재지를 기입하면 됩니다. 법인의 경우 대표자의 이름을 적지 않으면 그 입찰은 무효처리가 됩니다. 다만, 법인등기사항증명서로 그 자리에서 자격을 확인할 수 있거나, 고무인·인장 등이 선명하며 쉽게 판독할 수 있는 경우에는 개찰에 포함합니다. (재민2004-3 33조 4항)

매각대금의 지급에 따른 소유권이전등기를 촉탁하기(맡기기) 위해서 주민등록번호 또는 법인등록번호가 필요하므로 입찰표에 적도록 하고 있습니다.

입찰가격

입찰가격은 정확하고 명료하게 적어야 합니다. 입찰가격은 일정한 금액으로 표시하고 다른 입찰가격에 대한 비례로 표시하지 못합니다. 또한, 입찰표 제출 후에는 입찰가격을 변경하는 것이 금지되어 있습니다. (민사집행규칙 62조 6항)

입찰용지

일괄매각의 경우를 제외하고 입찰표는 물건마다 별도의 용지를 사용합니다. 만약 한 사건에 대해 여러 물건이 있다면 입찰표 물건번호 란에 해당 번호를 기입해야 합니다. 물건번호 유무는 매각사건목록 또는 매각공고에서 확인 가능합니다.

 낙찰을 부르는 TIP

호가경매와 입찰의 차이

호가경매는 다른 경매참가자들의 매수신고가격을 알고 말로 호가하는 방식이고(민집규 72조 1항), 입찰은 타인의 입찰가격을 모르는 상태에서 입찰표라는 서면에 기재하는 방식입니다. (민집규 62조 1항, 69조)
호가경매는 타인이 신고한 매수가격에 '10% 더', '100만 원 더'와 같이 비례로 표시할 수 있으나, 입찰은 일정한 금액으로 표시해야 하고 다른 입찰가격에 대한 비례로 표시하지 못합니다. (민집규 62조 2항)
같은 금액이 나온다면 호가경매에서는 같은 금액을 신고하기란 있기 어렵고 설사 있다 하더라도 먼저 신고한 자를 최고가매수신고인으로 정하면 되나, 입찰의 경우에는 그들에게 다시 입찰하게 하여 최고가입찰자를 정합니다. (법원실무제요 민사집행Ⅱ 부동산집행1)

입찰표 이중제출

한 사건에 대해 입찰표를 이중 제출했을 경우에는 2개의 입찰표를 모두 무효 처리합니다.

▌ 기일입찰표 작성 예시

[전산양식 A3360] 기일입찰표(흰색)　　　　　　용지규격 210mm×297mm(A4용지)

(앞면)

기 일 입 찰 표

지방법원 집행관 귀하　　　　　　입찰기일 0000년 00월 00일

사건번호	2000 타경 12345 호	물건번호	※물건번호가 여러개 있는 경우에는 꼭 기재

입찰자	본인	성 명	본인 ㉑	전화번호	
		주민(사업자)등록번호		법인등록번호	
		주 소			
	대리인	성 명	대리인정보 ㉑	본인과의관계	
		주민등록번호		전화번호	-
		주 소			

| 입찰가격 | 천억 백억 십억 억 천만 백만 십만 만 천 백 십 일 | | 0 0 0 0 0 0 0 0 0 0 원 | 보증금액 | 백억 십억 억 천만 백만 십만 만 천 백 십 일 | 0 0 0 0 0 0 0 0 0 0 원 |

| 보증의제공방법 | ☑ 현금·자기앞수표 ☐ 보증서 | 보증을 반환 받았습니다. 본인또는 대리인 이름입찰자　　　도장㉑ |

주의사항.
1. 입찰표는 물건마다 별도의 용지를 사용하십시오. 다만, 일괄입찰시에는 1매의 용지를 사용하십시오.
2. 한 사건에서 입찰물건이 여러개 있고 그 물건들이 개별적으로 입찰에 부쳐진 경우에는 사건번호외에 물건번호를 기재하십시오.
3. 입찰자가 법인인 경우에는 본인의 성명란에 법인의 명칭과 대표자의 지위 및 성명을, 주민등록번호란에는 입찰자가 개인인 경우에는 주민등록번호를, 법인인 경우에는 사업자등록번호를 기재하고, 대표자의 자격을 증명하는 서면(법인의 등기사항증명서)을 제출하여야 합니다.
4. 주소는 주민등록상의 주소를, 법인은 등기부상의 본점소재지를 기재하시고, 신분확인상 필요하오니 주민등록증을 꼭 지참하십시오.
5. 입찰가격은 수정할 수 없으므로, 수정을 요하는 때에는 새 용지를 사용하십시오.
6. 대리인이 입찰하는 때에는 입찰자란에 본인과 대리인의 인적사항 및 본인과의 관계 등을 모두 기재하는 외에 본인의 위임장(입찰표 뒷면을 사용)과 인감증명을 제출하십시오.
7. 위임장, 인감증명 및 자격증명서는 이 입찰표에 첨부하십시오.
8. 일단 제출된 입찰표는 취소, 변경이나 교환이 불가능합니다.
9. 공동으로 입찰하는 경우에는 공동입찰신고서를 입찰표와 함께 제출하되, 입찰표의 본인란에는 "별첨 공동입찰자목록 기재와 같음"이라고 기재한 다음, 입찰표와 공동입찰신고서 사이에는 공동입찰자 전원이 간인 하십시오.
10. 입찰자 본인 또는 대리인 누구나 보증을 반환 받을 수 있습니다.
11. 보증의 제공방법(현금·자기앞수표 또는 보증서)중 하나를 선택하여 ☑표를 기재하십시오.

출처 : 대한민국법원 법원경매정보 서식

입찰할 때
꼭 본인이 가야 하나요?

입찰을 해야 하는데 당일 갈 수 없다면 입찰을 포기해야 할까요? 절대로 포기해서는 안 됩니다. 입찰서 제출까지 최선을 다해야 하는 것이 경매입니다.

내가 직접 입찰을 할 수 없는 상황이라면 대리인을 보내 대리입찰을 하면 됩니다. 대리입찰이란, 본인이 입찰에 직접 참여하지 못할 때 대리인이 본인을 대리해서 입찰에 참여하는 것을 말합니다. 대리입찰을 할 때는 입찰보증금, 본인의 인감도장으로 날인된 위임장, 본인의 인감증명서(발급 3개월 이내), 대리인 신분증, 대리인 도장이 필요합니다.

입찰보증금의 경우 대부분 최저매각가의 10%이지만 재매각과 특수한 상황에는 다를 수 있으니 꼭 확인 후 보내주는 게 좋습니다. 위임장은 보통 기일입찰표 뒷면에 있으므로 이것을 작성 후 제출합니다.

대리인이 입찰할 때는 입찰자란에 본인 및 대리인의 이름과 주소를 적어야 합니다. 법원에서 사용하고 있는 입찰표를 보면 대리인 이름, 주민등록번호, 주소, 전화번호, 입찰자 본인과의 관계도 적도록 하고 있습니다. 대리입찰을 할 때 대리인란에 정보를 기재하지 않았다면 해당 입찰표는 무효가 됩니다.

TIP

- 입찰자 본인이 준비할 서류 : 인감증명서 1부, 위임장
- 법원 방문 대리인이 갖고 갈 것 : 대리인 신분증, 대리인 (막)도장, 입찰보증금, 기일입찰표, 입찰봉투

※ 입찰자 본인의 인감이 날인된 위임장을 미리 작성해가면 인감도장을 가져갈 필요가 없습니다.

입찰자 본인

인감증명서

본인이 인감증명서를 발급 받으려면 신분증만 지참해 근처 주민센터로 가면 됩니다. 인감증명서도 대리발급을 해야 할 경우에는 대리인의 신분증과 위임장을 지참하면 됩니다. 위임장은 반드시 본인이 직접 작성, 인감을 날인해야 합니다.

위임장 : 위임장은 기일입찰표 뒷면에 있으므로 입찰 당일 대리인이 작성해도 됩니다. 이럴 때 대리인은 입찰자의 인감도장을 필수로 갖고 있어야 합니다. (입찰하는 본인과 대리인은 다릅니다. 부록1에서 '위임장' 참고)

대리인

신분증 : 대리인의 신분증 필수

(막)도장

대리인의 경우 인감도장이 아닌 막도장도 가능합니다. 혹시 대리인이 본인의 도장을 놓고 왔다면 근처 도장집에 가서 막도장을 하나 만들어도 됩니다.

입찰보증금

입찰보증금은 수표 한 장으로 준비하는 게 좋습니다. 그 후 보증금 봉투에 넣어 봉투 앞뒤에 대리인 도장을 찍습니다. 사건번호와 물건번호, 제출자 부분도 맞게 작성했는지 한 번 더 확인합니다.

기일입찰표

입찰 당일 경매법정에 들어가면 입찰표와 봉투가 준비되어 있습니다. 입찰표를 쓸 때는 입찰가액과 물건번호, 개인정보를 제대로 작성했는지 반드시 체크해야 합니다. (대법원 경매사이트의 각종 서식란 카테고리에서도 입찰서를 출력할 수 있습니다.)

입찰가액에 숫자 '0'을 하나 더 써서 큰일나는 경우도 많습니다.

0을 하나 더 기입한 것은 너무 높은 금액으로 낙찰받은 것이기에 보증금을 포기해야 하는 사고가 생깁니다. 이럴 때는 보증금을 다시 찾을 수 없고, 몰수되는 무서운 상황이 생깁니다. 경매는 저렴하게 사는 것이 매력인데 더 큰 돈을 잃지 않게 조심해야 합니다.

입찰봉투

입찰봉투 앞면에 입찰자와 대리인의 성
명을 작성한 후 도장을 찍습니다. 뒷면에
는 사건번호와 물건번호, 대리인의 도장을
찍으면 됩니다. 입찰봉투 뒷면에는 따로
날인 표시가 없는 법원도 있으니 없는 경
우에는 하지 않으면 됩니다.

이렇게 준비가 끝났다면, 입찰 마감 시간 내에 준비한 서류를 모두
황색 입찰봉투에 넣고 제출합니다. 추가로 제출하기 전 입찰봉투의
상단 부분을 점선 표시선에 맞춰 접은 후 스테이플러로 봉해 제출해
야 합니다. 대리인의 실수를 최소화하기 위해 본인이 미리 서류를 준
비해서 주는 것이 좋습니다.

🔨 낙찰을 부르는 TIP

입찰을 취소하고 싶어요!

입찰은 취소 또는 변경이 불가능합니다. (민집규 62조 6항) 만약 취소, 변경을 인정한
다면 경매 절차에 혼란이 생기게 되고, 입찰자 상호 간에 분쟁이 생길 우려가 있기
때문입니다. 호가경매와 달리 기일입찰은 비밀을 유지한 상태에서 진행해 최고가매
수신고인이 결정되기 때문에 취소, 변경은 허용하지 않는 것이 타당합니다.

개인이 아니라
공동으로 입찰할 수도 있나요?

경매에서 입찰을 할 때 개인이나 법인의 단독입찰이 아닌 공동입찰이라는 방식도 있습니다.

공동입찰이란 경매물건에 대해 2인 이상이 공동으로 응찰하고자 하는 경우 공동입찰 양식에 맞게 제출하는 것입니다. 공동입찰을 할 때는 기일입찰표와 공동입찰신고서가 별도의 양식으로 준비되어 있습니다. 꼼꼼하게 확인한 후에 작성하고 제출해야 합니다.

기일입찰표에는 입찰자를 작성하지 않아도 됩니다. 별도로 작성해야 하는 공동입찰자 목록에 기재 후 기일입찰표에는 입찰가격, 보증금액, 보증 제공방법, 그리고 보증 반환받았다는 입찰자 한 분의 성명과 도장을 작성하면 됩니다.

그렇게 하면 기일입찰표 입찰자 작성 칸에는 '별첨 공동입찰자 목록 기재와 같음'이라는 도장을 받게 됩니다. (도장이 없는 법정은 글씨로 작성해도 됩니다.)

　　공동입찰신고서에는 기일입찰표를 작성하는 것과 같이 사건번호와 물건번호, 공동입찰자의 성명과 주소 및 주민등록번호, 전화번호를 작성한 후 지분란에 지분을 표시하면 됩니다. 만약 지분을 분수로 표시하는 경우에는 분수의 합이 1이 되어야 합니다.

공동입찰 시 모든 인원이 참석해야 할까?

　　아닙니다. 공동입찰자 중 한 명만 대표 즉 대리인으로 참석해도 됩니다. 물론 불참하는 사람들은 위임장이 필수입니다.

　　기일입찰표 대리인 작성 부분과 뒷장 위임장 부분을 작성한 후 제출하면 됩니다. 이후 기일입찰표와 공동입찰신고서 공동입찰자 목록이 모두 같은 사람들이 공동입찰하고, 같은 입찰인이 작성했다는 뜻으로 간인을 하면 됩니다. (부록 1에서 '공동입찰신고서' 참고)

　　"낙찰받은 물건을 부부 공동명의로 할 예정이라면, 입찰부터 부부 공동명의로 입찰해야 할까요?"

　　"아니면, 낙찰받은 후 등기과정에서 공동명의로 등기를 할까요?"

　　정답은 '입찰부터 공동명의를 해야 한다'입니다. 입찰 후에 명의를 변경하는 것은 허용되지 않습니다. 만약 경매를 통해 공동명의의 주택을 취득하고 싶다면 입찰부터 공동입찰로 들어가야 합니다.

　　"공동입찰은 개인 + 개인 + 개인만 가능한가요?"

"개인 + 법인은 공동입찰을 못 하나요?"

이런 궁금증도 생길 겁니다. 정답은 다 가능합니다. 개인과 개인도 가능하고, 개인과 법인도 가능합니다.

개인과 법인이 공동입찰할 경우 입찰자란에는 〈주식회사 법인명 대표 ○○○(이름)〉를 작성하면 됩니다. 보증의 제공방법은 현금 · 자기앞수표에 체크하면 됩니다.

물건번호가 몇 년 전인데
입찰해도 될까요?

연도는 상관없습니다. 그동안 어떤 사정 때문에 지연되었던 물건이지만, 이제 입찰이 가능하도록 변경된 것입니다. 하지만 입찰을 하고 싶다면 어떤 사연인지, 문제가 없는 물건인지 등의 확인과정은 꼭 필요합니다.

매각절차의 정지 사유는?

매각절차의 정지 이유는 여러 가지가 있습니다. 매각절차 정지에 해당하는 서류가 집행 법원에 제출되면 매각절차를 정지해야 합니다.
일반적으로 정지의 원인은 채권자가 담보권을 실행하지 않기로 하거나, 경매 신청을 취하하겠다는 취지 또는 피담보채권을 변제받았거나, 그 변제를 미루도록 승낙한다는 취지가 적힌 서류가 접수되었을 경우입니다.

　여기서 담보권의 실행을 하지 않기로 하거나 경매신청을 취하하겠다는 내용이 적힌 서류는 사문서라도 상관없습니다. 하지만 피담보채권을 변제받거나 그 변제를 미루도록 승낙한다는 내용의 서류가 화해조서의 정본이 아니거나 공정증서의 정본이 아닌 경우에는 정지 기간의 제한을 받을 수도 있습니다.

정지 서류	담보권의 등기가 말소된 등기사항증명서
	담보권 등기를 말소하도록 명한 확정판결의 정본
	담보권이 없거나 소멸하였다는 취지의 확정판결 정본
	채권자가 담보권을 실행하지 않기로 하거나, 경매신청을 취하하겠다는 취지 또는 피담보채권을 변제받았거나, 그 변제를 미루도록 승낙한다는 취지를 적은 서류
	담보권 실행을 일시 정지하도록 명한 재판의 정본

　경매는 강제경매와 임의경매가 있습니다. 강제경매는 법원 판결에 의해 진행된 경매이고, 임의경매는 근저당에 의해 진행되는 경매입니다. 두 경매는 진행된 사유가 다르므로 경매를 정지하는 방법 또한 다릅니다. 임의경매는 채권자가 채무자에게 받은 부동산에 담보권을 실행하는 경매여서 집행권원이 필요 없습니다. 다만, 강제경매는 담보가 없는 경우에 법원에서 집행권원을 부여받아 경매를 진행할 수 있습니다. 임의경매를 정지시키기 위해서는 담보권이 없다는 증거서류를 제출해야 합니다.

구분	임의경매	강제경매
집행권원	불필요	필요
정지 사유	담보권의 부존재를 증명하는 서류 제출	강제집행 취소 정지등을 명한 재판의 정본, 화해조서 정본 등
공신적 효과	무	유

1. 담보권이 없거나 소멸하였다는 취지의 확정판결 정본
2. 담보권 실행을 일시 정지하도록 명한 재판 정본
3. 담보권 등기가 말소된 등기부의 등본이나 말소하도록 명한 확정판결 정본
4. 채권자가 경매신청을 취하하겠다는 취지나 채권을 변제받거나 미루어도 된다고 승낙하는 취지의 서류

이렇게 서류 준비가 가능하다면 이의신청이나 즉시항고로 가능하며, 소송은 진행하지 않아도 됩니다.

한편, 강제경매를 정지하기 위해서는 다음의 서류가 필요합니다.

1. 집행할 판결 또는 그 가집행을 취소하는 취지나, 강제집행을 허가하지 아니하거나 그 정지를 명하는 취지 또는 집행처분의 취소를 명한 취지를 적은 집행력 있는 재판의 정본
2. 강제집행의 일시 정지를 명한 취지를 적은 재판의 정본
3. 집행을 면하기 위해 담보를 제공한 서류
4. 집행할 판결이 있고 난 뒤에 채권자가 변제를 받거나 의무이행을 미루도록 승낙한 취지

5. 집행할 판결, 그 밖의 재판이 소의 취하 등의 사유로 효력을 잃었다는 것을 증명하는 조서 등본 또는 법원사무관 등이 작성한 증서
6. 강제집행을 하지 아니한다거나 강제집행의 신청이나 위임을 취하한다는 취지를 적은 화해조서의 정본 또는 공증 조서의 정본

■ 가압류에 의해 진행된 경매는 청구이의 소로 정지

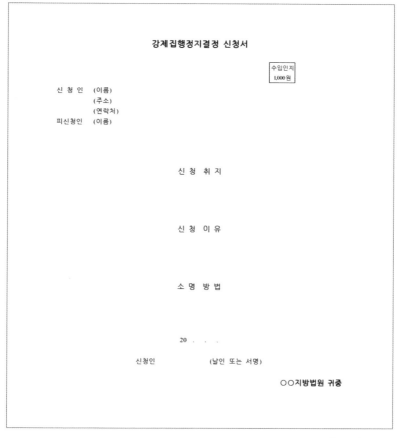

출처 : 법원서류 양식

낙찰을 부르는 TIP

물건번호에 '타인'은 무엇인가요?

경매의 사건번호는 타인 / 타경 / 본으로 되어 있습니다.

보통 경매의 사건번호는 [년도 타경 물건번호]로 시작합니다. 몇 년도에 나온 몇 번의 물건이라는 뜻입니다. 하지만 낙찰 이후 인도명령 과정으로 가면 '타인'으로 바뀌게 됩니다.

이 사건번호는 전자소송을 할 때도 사용하게 됩니다. 사건번호를 검색할 때 원래의 사건번호인 '타경'을 검색하는 것이 아니라 '타인'으로 된 번호를 검색하는 겁니다. 그 후 집행을 해야 하는 사건이라면 '본'으로 변경이 됩니다. 강제집행 또는 동산경매 진행을 하게 되면 사건번호가 '본'으로 되어 있는 걸 볼 수 있습니다.

사건 구분	사건 유형	내용	사건검색 제공
타인	집행	부동산인도명령 사건	O
타경	집행	부동산 등 경매사건	X
본	집행	동산경매 부동산인도명도철거 등	
타채	집행	채권 등 집행사건	O
타기	집행	기타집행사건	O
재타경	집행	부동산 등 경매사건재심	X
재타기	집행	기타집행사건재심	X
준재타경	집행	부동산 등 경매사건 준재심	X
가	집행	동산가압류, 동산가처분, 부동산가처분	X
징	집행	징수	X
타배	집행	체권 배당사건	O
타	집행	집행사건	O

같은 아파트 단지에
비슷한 물건이 2개 나오면?

경매물건을 보다 보면 같은 아파트 단지, 같은 동네에 비슷한 물건이 두 개 이상 나오는 경우를 볼 수 있습니다. 더 좁게는 같은 동에 층수만 다르게 나온 예도 있습니다.

이런 경우에는 어떤 물건에 입찰하는 것이 좋을까요?

우선은 자신이 경매하는 목적에 따라 달라질 것입니다. 투자의 목적이라면 매매나 월세, 전세가 잘 나가는 동이나, 저렴한 물건을 입찰합니다. 하지만 입찰하는 사람이 아이가 뛰어놀 수 있는 저층을 선호한다면 1층을 받는 경우도 있습니다. 이렇게 경매는 목적에 따라 입찰 물건을 결정해야 합니다.

경매의 목적은 크게 실거주 또는 투자로 구분할 수 있습니다. 아파트를 낙찰받는 목적이 실거주가 아닌 투자 목적이라면 아파트의 경우에 가격 차이가 많이 나지 않습니다. 그래서 더 싼 걸 낙찰받는 것도 좋은 방법입니다. 이것은 오피스텔에도 적용됩니다. 하지만 실거주가 목적이라면 (두 물건의 권리분석이 똑같다면) 내 생활방식에 맞는 걸 낙찰받아야 합니다.

물건에 초점을 맞추지 말고 선행되는 조건에 중점을 두어야 합니다. 감정가가 유리하게 잡혔는지, 권리분석이 괜찮은지, 소유주인지 임차인인지 분석해서 입찰해야 합니다.

같은 아파트에 로열층 로열동도 있겠지만 권리분석에서 손쉽게 해결되는 물건이 우선 입찰 대상입니다.

두 개의 물건이 같은 날 진행되는 물건이 아닐 수도 있고, 하나는 유찰될 가능성도 있습니다. 그래서 분석 후 낙찰 가능성이 큰 물건에 입찰합니다.

물건으로 나온 아파트를 꼭 갖고 싶다면 먼저 날짜가 빠른 물건을 적은 금액으로 입찰해서 들어간 후 패찰이면 다음에 진행하는 물건에 들어갑니다.

결론은 먼저 입찰 들어가는 물건에도 최선을 다하고, 뒤에 입찰 들어가는 물건에도 최선을 다해야 합니다. 어떤 물건에 가야 할지 목적 없는 입찰을 하면 두 마리 토끼를 잡으려다 모두 놓칠 수 있습니다. 모든 물건에 열심히 임하는 게 좋습니다.

예를 들어, 같은 아파트 101동과 107동에 경매물건이 나왔습니다. 101동은 버스정류장과 가깝지만, 초등학교에 가기 위해서는 큰 도로를 건너야 합니다. 107동은 초등학교와 매우 가깝고 신호등 있는 건널목을 건너지 않아도 되는 장점이 있습니다. 하지만 버스를 타기 위해서는 조금 걸어야 한다는 단점이 있습니다.

그렇다면 어떻게 입찰할 물건을 결정할까요?

101동의 경우, 버스정류장이 가까우니 출퇴근을 해야 하는 직장인에게 좋습니다. 아파트 단지는 생각보다 커서 버스정류장까지 도보 시간이 긴 경우가 많습니다. 그리고 직장인의 경우는 초등학교와는 상관이 없습니다.

반대로 107동의 경우, 초등학교에 다니는 자녀가 있는 분이 낙찰받기 좋은 집입니다. 부모들은 초등학교가 가까운 걸 선호합니다. 더불어 신호등 있는 건널목을 건널 필요가 없다면 아이를 키우는 부모 입장에서 좋은 집입니다.

이처럼 같은 동네에 있어도 입지, 세대수, 관리환경, 동별 위치, 시기에 따라 시세가 다를 수 있고, 이것은 수익으로 이어집니다.

따라서 두 개의 물건을 두고 입찰을 고민한다면 손품과 발품을 통해 어느 물건을 사람들이 더 선호하는지, 해당 물건만이 가지는 장점은 무엇인지 등을 조사한 후 예상되는 수익까지 고려해 결정하는 것이 좋습니다.

무조건 싸게 낙찰받아야
수익이 날까요?

제가 낙찰받았던 사례가 좋은 답이 될 것 같네요. 경매로 나온 B아
파트는 리모델링 진행 사실을 파악한 후 입찰에 들어간 물건입니다.
조합 설립이 이미 끝났고, 진행에 앞장서는 조합장님의 추진력도 파
악했습니다. B아파트 맞은편에 있는 A아파트가 먼저 리모델링 진행
을 시작했지만, B아파트가 선두로 바뀔 거라는 확신을 갖고 입찰에

**[아유경제_리모델링] 조합 출범한 삼성태영 리모델링,
영통 최고 주거단지 향해 '박차'**

김필중 기자 승인 2021.01.27 19:10

[아유경제=김필중 기자] 새해에도 수도권 일대 리모델링사업
추진 열기가 뜨거운 가운데, 경기 수원시 삼성태영아파트(이하 삼성태영)가
사업 주체의 출범을 알리며 힘찬 발걸음을 옮기고 있다.

출처 : 아유경제

들어간 경우입니다.

경기도 아파트에 16명이나 입찰이 들어온 것은 리모델링 진행속도를 보고 경쟁력이 있다고 판단했기 때문입니다. 저는 뺏기기 싫은 욕심에 높은 입찰가를 써서 2등과의 금액 차이가 컸지만, 진행속도가 빨라서 시간 값을 지불한 것으로 생각했습니다.

그 당시 높은 입찰가였지만 같은 조건의 최저 매물보다 1억 원가량 저렴하게 낙찰받았습니다. 입찰 경쟁자보다 훨씬 높은 금액을 쓴 결과가 낙찰인데요. 어쨌든 현장 매물보다 저렴하게 낙찰받으면 됩니다.

B아파트 리모델링은 2022년에 해당 지역 지자체장의 공석으로 결재 진행이 늦어지는 악재를 맞았습니다.

하지만 우수 건설사의 수주계약과 조합원의 협조, 조합장의 추진력이라는 삼박자가 잘 맞아서 원활히 진행 중입니다.

리모델링 추진절차

조합 설립 ➡ 안전진단 ➡ 건축 심의 ➡ 사업계획 승인 ➡ 이주 및 착공 ➡ 입주

▌ 2021년 3월 5일 조합 설립인가 공고

출처 : 모세컴퍼니

▌ 2021년 6월 26일 업체선정

출처 : 모세컴퍼니

▌ 2022년 10월 정기총회

출처 : 모세컴퍼니

■ 리모델링 추진절차

절차	주요 내용
추진 제안	입주자대표회의 등에서 리모델링 추진 제안
조합 설립	리모델링 주택조합의 소재지를 관할하는 시장·군수 또는 구청장에 게 설립 등 인가 – 전체 : 단지 전체 및 각 동의 구분 소유자와 의결권의 각 2/3 이 상 결의 – 동별 : 동별 구분 소유자 및 의결권의 각 2/3 이상 결의
	– 전체 : 단지 전체 및 각 동의 구분 소유자와 의결권의 각 2/3 이 상 결의 – 동별 : 동별 구분 소유자 및 의결권의 각 2/3 이상 결의
안전진단 1차	– 구조 안전성을 평가하여 수직증축 가능 여부 등 증축 리모델링 가능 여부를 판정 – 안전진단 결과 재건축사업의 시행이 필요하다고 결정된 경우 는 증축형 리모델링 불가
건축 심의	용적률, 건폐율, 높이 제한, 일조권, 건축선지정, 조경, 대지 안의 공지, 공개공지 등 건축특례의 완화범위를 결정
사업계획 승인	조합 또는 입주자대표회의가 시장 군수의 허가를 받아 시행 – 전체 : 단지 전체 구분소유자 및 의결권의 각 75% 이상 동의와 각 동별 구분소유자 및 의결권의 각 50% 이상 동의 – 동별 : 동별 구분 소유자 및 의결권의 각 75% 이상 동의 ➡ 세대수 증가 시 기반시설영향 등에 대해 별도 도시계획 심의 및 30세대 이상 능가 시에는 별도 사업계획승인 절차 이행
이주	분담금 확정 및 총회, 이주
안전진단 2차	주민 이주 후 구조 안전에 대한 상세확인을 위해 안전진단 실시
착공	착공, 사용검사 등

출처 : 국토교통부

꼭 알아야 할
질문

54

물건 감정가와 현재 시세는
얼마나 다른가요?

경매물건 정보를 볼 때 금액 부분을 보면 '보증금'과 '감정가'라는 글씨가 보입니다. 보증금은 감정가의 10%로 측정되어 있습니다. 감정가는 감정평가사들이 해당 물건의 여러 가지 요소를 감정해서 "이 정도 가격의 물건입니다"라고 금액을 정해주는 것입니다.

그 감정가의 10%가 입찰자들이 입찰 시 내야 하는 입찰보증금입니다. 우리가 입찰가를 작성할 때 가장 최저로는 감정가부터 쓸 수 있습니다. 감정가 미만의 입찰금액은 입찰할 수 없습니다.

그런데 부동산 경매에 있어서 감정가는 절대 현재 시세가 아닙니다. 경매가 접수되고 매각되는 날까지 대략 6개월에서 1년 정도 걸립니다. 그렇다면 감정가는 현재보다 과거에 산출되었습니다. 최소 반년에서 1년 전 시세를 반영해서 감정했다는 뜻입니다.

오피스텔의 경우, 대략 분양가를 바탕으로 감정이 됩니다. 현재 시세가 아닙니다. 그렇다고 무조건 감정가보다 현재 시세가 높은 건 아닙니다. 현재 시세가 저렴한 경우도 있습니다. 이런 경우에는 유찰해서 금액을 내려 낙찰받는 방법이 있습니다.

경매의 특징은 현재보다 저렴하게 받는 것이 목적이므로, 특수한 상황을 제외하고는 낮게 받아야 합니다. '경매로 부동산을 저렴하게 샀다'의 가장 중요한 포인트는 감정가와 입찰 시점의 현재 시세를 구별하는 것입니다.

입찰가를 정할 때 현재 시세 조사 없이 감정가만 보고 입찰가를 작성하면 큰 낭패를 볼 수 있습니다. 현재 시세보다 너무 높은 금액에 낙찰받는 경우도 있고, 터무니없이 낮은 금액을 작성해 패찰되면 시간을 낭비하는 것입니다.

따라서, 부동산 경매를 하는 사람이라면 반드시 감정가를 바탕으로 현재 시세를 조사하여 입찰가를 산정해야 합니다.

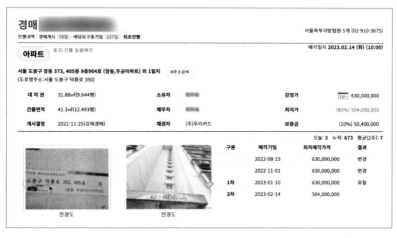

출처 : 탱크옥션

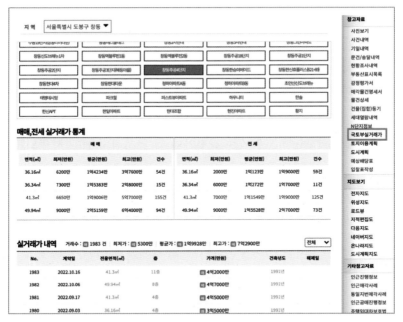

지역	서울특별시 도봉구 창동 ▼						참고자료

창동신도9래A1차 · 창동북부그린A단지 · 양양산단지 · 양양산단지 · 양양-1단지래지

창동산도16래h1차	창동여불루핀1동	창동여불루핀2동	창동주공18단지	창동주공1단지
창동주공2단지	창동주공3단지래동마을	창동주공4단지	창동한솔아파이드	창동한신휴플러스A21래
창동현대4차	창동현대포문	창하아파트A동	창하아파트B동	초안산신도16래뉴
태랑종합시장	파크빌	피스트뷰아파트	하우니티	한솔
한신APT	한밀아파트	현대3조합	현진아파트	횡지

매매,전세 실거래가 통계

매매					전세				
면적(㎡)	최저(만원)	평균(만원)	최고(만원)	건수	면적(㎡)	최저(만원)	평균(만원)	최고(만원)	건수
36.16㎡	6200만	1억4234만	3억7600만	54건	36.16㎡	2000만	1억123만	1억9000만	59건
36.34㎡	7300만	1억5383만	2억8000만	15건	36.34㎡	6000만	1억272만	1억7000만	11건
41.3㎡	6650만	1억9006만	5억7000만	155건	41.3㎡	7000만	1억1549만	1억9000만	125건
49.94㎡	9000만	2억5159만	6억4000만	94건	49.94㎡	9000만	1억5528만	2억7000만	73건

실거래가 내역

거래수 : 1983 건   최저가 : 5300만   평균가 : 1억9928만   최고가 : 7억2900만   [전체 ▼]

No.	계약일	전용면적(㎡)	층	가격(만원)	건축년도	해제일
1983	2022.10.16	41.3㎡	11층	4억2000만	1991년	
1982	2022.10.06	49.94㎡	8층	4억7000만	1991년	
1981	2022.09.17	41.3㎡	4층	4억5000만	1991년	
1980	2022.09.03	36.16㎡	4층	3억5000만	1991년	

출처 : 탱크옥션

탱크옥션에서 물건을 열람하면 오른쪽에 여러 가지 버튼이 있습니다. 경매정보에서 물건 부동산에 대한 정보를 볼 수 있는 것처럼, 우측 참고자료에서는 국토부실거래가 조회와 해당 부동산의 비슷한 매물들을 볼 수 있습니다.

아파트의 경우 과거부터 현재까지 실거래가를 볼 수 있고, 현재 매물을 쉽게 찾을 수 있어 현시세조사와 입찰가 산정하기가 수월합니다. 하지만 빌라의 경우 해당 빌라 인근의 거래가를 바탕으로 정해지는데, 특성상 천차만별 구조와 각각 다른 조건을 가지고 있기 때문에 하나의 빌라를 지정해 가격을 책정하기가 매우 어렵습니다.

가격을 딱 정할 수 없다! 단점일까?

저는 해당 물건지 부동산 사장님보다 물건의 가격을 더 꿰뚫고 있었더니 좋은 수익률을 볼 수 있었고, 가격을 딱 정할 수 없다는 부분을 장점으로 승화시킬 수 있었습니다.

'이건 이래서, 저건 저래서 쉽지 않다'라는 문장을 다르게 바라본 결과물입니다.

지금도 발품 임장을 게을리하지 않고, 발바닥의 티눈 수술도 하면서 임장을 부지런히 하는 것은 수도권과 서울에 재개발을 바라보는 빌라촌이 아직 많이 있다는 사실 때문입니다.

봄이 되면 지인의 산에 오르시던 엄마는 말씀하셨습니다.
잠자리에서 눈만 감고 있으면
아직 덜 캐고 온 죽순이 아른거린다고….
그게 다 얼마냐고! 죽순을 캐는 엄마의 눈으로
보물을 캐듯 임장을 합니다.

호재가 있다는 소문만 들었는데
입찰해도 될까요?

호재에 내 비용이 얼마나 어느 기간 동안 들어가는지에 대한 목표가 있어야 합니다. 만약 뚜렷한 목표가 없다면 호재가 지연되거나 무산되었을 때 위험을 감당하기 어렵습니다. 호재라는 건 국가 정책이나 이해관계에 의해서 일정대로 진행되기 어렵습니다.

호재라는 건 주식과 똑같습니다. 남의 경영이나 경제 사정 때문에 오르락내리락 하거든요. 호재가 있다는 소문만 듣고 들어가면 시간은 오래 걸리고 위험합니다. 호재는 덤이어야 합니다. 목적이 되면 안됩니다. 쉽게 말해, 연봉을 보고 입사하는 것이 아니라 보너스를 보고 들어가는 것과 같은 맥락입니다.

투자는 장기간 끌고 가는 것이 목적이라 갭투자 비용이 많이 들어가면 좋지 않습니다. 하지만 호재 소문이 있는 지역은 대체로 낙후된 곳이 많아 임대가가 낮게 측정됩니다. 갭이 많다는 뜻입니다.

여기서 우리는 두 가지 선택을 할 수 있습니다. 처음에 시세보다 적은 비용으로 들어가서 기간을 길게 가져가는 방법과 마지막에 들어가서 큰 비용으로 적은 기간을 끌고 가는 방법이 있습니다.

1번 호재가 있다는 소문이 돌 때
2번 삽 뜨기 시작할 때
3번 개발이 진행될 때
4번 개발이 마무리되는 단계일 때

1번 시기에 들어가면 적은 비용으로 시작하지만, 시간이 많이 소요됩니다. 마지막 4번 시기에 들어가면 비용은 많이 들지만, 시간이 짧아집니다.

처음 호재만 보고 길게 투자할 때는 큰 비용을 묶어 놓아야 하므로 '이자 비용도 같이 끌고 간다'라고 생각해야 합니다. 결국, 다른 지역에 투자하는 기회비용 또한 사라지는 것입니다.

호재가 있다는 지역에 기회를 크게 할지, 비용을 크게 할지는 자신의 선택입니다. 투자는 어떤 진행단계에 들어가느냐에 따라 투자비용과 기회비용이 달라집니다.

동네 부동산에서
낙찰금액과 명도계획을 정해줬어요

경매 초보자 A씨는 첫 입찰이 매우 긴장되면서도 설레는 마음으로 현장에 임장을 나갔습니다. 해당 물건도 자세히 둘러보았고, 마치 내 소유가 된 것처럼 예쁘기까지 했습니다. 이제 정확한 입찰가 산정을 위해서 주변 부동산을 둘러볼 계획이었습니다.

첫 부동산중개업소에 들어가기 전에 심장이 밖으로 터져 나올 것처럼 요동쳤습니다. 하지만 절대 초보인 티를 내지 말라는 멘토의 조언을 생각하며 씩씩하게 부동산으로 들어갔습니다.

막상 들어가 보니 생각보다 엄청 친절한 부동산 사장님이 계셨고, 물건에 대한 자세한 설명을 들을 수 있었습니다. 감동한 A씨는 '다른 부동산은 갈 필요도 없다'라고 생각했고, 부동산을 통해 경매 입찰을 진행했습니다. 그리고 오로지 낙찰받을 생각에 기뻤습니다.

그렇게 A씨는 물건을 낙찰받고, 다시 같은 부동산중개업소를 방문했습니다. 그런데 부동산중개업소 사장님의 말이 달라졌습니다. 입찰 전 만났던 사장님의 모습은 어디에도 없었습니다. 달라진 태도로 부동산 사장님이 현장 브리핑을 했습니다. 낙찰받은 물건의 임대 시세를 처음과는 다르게 내려간 가격으로 말하며, 이 가격 이상으로는 절대로 계약이 안 된다고 말했습니다. 처음과 달라진 상황에 A씨는 망연자실하며 부동산을 나와야만 했습니다.

만약 이런 경우에는 부동산을 탓해야 할까요?

아니면, 부동산의 말만 듣고 낙찰받은 낙찰자의 잘못일까요?

누굴 탓하기 전에 앞으로 닥칠 문제점에 대해 고민해야겠네요.

임장을 가서 부동산에 들어갔을 때 경매 낙찰을 받으러 왔다고 하면, 부동산중개업소에서 명도계획과 낙찰금액을 정해주는 경우가 있습니다. 이때 주의가 필요합니다. 꼭 손품과 발품을 통해 직접 금액을 뽑아야 합니다.

각종 경매정보 사이트에서 예상해주는 입찰가만 믿고 쓰면 안 됩니다. 입찰하는 사람이 직접 공부를 해서 금액을 정해야 합니다.

각종 경매사이트에서 참고하라는 예시 가격도 있고, 요즘은 유료 경매사이트에서 AI가 통계로 뽑는 낙찰 예상금액도 있습니다. 이런 예상금액을 참고하되, 그 금액이 100% 맞다고 믿지는 마세요. '다른 사람들이라면 이 정도 쓰겠구나'라고 짐작해보는 정보로만 이용하길 바랍니다.

'부동산에서 명도계획을 정해준 경우, 부동산은 어떻게 이런 방법으로 명도를 한다고 하는 걸까?'

'입찰하려는 물건의 이해관계인이 아닐까?'

합리적인 의심도 해봐야 합니다. 우리의 소중한 재산이 걸렸는데 처음 보는 사람의 말만 듣고 계획을 정해선 안 됩니다. 경매에서의 상황은 매번 다르고 여러 경우가 있다는 것을 꼭 기억해야 합니다.

예를 들면, 채무자가 자신의 집이 경매로 넘어간 것을 알고 근처 부동산 사장님에게 원하는 명도방법을 알려줍니다. 그리고 낙찰자가 부동산에 방문했을 때 "명도방법을 이렇게 하세요"라고 이야기를 해주면 수수료를 받는 경우도 있습니다.

부동산을 팔고 싶은데 살 사람이 나타나지 않을 경우, 경매로 집을 넘기고 부동산 사장님과 상의하여 낙찰자를 만드는 방법도 있습니다.

또한, 집에 하자가 있어 경매로 넘기는 물건도 있습니다. 그러면 우리는 전 주인이 힘들어했던 물건을 낙찰받아 힘든 상황을 넘겨받아야 합니다.

모든 경우의 수를 생각해야 합니다. 정말 좋은 도움일 수도 있지만 그렇지만은 않다는 것을 꼭 기억하세요. 자신에게 맞는 방법으로 계획을 세워야 합니다.

지금 이 책을 읽으면서 "에이~ 어떤 어른이 이렇게 단순하게 경매를 해!"라고 생각하겠지만, 실제로는 부동산 사장님의 말만 듣고 입찰하는 경우가 정말 많습니다. 본인만은 그렇지 않다고 자신하겠지만, 막상 경매 입찰에 들어갈 때면 귀가 엄청나게 커지고 얇아져서 부동산 사장님이 전문가인 것처럼 믿게 됩니다.

부동산 사장님과는 입찰 물건을 임장할 때 무작정 친해지기보다, 낙찰 후에 내 부동산 물건에서 직접 수익을 낼 때 친해지고 협력하길 바랍니다.

같은 날, 같은 법정에서 물건 2개를 동시 입찰해도 되나요?

네, 가능합니다. 그런데 이런 생각으로 입찰하는 사람들은 '둘 중 하나는 되겠지'라는 마음으로 시작합니다. 만약 2개의 물건에 입찰했는데, 모두 낙찰이 된다면 어떻게 될까요?

비슷한 사례가 있습니다. 남부법원에서 여러 개의 물건에 입찰한 경매 초보가 있었습니다. 첫 번째 경매물건에서 낙찰자가 되고 낙찰 증을 받은 후 기쁘게 자리로 돌아왔습니다. 그 후에 또 다른 경매물건에서도 동일한 사람이 낙찰자가 되었습니다.

그런데 첫 번째 낙찰받았을 때와는 다르게 얼굴이 새하얗게 질렸는데요. 왜 낙찰의 기쁨을 누리지 못하고 얼굴색이 변한 걸까요? 그것은 낙찰 잔금을 걱정해야 하기 때문입니다.

저도 몇 년 전, 서부법원에서 2개의 물건을 동시 입찰했습니다. 2개 다 놓치기 싫은 물건이라 동시 입찰을 했는데요. 오랫 동안 경매를 했던 저도 동시 낙찰을 하니, 2개의 잔금 납부가 쉽지 않았습니다.

그런데 경매 초보라면 더욱 잔금 처리가 어려울 것입니다. 현금을 많이 가지고 있다면 상관없지만, 대출이라는 레버리지를 써야 하는 경매인이 잔금 2개를 한 번에 처리한다는 건 어려운 일입니다.

그러니 아님 말고식으로 여러 개를 입찰하는 건 피해야 합니다. 어찌어찌하여 자금 마련이 가능하다 해도, 그다음 과정이 녹록하지 않습니다. 각기 다른 명도와 전세 세팅을 위한 노력을 다해 낼 수 있을까요?

한 사이클에 집중해서 그 경험을 단단한 내 경매기술로 만드는 데 집중하세요.

▌경매 한 사이클

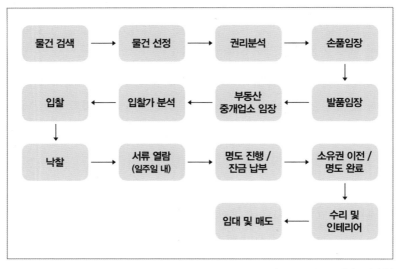

출처 : 모세컴퍼니

5단계 | 경매 낙찰 / 잔금 납부

경매로 낙찰받은 후엔
무엇을 해야 하나요?

경매물건을 낙찰받으면 약 7일 후 매각허가결정이 됩니다. 다시 7일 간 항고기간을 두고 이에 이의가 없다면 법원에서는 낙찰자에게 매각허가결정을 확정하고 대금을 내라는 통지서를 발송합니다.

대금을 내야 하는 기간은 매각허가결정이 확정된 후 약 30일 전후로 대금 기한납부가 정해집니다. 대금을 모두 내면 부동산의 소유권을 취득합니다. 법원은 매수인이 필요한 서류를 제출하면 관할 등기소에 매수인 명의의 소유권이전등기, 매수인이 인수하지 아니하는 부동산에 관한 부담의 말소등기를 촉탁하게 됩니다.

낙찰자로부터 대금을 납부받은 법원은 해당 금액이 어떻게 배당되는지 배당표를 작성하고 배당기일을 지정해 공고합니다. 보통 배당기일은 잔금 납부 후 약 30~40일 정도입니다. 소유권이전등기와 배당까지 처리됐다면 명도를 해야 하는 단계입니다.

TIP

소유권 이전 등기방법
1. 셀프 등기 : 스스로 등기이전을 하고 모든 서류를 처리해야 하되, 돈을 절약함.
2. 법무사 등기 : 법무사의 도움으로 등기이전을 하고 해당 비용을 지불함.
 * 등기 말소 및 소유권 이전에 드는 비용은 매수인이 인수합니다.

낙찰 후 발생할 수 있는 예측불허의 경우

항고란?

매각결정 후 7일 동안 경매 절차에 대해 채무자나 이해관계인이 항고하기 위해서는 항고장과 함께 항고보증금을 법원에 공탁해야 합니다(항고보증금은 낙찰금액의 10%).

그러나 항고를 신청했지만 항고 사유가 틀려서 받아들여지지 못한 경우, 보증금으로 공탁한 10%는 돌려받지 못합니다. 그러므로 요즘

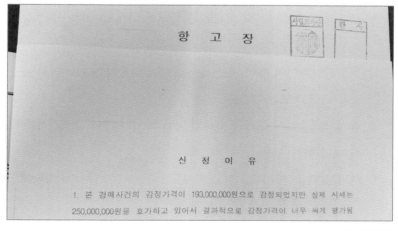

출처 : 모세컴퍼니

은 항고보증금을 내지 않는 경우가 많은데요. 이건 무의미한 항고라고 볼 수 있습니다. 그런데도 항고를 하는 이유는 매각절차를 조금이라도 지연시키려는 의도로 볼 수 있습니다.

매각 불허가란?

경매물건이 매각되면 법원은 경매 절차를 검토한 후 매각허가, 또는 매각 불허가 결정을 내립니다. 어떤 경우에 법원이 매각 불허가를 내릴까요? 크게는 법원이 이 물건을 매각하는 과정에서 실수가 없었는지, 낙찰자의 자격이나 실수는 없었는지를 확인합니다.

매각 불허가 사유는 다음과 같습니다.

법원의 매각 절차상 하자

1. 경매사건의 이해관계인(채무자, 등기부에 기록된 권리자, 부동산 소유자 등)에게 경매와 관련한 사항을 제대로 전달하지 못한 경우
2. 경매사건에 딸린 부속물이 감정평가에서 제외된 경우
3. 해당 부동산의 면적이 실제와 크게 차이 나게 공고되거나 부동산 일부가 아예 누락된 경우
4. 선순위임차인이 법원 자료에 누락되어 낙찰자가 임차인의 보증금을 떠안게 되는 경우
5. 감정평가금액이 현재의 시세와 많은 차이가 나서 감정평가를 다시 해야 하는 경우
6. 해당 경매물건의 매각 시 개별매각 혹은 일괄매각이 유리함에도 그 반대로 진행한 경우
7. 경매의 매각기일이 잘못 공지되거나 누락된 경우

최고가 매수신고인의 하자

1. 빚을 진 채무자가 입찰해 최고가 매수신고인이 된 경우

2. 이전 경매에서 낙찰을 받았으나 잔금을 납부하지 않은 사람이 다시 입찰해 최고가 매수신고인이 된 경우

3. 재경매로 나온 경매물건의 보증금이 20%임에도 보증금을 10%만 낸 경우

4. 미성년자, 한정치산자, 금치산자 등이 최고가 매수신고인이 된 경우

5. 입찰표를 잘못 작성한 경우

6. 농지취득자격증명원을 매각결정기일까지 제출하지 않은 경우 (법원에 따라 상이)

부동산 경기가
낙찰가에 영향을 미치나요?

네, 당연합니다. 다음 기사는 '10월 서울 낙찰률 21년 만에 최저,
부동산 한파가 경매시장도 얼어붙게 한다'라는 내용입니다.

서울 집값 더 떨어진다에 한표?…경매 10건 중
8건 유찰

어석희 기자 khthae@mk.co.kr
입력 : 2022-11-08 19:29:45 : 수정 : 2022-11-08 19:29:59   가 🖨 ⦉ 🔖

10월 서울 낙찰률 21년만에 최저
낙찰가율도 넉달 연속 하락세

서울 아파트 [사진=연합뉴스]
부동산 한파가 경매시장도 얼어붙게 하고 있다. 집값 하락 속도가 가팔라지면서 서울 아파트 경매
낙찰률은 역대 최저치를 기록했다.

출처 : 매일경제 2022년 11월 8일자

만약 경매 초보나 경매를 하지 않는 사람들은 뉴스 기사만 보고 모든 물건이 그렇다고 믿을 것입니다. 그러나 경매물건마다 자세하게 들여다보면, 왜 낙찰되지 못하고 유찰이 되었는지, 왜 낙찰가가 그렇게 정해졌는지 각각 다른 이유가 있습니다.

구분	매각기일	최저매각가격	결과
1차	2022-05-10	274,000,000	유찰
2차	2022-06-21	219,200,000	유찰
3차	2022-07-19	175,360,000	유찰
4차	2022-08-23	140,288,000	유찰
5차	2022-09-27	112,230,000	유찰
6차	2022-11-01	89,784,000	유찰
7차	2022-12-06	71,827,000	유찰
8차	2023-01-10	57,462,000	유찰
9차	2023-02-14	45,970,000	유찰

출처 : 탱크옥션

위의 물건은 서울에 있는 다세대 빌라입니다.

입찰기일을 보면 9번 유찰된 것을 볼 수 있습니다. 그럼 이 물건은 부동산 경기 때문에 낙찰이 안 된 걸까요?

권리분석을 보면 위반건축물과 대항력 있는 임차인이 있습니다.

2억 4천만 원에 세입자가 있고 감정가는 2억 3,900만 원이었습니다. 대항력도 있고, 낙찰금에서 보증금 전액이 변제되지 않으면 낙찰자가 잔액을 인수해야 합니다. 또한, 건축물대장을 보니 위반건축물 표시가 있습니다. 낙찰 후 세입자를 받을 때 위반건축물일 경우에는 전세 대출이 나오지 않습니다.

토지/건물 현황

감정원 : 지에이치 / 가격시점 : 2021-03-02 / 보존등기일 : 2017-04-14

구분(목록)	면적	감정가	비고
토지(1)	대지권 357㎡(107.993평) 중 44.16㎡(13.358평)	95,600,000원	

구분(목록)	현황/구조	면적	감정가	비고
건물(1)	5층 중 5층 다세대주택(방1, 거실, 주방, 욕실, 발코니 등)	30.65㎡ (9.272평)	143,400,000원	▶사용승인일:2017-04-10

현황·위치 주변환경	* 서울특별시 관악구 신림동 소재 "관악산향공원" 남동측 인근에 위치하는 부동산으로 주변은 단독주택 및 다세대주택 등이 소재하는 기존주택지대로서, 제반 입지여건은 대체로 무난시함. * 본건까지 차량출입이 가능하며, 인근에 버스정류장이 소재하는 등 대중교통수단 이용은 보통임. * 인접지 및 인접도로와 등고 평탄한 2필 일단의 가장적인 토지로서, 다세대주택(도시형생활주택단지형)건부지로 이용중임. * 동측으로 노폭 약 3미터 내외의 아스팔트 포장도로와 접하고 있음. * 위생 및 급배수설비, 난방설비, 실내 소화전, 승강기설비, CCTV 등임.
참고사항	* 총 필지:신림동 685-71, 685-72. ▶ 대상물건은 집합건축물대상에 위반건축물로 표기되어있으며, 위반내용은 주택과-42947(2017.04.10.)호에 의거 위반건축물표기[내역 : 5층 501호 30㎡ 초과식패널조 공동주택]이므로 경매진행 및 입찰시 참고바랍니다.

임차인 현황

말소기준일 : 2020-07-28   소액기준일 : 2023-02-15   배당요구종기일 : 2021-05-06

목록	임차인	점유부분/기간	전입/확정/배당	보증금/차임	대항력	분석	기타
1	양승호	주거용 501호 전부 2017.12.23~2021.03.15	전입:2018-01-08 확정:2017-12-05 배당:2021-03-15	보:240,000,000원	있음	순위배당 있음 미배당 보증금 매수인 인수	임차권등기자, 경매신청인

기타사항	* 이건 부동산을 여러 번 방문하였으나 점유자를 만나지 못해 연락처가 기재된 안내문을 부착해 두었으나 점유자 등으로부터 아무 연락이 없어 전입세대열람내역에 등재된 세대주를 임을 대세임으로 보고함. * 양승호는 임차인 겸 경매신청채권자임.

'매우 좋은 위치 + 현금 + 실거주 + 이 집이어야 한다'는 확신이 있다면 낙찰받아도 됩니다. 하지만 그런 경우가 아니라면 굳이 낙찰을 받아야 할까요? 경기와는 전혀 상관없이 건물에 문제가 있는 물건이었습니다.

건물등기

(채권합계금액:8,374,983,813원)

순서	접수일	권리종류	권리자	채권금액	비고	소멸
갑(2)	2017-12-26	소유권이전	김윤현		매매	
갑(3)	2020-07-28	가압류	주택도시보증공사 (서울북부관리센터)	8,134,983,813	말소기준등기 2020카단102864	소멸
갑(4)	2020-12-04	압류	관악구(서울특별시)			소멸
을(3)	2020-12-29	주택임차권	양승호	240,000,000	범위:전부 전입:2018.01.08 확정:2017.12.05	
갑(5)	2021-02-19	강제경매	양승호	청구금액 240,000,000	2021타경101278	소멸
갑(6)	2021-11-29	압류	강서세무서장			소멸

주의사항

▶ 매각허가에 의하여 소멸되지 아니하는 것~2020.12.29자 접수 제231082호 주택임차권,배당에서 보증금이 전액 변제되지 아니하면 전액을 매수인이 인수함.
▶2022.04.27 기타 한0000000 공매대행통지서 제출

경매가 부동산 경기와 밀접하게 연관된다는 뜻은, 시기별로 낙찰과 유찰이 달라지기 때문입니다.

권리분석에서 아무 문제 없는 물건이 처음에 낙찰되거나, 한 번 유찰 후에 매우 적은 경쟁으로 낙찰받을 수 있는 시기가 '경기 침체기'입니다. 경기 침체에는 경매를 하던 사람들이나 경매 초보자들 중에 입찰하는 사람이 줄어듭니다. '경매시장에는 바람만 날린다'와 같은 뉴스를 보고 심리적으로 위축된 사람들이 빠졌기 때문에 조금 더 소극적인 입찰가와 낮은 경쟁으로 물건을 가져올 수 있는 상황일 뿐입니다.

경제 침체라고 여러 차례 유찰이 되는 건 아닙니다. 예를 들어, 경기 침체로 인해 경매물건의 유찰이 계속 반복되며, 반값 세일을 해주는 것이 아닙니다. 단순히 경기가 안 좋은 불경기이기 때문에 물건을 평소보다 큰 할인가에 산다고 생각하면 됩니다(하자 없는 물건이라는 전제하에).

권리분석에서 매수인이 인수해야 하는 금액도 있고, 불법건축물 표시가 된 하자 있는 물건이 경기 상승기라 해서 낙찰이 되는 것도 아닙니다.

쇼핑을 할 때 똑같은 물건이 백화점과 할인매장에 있다면, 당연히 할인을 해주는 곳에서 삽니다. 세일기간이어서 세일된 가격으로 주는데, 굳이 원래 가격으로 사진 않습니다.

연일 쏟아지는 수많은 뉴스들을 제대로 보려면, 현장을 잘 알고 있어야 합니다. 그렇지 않으면, 장님에게 문고리를 주고 코끼리 다리라고 속이는 격이 됩니다. 본질을 모르고 겉만 보고 믿으면 안 됩니다. 경기에 대해 알고 있되, 물건에 따라서 해석을 다르게 해야 합니다.

꼭 알아야 할
질문

60

다세대 빌라인 줄 알았는데
용도가 근린생활이에요

한 가지 사례를 살펴볼까요?

근린상가	토지·건물 일괄매각 위반건축물/대항력 있는 임차인					매각일자 2022.11.24 (목) (10:00)

서울 동작구 상도동
(도로명주소:서울 동작구 매봉로4가길 5)　　　　새주소검색

대 지 권	33.058㎡(10평)	소유자	김문현	감정가	403,600,000
건물면적	77.57㎡(23.465평)	채무자	김용현	최저가	(64%) 258,304,000
게시결정	2021-06-24(강제경매)	채권자		매각가	(74%) 300,000,000

오늘: 1 누적: 220 평균(2주): 0

구분	매각기일	최저매각가격	결과
1차	2022-09-15	403,600,000	유찰
2차	2022-10-20	322,880,000	유찰
3차	2022-11-24	258,304,000	

매각 300,000,000원 (74.33%) / 입찰 1명 / 동작구
매각결정기일 : 2022-12-01 - 매각허가결정
지급기한 : 2023-01-19
배당기일 : 2023-01-19
배당종결 : 2023-01-19

관련사진　　　　관련사진

📷 사진 ▼　　🗺 지도 ▼

어느 빌라의 2층이 경매에 나왔습니다. 겉모양만 봤을 땐 누가 봐도 다세대 빌라입니다. 하지만 낙찰을 받고 보니 '근린생활'이었습니다. 손품 조사 단계에서 외관이 빌라의 모습이니까 당연히 주택인 줄 알고 받은 물건이 근린생활 시설이라고 되어 있는 거죠.

근린생활시설(줄여서 '근생')은 주택가와 인접해 주민들의 생활에 편의를 줄 수 있는 시설물을 뜻합니다. 업종에 따라 1종과 2종으로 구분됩니다. 그래서 지어진 건물의 외관만 보고 낙찰받을 땐 반드시 용도를 확인해야 합니다.

근린생활시설은 건축법에 따른 용도별 건축물 종류의 하나이며, 제1종 근린생활시설과 제2종 근린생활시설로 구분됩니다.

제1종 근린생활 시설은 국민이 생활하면서 편리하게 이용할 수 있는 시설로, 일용품을 판매하는 소매점부터 일반업무시설까지 일상생활에 꼭 필요한 필수적인 시설이 포함됩니다.

제2종 근린생활시설은 공연장부터 노래연습장까지 취미생활 등

■ 건축물의 종류 및 규모

제1종 근린생활시설	제2종 근린생활시설
휴게음식점, 제과점 등 300제곱미터 미만	좌동 300제곱미터 이상
탁구장, 체육도장 500제곱미터 미만	테니스장, 체력단련장, 에어로빅장, 볼링장, 당구장, 실내낚시터, 골프연습장, 놀이형시설 등 주민의 체육 활동을 위한 시설 500제곱미터 미만 ＊제1종 근린생활시설에 해당하는 시설은 제외
금융업소, 사무소, 부동산중개사무소, 결혼상담소 등 소개업소 출판사 등 일반업무 시설 30제곱미터 미만	좌동 500제곱미터 미만 ＊제1종 근린생활시설에 해당하는 시설은 제외
식품, 잡화, 의류, 완구, 서적, 건축자재, 의약품, 의료기기 등 일용품을 판매하는 소매점 1천제곱미터 미만	서점 ＊제1종 근린생활시설에 해당하는 시설은 제외

다양한 기능을 수행하는 시설이거나 제1종 근린생활시설과 같은 기능을 하더라도 상대적으로 규모가 큰 건축물을 포함합니다.

제1종 근린생활시설 및 제2종 근린생활시설에 해당하는 건축물의 종류 및 규모는 다음과 같습니다.

근생일 경우에는 전세 대출이 불가능하고 주택으로의 용도변경이 불가능한 단점이 있습니다. 하지만 낮은 분양가에다 월세 세팅을 할 경우 수익성이 있고, 주택 수에 포함되지 않아 양도세와 청약통장 유지가 가능하다는 장점이 있습니다. 흔히 보는 빌라의 경우 1층에 주차공간 확보를 위해 필로티 구조의 건물을 건축합니다.

근생이 계속 나타나는 이유는 사업성이 좋기 때문입니다. 다세대주택은 4층 이하의 건물을 말하는데, 1개 층을 근생으로 하고 4개 층을 다세대로 올려 허가를 받습니다. 그리고 근생을 주택으로 불법 변경해 세를 놓아서 사업성을 올리며, 주차 확보의 문제도 있습니다.

이렇게 수익을 위해 불법적으로 개조해 운영하는 것이 가능한 것처럼 이용되고 있었는데요. 불법용도 변경이므로 분명히 불법입니다. 시정명령이 내려왔는데 시정하지 않으면 이행강제금이 부과됩니다. 2019년 4월 이전에는 벌금인 이행강제금을 최대 5회까지만 부과했지만, 이후에는 제한 없이 계속 부과하는 것으로 변경되었습니다.

서울의 경우, 땅의 면적이나 모양에 따라 주차장법을 충족하지 못하면 건축을 못 하거나 근린생활시설로 지어야 합니다. 이미 지어진 건물의 경우에는 용도변경을 못 하는 경우도 생깁니다. (지역마다 다르니 확인이 필요합니다.)

3. 제1종 근린생활시설 (`제3호 바목 및 사목을 제외한다), 제2종 근린생활시설, 숙박시설	시설면적 134㎡당 1대
4. 단독주택(다가구주택을 제외한다)	시설면적 50㎡초과 150㎡ 이하 : 1대, 시설면적 150㎡초과 : 1대에 150㎡를 초과하는 100㎡당 1대를 더한 대수 [1+{(시설면적·150㎡)/100㎡}]
5. 다가구주택, 공동주택(외국공관안의 주택 등의 시설물 및 기숙사를 제외한다) 및 업무시설 중 오피스텔	「주택건설기준 등에 관한 규정」 제27조제1항에 따라 산정된 주차대수(다가구주택, 오피스텔의 전용면적은 공동주택 전용면적 산정방법을 따른다)로 하되, 주차대수가 세대당 1대에 미달되는 경우에는 세대당(오피스텔에서 호실별로 구분되는 경우에는 호실당) 1대(전용면적이 30제곱미터이하인 경우에는 0.5대, 60제곱미터이하인 경우0.8대)이상으로 한다. 다만, 주택법시행령 제3조 규정에 의한 도시형 생활주택 원룸형은 「주택건설기준 등에 관한 규정」제27조의 규정에서 정하는 바에 따른다.

출처 : 주차장 설치 및 관리 조례 별표2

건축물의 용도를 변경하기 위해서는 건축법, 주차장법을 지켜야 합니다. 주차장의 경우 주차장을 늘리는 건 엄청 어려운 일이기 때문에 거의 불가능하다고 보면 됩니다.

쉽게 말하면, 한 가구당 주차 1대가 필요합니다. (조건, 지역에 따라 다르므로 모두 해당하는 것은 아닙니다.) 하지만 근린생활일 경우 134제곱미터당 주차 1대가 필요해서, 주택의 주차장보다 규정이 빡빡하지 않습니다.

그래서 다세대 건물이나 빌라를 건축할 때 1~2층을 근생(근린생활시설)으로 건축하는 경우가 많아진 것이지요. 한 건물에 8개의 집이 있다면 주차 8대가 필요하지만, 2개의 집을 근생으로 허가받는다면 주차 6대만 있어도 된다는 뜻입니다.

그러니, 단순히 건물의 외관 사진만 보고 빌라구나! 다세대구나! 하고 낙찰받으면 안 됩니다.

참고로, 새 주차장법에 따르면 도심에는 빌라 가구 수가 줄어들고 가구당 면적이 작아질 가능성이 커지고 있습니다.

| 주차장 전폭 기존보다 20㎝ 늘려 건축주 "원룸 수 줄어 수익 안나" |
| 용적률 완화 없어 공급 축소 땐 1인가구·청년층 등 타격 커질 듯 |

'주차장법 시행규칙 개정안' 내용

| 일반형 | 세로 5m·가로 2.3m
→ 세로 5m·가로 2.5m (20cm 확장)
건축면적 8.7% 감소 | 확장형 | 세로 5.1m·가로 2.5m
→ 세로 5.2m(10cm 확장)·가로 2.6m
(10cm 확장)
건축면적 6% 감소 |

※2019년 3월 이후 신축 인허가 적용 자료:국토교통부

출처 : 서울경제

1회 유찰을 기다렸는데 취하됐어요. 끝난 건가요?

우선, '취하'에 대해 알아보겠습니다. 취하는 신청하거나 제출한 서류를 도로 거두어들인다는 뜻입니다. 즉, 경매신청 채권자가 경매신청 행위를 철회하는 것입니다. 취하되면 더이상 경매가 진행되지 않고 종결됩니다. 취하는 최고가 매수신고인이 존재할 때도 가능하고 입찰기일 전에도 가능합니다.

만약 낙찰 후 취하를 하면 최고가 매수신고인의 동의가 필요합니다. 이런 철회는 경매개시결정에서부터 경락인이 대금을 납부할 때까지 가능합니다.

한편, 다음 경우에는 동의 없이 취하할 수 있습니다. (부록 1에서 '경매취하서', '경매취하동의서' 참고)

강제경매절차에서 채무자가 청구이의의 소(민집 44조)를 제기
하여 본안재판부로부터 집행정지결정(잠정처분)을 받은 다음 본
안에서 승소 판결을 받아 그 판결정본을 민사집행법 49조 1호
의 취소서류로 집행법원에 제출한 경우, 임의경매절차에서 ㄱ)
피담보채무액 전액을 변제받은 경매신청채권자가 경매신청의
기초가 된 담보물권(근저당권)을 말소하여 주어 담보권의 등기
가 말소된 등기사항 증명서를 민사집행법 266조 1항 1호의 집
행취소서류로 제출한 경우, ㄴ)경매신청채권자가 경매신청의
기초가 된 담보물권(근저당권)을 말소하여 주지 않아 채무자가
채권자를 상대로 채무부존재확인 소송이나 저당권말소청구 소
송을 제기하고 수소법원으로부터 경매 절차의 일시 정지를 명
하는 잠정처분을 받은 다음 승소 확정판결의 정본을 같은 조 1
항 2호의 집행취소서류로 제출하거나, 승소 확정판결에 기하여
근저당권을 말소한 다음 근저당권이 말소된 등기사항 증명서를
같은 조 1항 1호의 집행취소서류로 제출한 경우, ㄷ)채무자의 임
의경매개시결정에 대한 이의에 의하여 경매 절차 취소 결정이
확정된 경우(대결2000.6.28. 99마7385 참조)에는 최고가매수신
고인 또는 매수인 등의 동의가 없더라도 경매 절차가 취소된다.

질문과 같은 물건이 나왔다고 가정해봅시다. 손품 조사와 임장을
해보니 1회 유찰 후 들어가면 좋을 것 같은 물건입니다. 입찰기일까
지 입찰가를 고민하며 입찰 준비를 하고 있는데, 취하라는 글씨가 떴

소 재 지						
경 매 구 분	강제경매	채 권 자	유○○			
용 도	연립	채무/소유자	김○○○○	매 각 기 일	22.11.21 취하	
감 정 가	2,110,000,000 (21.08.19)	청 구 액	100,000,000	종 국 결 과	22.11.14 취하	
최 저 가	2,110,000,000 (100%)	토 지 면 적	215.0㎡ (65.0평)	경매개시일	21.08.06	
입찰보증금	211,000,000 (10%)	건 물 면 적	199㎡ (60.3평)	배당종기일	21.10.25	

출처 : 대한민국법원 법원경매정보 서식

습니다. 결국 경매 절차가 종결됩니다. 그러면 우리는 해당 경매물건에 입찰을 할 수 없게 되는 것입니다.

손품 조사와 임장을 갔을 때 미납된 관리비가 없고 집 앞이 깨끗하게 청소가 된 상태라면 취하될 가능성이 높습니다. 또한, 집주인이 실거주하고 있다면 가능성은 더욱 높아집니다. 어떻게 해서라도 자신의 집을 지키고 싶어 하는 의지가 있다는 뜻입니다.

그리고 빚진 금액을 확인해보니 터무니없이 적은 금액으로 경매에 넘어간 경우도 있습니다. 이런 경우에는 돈을 갚을 수 있는 상황이 되기 쉽습니다. 그렇다면 취하가 될 가능성이 있는 것이죠.

취하는 채권액이 적고, 강제경매 시에는 종종 일어나는 일입니다. 취하가 되는 물건은 결국 좋은 물건이라는 것을 알게 합니다.

낙찰을 부르는 TIP

Q 취하는 취소, 기각, 기일변경과 다른 것인가요?

A 네, 다른 뜻입니다.

[취소]는 채무자가 소송을 해서 경매 진행이 취소된 것을 말합니다. 채무자가 빚을 변제한 후 소송을 걸어 경매를 취소시킵니다. 채무자는 경매를 취하할 수 없어 이런 소송 절차를 통해 경매 취소를 해야 합니다.

[기각]은 경매사건을 보다 보면 6회 유찰, 8회 유찰, 이렇게 유찰이 많은 물건을 본 경우가 있을 겁니다. 계속된 유찰로 최저매각가가 너무 낮아지면 경매 신청을 한 채권자가 받아갈 금액이 적어지겠죠? 그러면 채권자가 배당금을 못 받아가는 무잉여 상태가 됩니다.
이렇게 채권자에게 실익이 없는 경매일 경우 진행하는 의미가 없어 법원의 직권으로 기각 처리를 합니다. 하지만 무조건 기각을 시키는 것은 아닙니다. 무잉여가 되어도 법원은 상황에 따라 사건을 종결시키고자 그냥 진행하는 경우도 있습니다.

[기일변경]은 말 그대로 입찰기일이 변경된 것입니다. 경매 진행 도중 이해관계인의 신청이 있거나, 조건이 변동되어 경매 조건을 변경하거나, 매각기일을 미루는 것을 뜻합니다. 법원이 처음에 기일 날짜를 정해줍니다.
이 날짜를 다른 날로 변경하고자 할 때 사유와 '경매기일 변경신청서'를 작성해서 제출하면 법원이 확인 후 기일을 변경해줍니다. 채무자가 채무 금액을 가능한 만큼 상환하고자 할 때, 해당 물건에 감정가가 잘못 측정되어 감정가보다 이상의 가치가 있을 때 변경을 원합니다.
실무에서는 경매신청채권자가 연기신청을 한 경우 상당한 사유가 있다고 인정되면 1회의 연기 기간을 1~2개월 정도로 하여 2회까지 연기를 허가하고 있습니다. 채무자 또는 소유자가 연기 신청할 때는 채권자의 동의가 없는 한 연기를 허가하지 않고 있습니다.

경락잔금대출 명함은 언제 사용하나요?

'경락'이라는 말이 낯설 것입니다. 경락이란 경매에 의해 동산 또는 부동산의 소유권을 취득하는 행위입니다. 법원 경매법정에 방문하면 그날 진행하는 경매정보지와 경락잔금대출 명함을 많이 받을 수 있습니다. (입찰 마감 시간이 가까워지면, 무료 경매정보지가 소진되어 못 받는 상황도 있습니다.)

이때 받은 명함들은 낙찰 후 대출을 받을 때 필요합니다. 경매를 할 때 자신의 돈 100%로 잔금을 내는 경우는 극히 드뭅니다. 그래서 적은 종잣돈으로도 경매를 할 수 있다고 말하는 겁니다.

경락잔금대출 중 아파트, 상가, 토지, 다세대 등 각각 다른 대출 비율로 진행됩니다. 입찰보증금만으로 경매를 할 수 있을까요?

물론 90%까지 대출이 나오던 시절도 있었습니다. 제가 경매에 입문하던 시기엔 그것이 가능했습니다. 그 후 각종 대출 규제가 생겼고,

지금은 소득과 채무 상황, 직장, 낙찰물건의 주소 등 여러 가지를 고려해서 대출이 정해집니다.

모든 분이 같은 조건의 대출을 받을 수 있는 건 아닙니다. 소득이 없거나 세대 분리가 안 된 분들은 대출에 대해 미리 알아보고 입찰에 들어가는 걸 추천합니다.

한 가지 사례를 살펴보겠습니다. 20대 대학생이 낙찰을 받았습니다. 낙찰자는 무주택자였기 때문에 당연히 대출이 나온다고 생각해서 입찰을 했습니다. 그런데 30세 미만의 무소득자였고, 세대 분리가 안 되었기 때문에 대출이 어려웠습니다. 결국, 낙찰자는 보증금을 포기하는 상황이 되었습니다.

이렇게 예상과 달리 대출이 어려운 경우가 있습니다. 첫 입찰이거나 대출이 어떻게 나올지 모르는 상황이라면 낙찰 후보다 입찰 전에 대출을 알아봐야 합니다. 이럴 때 법정에서 받은 명함을 이용하면 됩니다. 간혹 깐깐한 상담사들은 낙찰 후에 연락하라고 합니다. 기죽지 말고 당당하게 "알겠습니다"라고 말한 후, 다른 상담사들에게 물어보면 됩니다.

낙찰 후 법원이 매각허가결정을 승인해야 잔금 납부를 할 수 있습니다. 대략 일주일 정도 소요됩니다. 기다리는 동안 가만히 있는 것이 아니라 서류 열람과 경락잔금대출에 대해 알아봐야 합니다.

낙찰자로 자신의 이름이 불리고 영수증을 받아 경매법정을 나올 때 많은 대출상담사분들이 자신을 에워싸게 됩니다. 처음 경험하는 분들은 당황할 수도 있습니다. 마치 연예인의 퇴근길에 많은 팬이 붙는 것처럼 보이기도 합니다.

당황할 필요 없습니다. 주는 명함은 받으면 되고, 전화번호를 물어

본다면 알려준 후 자연스럽게 나오면 됩니다. '모르는 사람에게 번호를 줘도 되나?'라고 걱정할 수도 있습니다. 제가 17년 동안 경매 현장을 다녀본 결과, 모두 도움을 주려고 전화를 걸어주는 사람들이었습니다. 전화로 대화를 나누면서 나와 맞는 대출 조건의 상담사를 정하면 됩니다.

 낙찰을 부르는 TIP

입찰 전 대출을 확인하고 싶을 때

입찰 전에 대출을 알아봐야 할 상황이 되면, 다음 정보를 알려줘야 합니다.

- 매각 물건의 사건번호
- 감정가와 예상 입찰가
- 본인의 소득 및 부채 현황
- 보유하고 있는 부동산
- 원하는 대출 금액

※ 참고로, 저는 입찰 전 대출 상담을 받지 않습니다. 자본이 넉넉해서가 아니고 입찰 물건을 외부에 공개하기 싫어서입니다. 물론 그 뒤에 오는 대출 위험은 고스란히 제가 감당할 몫입니다.

직접 알아보는 대출과 경매법정에서 받은 명함의 대출은 뭐가 다른가요?

"낙찰 후 은행에 가서 직접 대출을 받으면 안 되나요?"라고 질문할 수도 있습니다. 그런데 모든 은행은 대출 조건이 다릅니다. 은행에 따라 경락 대출을 취급 안 하는 경우도 있고, 모르는 경우도 많습니다. 직접 은행에서 대출 실행을 진행하고 싶을 때는 은행에 전화로 문의한 후 큰 지점을 방문해야 합니다.

또한, 경락잔금대출은 일반 담보대출과 다른 대출입니다. 우리가 쉽게 볼 수 있는 담보대출은 담보를 목적으로 은행에서 돈을 빌리는 것입니다. 그리고 빌린 돈은 어떻게 사용하는지 정해져 있지 않습니다. 돈을 빌린 사람 마음대로 사용해도 되는 것이지요.

하지만, 경락잔금대출은 경매로 취득한 동산 또는 부동산 소유권 이전에 대해 잔금으로 사용하는 게 목적입니다. 그래서 돈을 빌린 사람 마음대로 자유롭게 사용할 수 없습니다. 차이점으로는, 경락잔금대출은 채무자 임의대로 사용하는 것을 막기 위해 법무사를 통해 이루어집니다.

번호를 알려주고 나왔다면, 대출상담사(딜러)에게 연락이 옵니다. 상담사와 법무사를 통해 여러 은행의 대출 조건을 듣게 됩니다. 낙찰자는 여러 조건 중 자신에게 맞는 대출을 선택해 대출 진행과 잔금 납부를 하면 됩니다. 법무사를 통해 일을 처리하면 개인이 별도로 할 일이 없습니다. 은행에서 대출받고, 대출금을 법무사가 받은 후 잔금 납부와 소유권이전등기를 처리합니다. 그러면 잔금 납부 과정은 끝입니다.

다만, 일반 담보대출과 과정이 다르기 때문에 법무사 비용 또한 다르다는 점을 참고하세요.

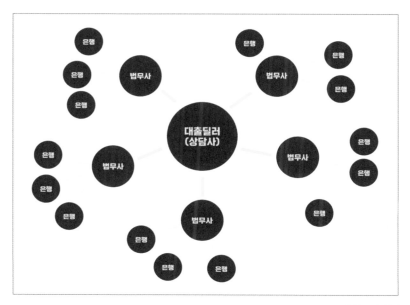

대출받기 전 알고 있어야 하는 것이 있습니다. 규제지역, LTV, DTI, DSR입니다.

지역별로 규제지역과 비규제지역으로 구분됩니다. 규제지역은 안에서 세분화해 투기지역, 투기과열지구, 조정대상지역으로 또다시 구분됩니다. 지역에 따라 명칭을 부여하고, 한도를 다르게 정해뒀습니다. 따라서 내가 낙찰받는 시점에 맞춰 현재의 규제지역과 대출한도 퍼센트를 알고 있어야 합니다.

잔금 납부기한 통지는
언제, 어떻게 오나요?

경매의 일정은 간단하게 매각기일 → 매각허가결정 → 매각허가결정확정 → 잔금 납부의 순서입니다.

최고가로 원하는 물건을 낙찰받은 매각기일 이후 매각허가결정 기간이 7일 소요됩니다. 이 기간에는 이의신청을 하는 기간입니다. 그후 다시 7일이 지나면, 물건에 대한 허가 결정이 최종적으로 확정되는 매각허가결정확정 순서입니다.

이렇게 매각허가결정확정까지 지나면 물건에 대한 잔금 납부가 가능해집니다. 잔금 납부는 내가 받은 낙찰금액에서 보증금을 뺀 금액입니다. 30일이란 기간 동안 잔금 납부가 가능하고, 잔금 납부를 한후 2주 이내로 배당기일이 정해집니다. 보통 잔금 납부일로부터 약한 달 후로 정해집니다. 잔금 납부가 되었다는 건 소유권이 넘어온다는 뜻으로도 해석됩니다.

우리가 흔히 거래하는 부동산 거래에서는 잔금 납부 후에 바로 소유자가 되지는 않습니다. 하지만 경매는 잔금을 납부하면 그날 바로 소유자가 됩니다.

잔금 납부를 일정보다 빨리 하는 경우	– 점유자가 배당을 받는 경우(명도 난이도 하) – 공실의 경우(부동산 활용 및 인테리어) – 매수나 임차인의 수요가 많아, 수익화까지 기간이 짧아야 하는 경우
잔금 납부를 일정보다 늦게 하는 경우	– 임차인 이사일이 늦게 가고 싶어 할 때(조율) – 소유자 명도 대상으로 대화가 불가능할 때 – 취하 가능성이 적은 물건 (예. 많은 빚으로 파산) – 불경기라서 임대 어려울 때 – 보유세(재산세, 종부세) 기준일 6월 1일을 넘겨야 하는 경우 – 대출이자를 적게 내야 할 때

잔금 납부기한 통지는 매각결정기일 7일, 항고 7일 이후 입찰표에 적었던 주소로 등기가 옵니다. 그리고 대법원 경매사이트에서 해당 물건의 사건기록을 보면 '최고가매수인 대금 지급기한 통지서 발송'이라는 내용을 확인할 수 있습니다.

입찰서에 작성하는 주소는 주민등록상 주소입니다. 하지만 집에 없을 시간이거나 받기 어려운 경우에는 주소 작성 후 옆에 '우편물 수령지'라고 주소를 추가해도 됩니다. 그러면 등기 받는 주소를 설정한 것입니다. 그리고 '대금 지급기한 통지서'라는 우편물이 왔다면 잔금 납부를 하라는 뜻입니다. 만약 우편물을 받지 못했다면, 직접 우체국으로 받으러 가면 됩니다.

▌대금 지급기한 통지서

수원지방법원 안양지원

대금지급기한통지서

사　　건

채　권　자

채　무　자

소　유　자

매　수　인

매　각　대금

대금지급기한

위와 같이 대금지급기한이 정하여졌으니 매수인께서는 위 지급기한까지 이 법원에 출석하시어 매각대금을 납부하시기 바랍니다.

해당물건번호

법원주사

주의 : 1.매수인이 매각대금을 납부한 후 소유권이전등기 등을 촉탁 신청할 때 수인의 공유자가 수인으로부터 지분의 전부 또는 일부를 이전받는 경우에는 등기촉탁신청서에 부동산별/등기권리자별로 각각의 이전받는 지분을 표시하여 주시기 바랍니다. (예) 매수인 갑 : 이전할 지분 공유자 ○○○의 지분 ○분의 ○(최종 이전할 지분), 공유자 □□□의 지분 ○분의 ○(최종 이전할 지분)　매수인을 : 이전할 지분 공유자 ○○○의 지분 ○분의 ○(최종 이전

만약 잔금 납부를 기한 내에 하지 못한다면?

잔금 납부를 못하면 재매각 날짜에 재매각을 진행합니다. 하지만 민사집행법 제138조 3항에 따르면 재매각기일 3일 전에 대금(잔금)과 연체이자(12%)를 납부하면 잔금 납부로 처리되어 소유권을 가져올 수 있습니다. (법원에 따라 잔금 납부 기간을 재매각기일 전까지 해주는 곳도 있습니다.)

하지만 차순위매수신고인이 있는 경우에는 법원에서 정해진 날짜까지 잔금을 납부해야 합니다. 만약 잔금 납부기한이 지났다면 잔금 납부 기회는 차순위매수신고인에게 넘어갑니다. 법원에서 별도로 유예기간을 주지 않기 때문에 납부를 할 계획이라면 꼭 정해진 기간 안에 납부해야 합니다.

입찰서에 주민등록상 주소지 밖에 안 썼는데, 우편물 주소를 변경하고 싶으신가요?

그렇다면 경매기록을 열람하러 갔을 때 주소변경 신청을 하면 됩니다. 경매계에 가보면 많은 신청서류 양식이 구비되어 있습니다. 거기에 '송달장소변경신고서'라는 양식이 있습니다.

잔금 납부는 직접 하는 방법(셀프 등기)과 법무사를 통해서 하는 방법이 있습니다. 그리고 잔금이 준비되어 있어 빠르게 처리하고 싶다면 해당 경매계에 문서 없이 잔금 납부가 가능한지 문의하면 됩니다. 해당 경매계에 따라 가능한 곳도 있습니다.

잔금 납부는
어디서 하나요?

잔금 납부는 법무사를 통해 납부하는 방법과 직접 하는 셀프 등기가 있습니다. 직장인이라 시간이 없을 때는 대리인(위임장 작성 후)한테 부탁하는 방법도 있습니다. 셀프 등기가 처음에는 어렵다고 생각하겠지만, 한 번만 해보면 의외로 쉬운 일입니다. 셀프 등기의 가장 좋은 점은 법무사 수수료를 절약할 수 있는 점입니다.

셀프 등기를 할 때 해야 할 일은 두 가지로 나눕니다. 집에서 준비할 것과 법원에서 해야 할 것으로 구분됩니다. 당일에 모두 해도 되지만 미리 준비해서 간다면 법원에서 할 일과 멀리 왔다 갔다 해야 하는 상황이 줄어듭니다.

셀프 등기하는 날에는 은행 업무가 끝나는 시간을 생각해서 아침에 방문하는 걸 추천합니다. 오후에 방문하면 변수가 발생했을 때 이틀 동안 해야 하는 상황이 오기도 합니다.

첫 번째, 집에서 미리 준비할 수 있는 것

말소할 등기(부동산) + 부동산의 표시, 부동산등기부등본(제출용), 건축물관리대장등본, 등·초본, 토지대장 등본(대지권 등록부), 취득세 +말소등록세 납부확인서, 국민주택채권 매입영수증, 등기신청수수료 납부내역서

두 번째, 법원에서 해야 할 것

매각허가결정문, 잔금, 부동산 소유권이전등기 촉탁신청서, 우표, 등기필증 우편송부신청서

법원에 셀프 등기를 하러 방문했을 때 순서는 다음과 같습니다.

법원 경매계(접수) ➡ 법원 내 은행 ➡ 시 군청 세무과(인터넷으로 생략 가능) ➡ 법원 접수계

처음에 경매계로 가서 담당 계장, 접수하는 곳에서 등기 진행하러 왔다고 하면 '법원보관금 납부명령서'와 '매각대금 완납증명서 신청서'를 받을 수 있습니다. '매각대금 완납증명 신청서'는 법원 접수계에 제출하면 됩니다. '법원보관금납부 명령서'를 받았다면 서류를 들고 은행으로 갑니다.

은행에 가서 잔금과 명령서를 제출하면 법원보관금 영수증을 받을 수 있습니다. 이때 500원 수입인지도 같이 구매하면 좋습니다. (현금

구매를 위해 꼭 동전을 준비하세요! 카드결제가 안 됩니다.)

다시 담당 계장님한테 가서 법원보관금 영수증, 매각대금완납증명원, 부동산의 표시 수입인지를 제출하면 매각대금완납증명원에 도장을 찍어줍니다.

█ 셀프 등기 순서

집에서 서류 준비 ➡ 은행 방문 후 잔금 수표 찾기, 채권매입, 인지 구입 ➡ 법원 경매계 접수에서 잔금 내러 왔다고 하기 ➡ 은행 가서 잔금 납부 후 등기신청수수료 납부 ➡ 경매계 접수 : 준비한 서류와 소유권이전 등기 촉탁 신청서 제출 ➡ 접수 ➡ 완료 확인

- 취득세 : 위택스 / 신고하기 → 부동산 → 상속, 증여, 기부, 경락(주택) 부분으로 들어간 후 취득원인을 경락(기타)으로 하면 됩니다. 그 후 물건정보에 맞게 취득가격과 빈칸을 채우면 끝납니다.
- 등록세 : 위택스 / 신고하기 → 등록세(등록분)로 들어갑니다. 비용은 1개당 7,200원입니다. 내가 말소할 내용이 4개라면 28,800원을 내는 것입니다.
- 채권매입 : 국민주택채권매입은 매일 가격이 다르게 산정됩니다. 그래서 채권을 매입해야 하는 가격은 직접 계산 후 매입해야 합니다. 많은 사람이 셀프 등기에서 이 부분을 어려워합니다.

순번	장소	준비사항	내용	비고
1	경매계	– 대금 지급기한 통지서 – 신분증	– 담당계로 방문 후 대금지급 기한 통지서와 신분증 제출 – 보관금 납부명령서 발급	
2	은행	– 잔금 – 법원보관금 납부명령서	– 법원 내 은행 방문 후 법원보관금 납부명령서 제출 – 잔금 납부 후 법원보관금 영수증 발급 + 500원 수입인지 구매	
3	경매계	– 매각대금 완납증명원 – 법원보관금 영수증+인지	– 매각대금 완납증명원 보관금영수증 수입인지 제출 – 날인된 매각대금 완납증명원 수령	
4	세무서	– 취 · 등록세 신고서 – 매각대금 완납증명원 – 말소할 목록	– 취 · 등록세 신고서 제출 – 매각대금 완납증명원 법원보관금 영수증 말소할 목록 제출 – 취 · 등록면허세 납부 고지서 수령	
5	법원 우체국		대봉투 + 우표 구매	
6	은행	– 취·등록세 납부 고지서 – 등기신청 수수료 – 국민 채권 매입비용	– 취·등록세 이전등기수수료 납부 – 국민 채권매입 – 취·등록세 납입영수증 이전등기 증지 수령	
7	접수계	– 우표 봉투 – 촉탁신청 서류 모음	접수계에 준비한 서류+우표 봉투 제출	

채권매입을 하기 위해서는 공시지가를 먼저 확인해야 합니다.

'부동산공시가격알리미' 사이트에서 해당 물건의 공시지가를 확인합니다. 공시지가란 국토교통부 장관이 조사, 평가해 공시한 표준지를 선정해 적정한 가격을 산정한 것입니다.

공시지가를 확인했다면, '주택도시기금' 사이트에 접속합니다.

> • 주택도시기금 ➡ 청약/채권 ➡ 제1종 국민주택채권 ➡ 매입대
> 상금액조회 ➡ 채권매입(발행)금액조회
> • 주택도시기금 ➡ 청약/채권 ➡ 셀프 채권매입 도우미 ➡ 매입
> 용도(부동산 소유권 등기) / 대상물건지역 / 건물분 시가표준액
> (공시지가 입력) ➡ 채권매입(발행)금액 조회

이렇게 하면 채권매입금액이 계산됩니다.

채권매입 시 중요한 점은 5천 원 미만은 절사, 5천 원 이상은 올림해 1만 원 단위로 매입합니다. 만약에 채권매입금액이 3,142,000원일 경우엔 2,000원은 5천 원 미만 금액이므로 절사하면 됩니다. 그러면 최종 금액은 3,140,000원이 되는 것입니다. (**예** 367,000원일 경우 370,000원)

금액까지 확인했다면 이제 주거래은행 사이트로 들어가서 채권을 매입합니다. 은행 인터넷뱅킹 로그인 후 국민주택채권 부분을 클릭합니다. 발행금액에 아까 계산된 금액을 입력합니다. 고객분담금(결제금액)이 자동으로 계산된 후 금액을 이체하면 됩니다(통장에 해당 금액만큼 돈이 있어야 합니다). 이체 후 몇 분 뒤에 정상처리가 되었는지 확인하고 영수증을 프린트하면 끝납니다.

등기수수료 : 인터넷등기소 사이트 접속 ➡ 전자납부 ➡ 부동산
➡ 등기신청수수료 전자납부
*이전 1건당 15,000원 / 말소 1건당 3,000원

미리 등기부 등본, 채권매입 등을 끝냈다면 잔금을 처리하는 날에 [영수증 + 납부확인서]를 챙겨서 가면 됩니다. 잔금 납부 당일 가장 먼저 해야 할 일은 취득세, 등록세 납부입니다. 위택스에서 납부 후 납부확인서를 갖고 가면 됩니다.

만약 납부확인서가 안 나온다면 '이택스'에서 출력이 가능합니다. 법원보관금납부명령서와 수표 한 장을 준비한 후에 법원 은행으로 갑니다. 잔금 납부하러 왔다고 하면 작성해야 하는 종이를 줍니다. 필요한 정보 작성 후 제출하면 끝나는 것입니다.

잔금을 납부하면 영수증을 받을 수 있는데, 영수증을 챙겨 다시 경매접수계로 가면 매각대금 완납증명원을 받을 수 있습니다.

만약 인터넷으로 말고, 등기소와 구청을 직접 가서 한다면 매각대금 완납증명원이 꼭 필요합니다. 내야 하는 세금도 다 냈고 제출서류도 다 준비했다면, 경매 접수계에서 소유권이전등기 촉탁신청서와 함께 준비한 서류를 제출합니다.

이제 셀프 등기가 완료되었습니다.

잔금이 미납될 경우
어떻게 처리되나요?

물건에 하자가 있거나 사실과 다른 내용이 기재되어 있어 문제가 발생한 경우가 아닌 이상, 오로지 낙찰자의 사정으로 잔금을 내지 않아 미납될 경우 입찰보증금 전액을 돌려받을 수 없습니다.

1억 원의 물건이었다면 입찰보증금은 10%로 1천만 원입니다. 미납자에겐 아까운 1천만 원이지만, 이렇게 생긴 입찰보증금은 추후 물건이 낙찰되었을 때 해당 낙찰가에 합쳐져서 배당하는 데 쓰입니다.

만약 잔금 납부기일은 지났지만, 잔금이 늦게 마련되었거나 잔금을 내는 것으로 상황이 바뀌었을 때는 방법이 있습니다. 낙찰자가 재매각일 기준 3일 전까지 법정 지연이자 12%와 함께 잔금을 납부한다면 낙찰의 권한이 인정됩니다. 그런데도 최종적으로 미납된 물건은, 다음 재매각 시에는 입찰보증금이 최저가의 20%가 됩니다. 잔금이 한 번 미납된 물건이니 두 번 미납되는 일은 없도록 신중하게 입찰하라는 뜻으로 받아들이면 됩니다.

이 서류는 2012 타경이지만 2022년 11월 30일, 10년 만에 미납되었던 보증금으로 배당을 한 흥미로운 사건이라서 소개합니다.

서 울 남 부 지 방 법 원
(추 가) 배 당 표

이 배당표는 미확정된 배당계획안입니다.

사 건	2012타경27794 부동산임의경매 (경매4계)		
배 당 할 금 액	금	6,540,654	

명 세	매 각 대 금	금	6,540,654
	지연이자 및 절차비용	금	0
	전경매보증금	금	0
	매각대금이자	금	0
	항고보증금	금	0

집 행 비 용	금	28,684
실제배당할 금액	금	6,511,970

매각부동산	1. 서울특별시 강서구 화곡동 1160 상진지오벨리아파트 2층 205호		
채 권 자	한국주택금융공사	한국주택금융공사	김순옥

채 권 금 액	원 금	130,371,137	62,367,446	128,731,650
	이 자	0	0	0
	비 용	0	0	0
	계	130,371,137	62,367,446	128,731,650
배 당 순 위		1	1	1
이 유		가압류권자 (남부 11카단70389)	가압류권자 (남부 11카단8952)	가압류권자 (남부 11카단70335)
채 권 최 고 액		3,478,183	1,663,906	128,731,650
배 당 액		3,478,183	1,663,906	516,105
잔 여 액		3,033,787	1,369,881	853,776
배 당 비 율		2.6 %	2.6 %	0.4 %
공 탁 번 호 (공 탁 일)		금제 호 (. . .)	금제 호 (. . .)	금제 호 (. . .)

2-1

※ 문서 좌측 상단의 바코드로 대한민국법원 앱에서 진위확인을 하실 수 있습니다. 또한 전자소송홈페이지 및 각 법원 민원실에 설치된 사건검색 컴퓨터의 발급문서(번호)조회 메뉴에서 문서 좌측 하단의 발급번호를 이용하여 위.변조 여부를 확인하실 수 있습니다.

2022-0229176844-C6C93

1 / 2

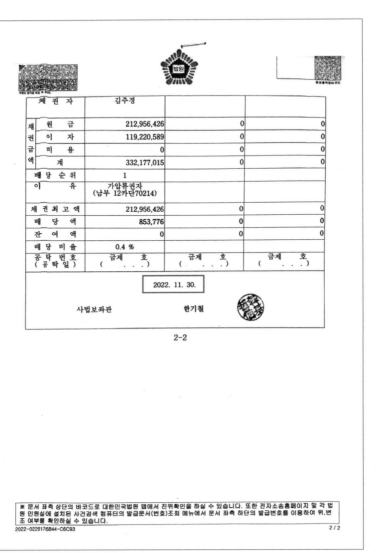

채 권 자	김주경		
채 원 금	212,956,426	0	0
권 이 자	119,220,589	0	0
금 비 용	0	0	0
액 계	332,177,015	0	0
배 당 순 위	1		
이 유	가압류권자 (남부 12카단70214)		
채 권 최 고 액	212,956,426	0	0
배 당 액	853,776	0	0
잔 여 액	0	0	0
배 당 비 율	0.4 %		
공 탁 번 호 (공 탁 일)	금제 호 (. . .)	금제 호 (. . .)	금제 호 (. . .)

2022. 11. 30.

사법보좌관   한기철

2-2

※ 문서 좌측 상단의 바코드로 대한민국법원 앱에서 진위확인을 하실 수 있습니다. 또한 전자소송홈페이지 및 각 법
원 민원실에 설치된 사건검색 컴퓨터의 발급문서(번호)조회 메뉴에서 문서 좌측 하단의 발급번호를 이용하여 위,변
조 여부를 확인하실 수 있습니다.
2022-0229176844-C6C93

2 / 2

* 잔금 미납으로 보증금이 배당금으로 사용된 사례

차순위매수신고는
꼭 해야 하나요?

먼저 '최고가매수신고인'을 알아야 합니다. 최고가매수신고인은 입찰가를 가장 높게 써서 낙찰받은 사람을 말합니다. 그리고, 차순위매수신고인(2등)은 두 번째로 높은 입찰가를 적은 사람입니다. 여기서, 최고가매수신고액에서 입찰보증금을 뺐을 때의 금액보다 높은 금액을 적어 제출하였다면 차순위매수신고의 자격이 주어집니다.

만약 2등이 차순위 기회를 포기한다면, 앞서 말한 조건에 해당하는 다른 입찰자가 손을 들고 차순위매수신고인 자격을 신청할 수 있습니다.(법대 앞에서 손을 들고 바로 신청해야 합니다.)

☞ 경우 1.

최고가매수신고액 – 입찰보증금 〈 차순위매수신고액 ➡ 차순위매수신고 자격

☞ 경우 2.

최고가매수신고액 – 차순위매수신고액 〈 입찰보증금 ➡ 차순위매수신고 자격

만약 본인이 차순위매수신고를 했다면 향후 낙찰의 기회가 본인에게 올 수도 있습니다. 최고가 매수인이 어떠한 사유로 인해 불허가되거나 잔금을 미납한다면 차순위매수신고인에게 낙찰을 허가합니다. 같은 물건을 다시 진행할 경우 많은 시간과 비용이 소요되기 때문에 생긴 제도입니다.

문득 이렇게만 보면 본인이 차순위(2등)일 경우 무조건 차순위매수신고를 하는 것이 좋겠다고 생각하는데요. 하지만 차순위매수신고를 했을 때 몇 가지 단점이 있습니다.

먼저 최고가매수인이 잔금을 모두 납부하기 전까지는 입찰 시 제출했던 보증금을 반환받을 수 없습니다. 감정가가 높은 금액의 물건일수록 높은 입찰가(감정가의 10%)를 내기 때문에 투자자의 입장에서는 다른 물건에 투자할 수 있는 자본이 한 달이나 묶이게 되는 셈입니다.

더불어 차순위매수신고인에게 낙찰이 허가되면 차순위매수인의 입찰가를 기준으로 잔금을 납부해야 합니다.

최고가매수인이 잔금을 미납해 차순위에게 낙찰이 넘어왔다면 하자나 시세 조사 등 물건에 대한 전반적인 재조사를 해보는 것이 좋습니다. 물론 최고가매수인의 자본 문제나 대출 등 개인적인 이유로 잔금을 미납했을 수도 있습니다.

그래서 결론적으로 차순위매수신고를 하는 게 좋은지, 아니면 그 시간에 그 입찰금액으로 다른 물건에 입찰하는 게 맞는지 빨리 결정해야 합니다. 차순위 신고할 기회의 시간이 오래 주어지지 않습니다. 낙찰 결정이 진행되기 전에 손을 번쩍 들고 본인의 의사를 표현해야 합니다. 가만히 있으면 차순위 기회를 놓칠 수도 있습니다.

공유자 우선 매수신고란?

상속이나 공동투자 등 세금 문제로 부부간에 부동산을 공동으로 소유하는 경우가 많습니다. 이렇게 공동으로 소유를 하게 되면 경매에서는 공유자의 우선 매수 자격이 주어집니다.

민사집행법 제140조 (공유자의 우선 매수)

1. 공유자는 매각기일까지 제113조에 따른 보증을 제공하고 최고매수신고가격과 같은 가격으로 채무자의 지분을 우선 매수하겠다는 신고를 할 수 있다.
2. 제1항의 경우에 법원은 최고가매수신고가 있더라도 그 공유자에게 매각을 허가하여야 한다.
3. 제1항의 규정에 따라 공유자가 우선 매수신고를 한 경우에는 최고가매수신고인을 제114조의 차순위매수신고인으로 본다.

민사집행법 제140조의 내용처럼 공유지분 경매의 경우 최고가를 써내더라도 공유자가 우선 매수를 할 수 있는 권한이 주어집니다. 이

때, 최고가를 써낸 사람은 차순위매수신고인으로 봅니다.

매수자는 유찰이 되어 낮은 가격에 사려고 하므로, 미리 신청하지 않고 당일 법원에 출석해 유찰 여부를 확인하고 입찰자가 있을 때만 우선 매수를 신청합니다. 공유 지분자가 우선 매수를 청구하기 위해서는, 매각기일에 집행관이 공유자 우선 매수 신청할 사람이 있는지 물었을 때 우선 매수를 하겠다고 신청하면 됩니다.

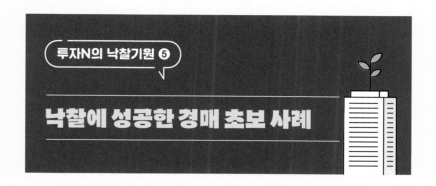

낙찰에 성공한 경매 초보 사례

성공 사례 1

경매 강의를 듣기 시작한 지 얼마 되지 않아 경기도 군포시에 위치한, 이제 막 리모델링 조합 설립을 준비하고 있는 대단지 아파트를 낙찰받았습니다. 낙찰받을 때만 해도 리모델링 호재에 대해서는 아파트 재건축에 비해 대중적인 관심이 뜨겁지 않았는데요. 투자N 님은 아파트 리모델링의 미래가치를 예측하고, 남들보다 앞서 좋은 물건을 선점할 기회를 알려주었어요.

강의 시간에도 늘 강조하지만, 지엽적인 입지 분석이 아닌 큰 그림을 보고 미래를 그릴 수 있는 시각을 만드는 것! 그 힘을 투자N 님의 열강에서 느낄 수 있었습니다. 또한, 낙찰이 경매의 끝이 아니라, 내 물건을 더 가치 있게 만드는 법에 대해서도 신세계를 경험했습니다.

리모델링을 앞둔 아파트가 최소한의 비용으로 어떻게 최대의 효과를 낼 수 있는지 직접 경험했습니다. 입찰부터 전세 세팅까지 한 사이클을 만드는 과정 하나하나가 마치 아티스트가 작품을 만들어 내는 과정과 같았습니다.

_ 40대 직장인 해피모닝

아파트 **경기 군포시** 감정가		**320,000,000**
	대지	160,000,000(50%)
		(평당 14,532,243)
	건물	160,000,000(50%)
최저가	100%	**320,000,000**
보증금	10%	**32,000,000**
현재상태		**매각**
	매각	
	(446,816,000원)	

▌리모델링 전 / 리모델링 후

성공 사례 2

직장인이자 소비자로 별다른 꿈과 비전 없이 살던 제 삶은 내 집 마련을 위해 시작한 투자N 선생님과의 경매 공부를 통해 완전히 바뀌었습니다. 내 집 마련은 물론 경제적 자유로 가기 위한 발판을 마련했을 뿐만 아니라 생산자로 사는 삶으로 제 인생이 완전히 변했기 때문입니다.

두렵고 무서워서 아무것도 시작하지 못하고 있던 저에게 멘토인 투자N 선생님의 수업과 코칭은 세상에 도전할 수 있는 힘을 주었습니다. 또한, 투자N 선생님 수업을 통해 소액 투자로 멋진 집을 소유할 수 있게 되었습니다.

_ 40대 워킹맘이자 투자자 꿈비

▌리모델링 전 / 리모델링 후

성공 사례 3

지난 상승장에, 투자N 님의 경매 수업을 듣고 서울 아파트를 높은 경쟁률을 뚫고 낙찰받았습니다. 날씨가 좋은 날에는 한강도 보이는 근사한 집인데요. 감사하게도 30여 명을 제치고 낙찰받았으며, 현재 정비 사업도 진행 중이라 계속 가치가 오를 예정입니다. 경매를 통해 낙찰받은 지 2년 만에 200% 수익률을 달성했습니다. (세금, 인테리어 비용 등 제반 비용 미포함)

_ 서울 거주하는 30대 마이리치

성공 사례 4

경매물건으로, 지하철 6호선 망원역의 역세권 안에 들어오는 빌라가 있었습니다. 망원동과 서교동은 신혼부부나 싱글, 강남으로 출퇴근하는 직장인, 그리고 여러 아티스트들이 꾸준히 살고 싶어 하는 동네입니다. 해당 빌라는 원룸이나 투룸에 비해 선호도가 더 높은 3룸이고 거실까지 구조가 잘 되어 있었습니다.

이런 빌라가 감정가 3억에 게시가 되었고, 그 지역 전세가를 조사해보니 감정가보다 더 높은 가격대로 형성된 것을 확인했습니다. 그래서 입찰에 참여했고, 3.8억 원에 낙찰받았습니다. 그리고, 지금은 전세 세입자를 4.3억 원에 세팅했습니다.

서울 마포구 서교동에서 계속 황금알을 낳아줄 빌라를 저렴한 가격에 매입한 것도 놀라운데, 오히려 5천만 원을 돌려받고 매입하게 된 셈입니다.

_ 30대 자영업자

6단계 | 경매 명도

꼭 알아야 할
질문

67

낙찰받았는데
매각허가결정이 안 되고 있어요

질문과 비슷한 사례를 살펴보겠습니다.

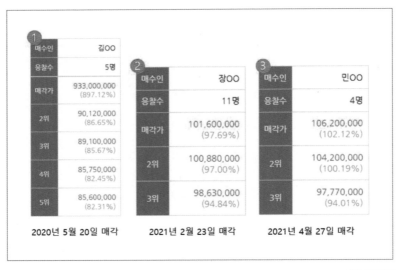

1 매수인	김OO
응찰수	5명
매각가	933,000,000 (897.12%)
2위	90,120,000 (86.65%)
3위	89,100,000 (85.67%)
4위	85,750,000 (82.45%)
5위	85,600,000 (82.31%)

2020년 5월 20일 매각

2 매수인	장OO
응찰수	11명
매각가	101,600,000 (97.69%)
2위	100,880,000 (97.00%)
3위	98,630,000 (94.84%)

2021년 2월 23일 매각

3 매수인	민OO
응찰수	4명
매각가	106,200,000 (102.12%)
2위	104,200,000 (100.19%)
3위	97,770,000 (94.01%)

2021년 4월 27일 매각

출처 : 지지옥션

이 물건은 재매각된 물건입니다. 지난번에 잔금 납부를 못 하고 다시 경매가 진행된 상황입니다. 이런 경우 별문제가 없다면 살짝 떨리는 마음으로 입찰을 하게 됩니다. 그리고 11명이 입찰해서 80만 원가량 차이로 짜릿한 낙찰을 받았습니다. 그러나 일주일 만에 해당 물건 경매 계장님의 전화가 옵니다.

보통 낙찰받고 법원에서 오는 전화는 희소식일 확률이 거의 없습니다. 채무자의 의견서가 제출되었고, 의견이 받아들여져 낙찰이 취소 처리되었다는 겁니다.

여기서 낙찰자는 고민하게 됩니다. 그렇게 힘들게 입찰을 하고 낙찰을 받은 건 그만큼 수익이 날 거라는 확신 때문이었는데요. 쉽게 포기가 안 됩니다.

낙찰자가 입찰보증금을 돌려받고 쉽게 물러날 상황은 아니었지만, 다른 물건의 입찰을 위해 에너지를 아끼는 쪽으로 선택했습니다.

약 2개월 후, 다시 경매가 진행되었고 4명의 입찰에서 비슷한 금

출처 : 탱크옥션

2021.01.12	채권자 대○○○○○○○ 열람및복사신청 제출	
2021.01.14	채권자 대○○○○○○○ 경매속행 신청서 제출	
2021.03.02	채무자겸소유자 최○○ 매각불허가신청서 제출	
2021.03.03	채무자겸소유자 최○○ 새매각기일에 관한 의견서 제출	
2021.03.09	채권자 대○○○○○○○ 열람및복사신청 제출	
2021.03.11	최고가매수신고인 법원보관금환급신청서 제출	
2021.03.11	최고가매수신고인 법원보관금계좌입금신청서 제출	
2021.05.04	채무자겸소유자 최○○ 매각허가에 대한 이의신청서 제출	
2021.05.04	채무자겸소유자 최○○ 열람및복사신청 제출	
2021.05.06	채무자겸소유자 최○○ 열람및복사신청 제출	
2021.05.11	채무자겸소유자 최○○ 매각허가결정에 대한 이의신청서 제출	
2021.06.08	채무자겸소유자 최○○ 즉시항고장 제출	
2021.06.16	채무자겸소유자 최○○ 의견요청서 제출	
2021.06.17	채무자겸소유자 최○○ 의견요청서 제출	
2021.06.24	최고가매수신고인 매각대금완납증명	

액으로 낙찰이 진행되었습니다. 채무자가 끝까지 집을 지켰는지는 아직 조사 전입니다.

이런 사례에 관심이 있다면, 그 물건의 다음 진행상황도 주시하고 복기하는 습관을 기르는 것도 좋습니다. 내가 낙찰받은 것보다 더 좋은 수익을 끌어냈는지도 확인해보세요.

경매 진행 중인데
취소될 수도 있나요?

경매 신청을 한 후, 취하(신청했던 일을 취소하는 것)를 할 수 있는 시기는 두 가지로 구분됩니다. 매수신고(잔금 납부) 있기 전과 매수신고(잔금 납부)가 있고 난 후입니다.

경매를 신청하여 진행할 때, 매각기일에 매수신고가 있기 전에는 경매신청인이 임의로 경매신청을 취하할 수 있습니다. 경매신청인 외에 다른 채권자의 동의는 필요 없습니다. 단순히 경매신청인의 자격을 갖고 있으면 취소가 가능한 일입니다.

취하는 집행 법원에 대해 진행되어야 합니다.

매각기일의 실시를 위해서 집행관에게 집행기록이 전달된 후 취하가 있으면, 법원이 즉시 집행관에게 알려 매각절차를 중지시켜야 합니다.

하지만 연락 없이 그대로 매각이 시행되어 최고가매수신고인이 정해졌다면, 법원사무관 등이 최고가매수신고인에게 경매신청의 취하를 알려야 합니다.

다만, 이 경우 취하의 시기나 효력이 다투어질 경우를 대비하여 관계인에 대해 절차 관계를 명확히 하기 위해 집행 진행을 계속할 수 없을 때 해당하는 상황으로 매각불허가결정이 이루어집니다.

만약, 매수신고가 있고 난 후 경매신청을 취하할 때는 최고가매수신고인과 차순위매수신고인에게 동의를 받아야 합니다. 최고가매수신고인과 차순위매수신고인은 매각기일 절차에서 이름이 불린 사람이며, 매수인 매각허가결정이 확정된 사람입니다.

낙찰자가 취하동의를 해주지 않았을 경우에는 임의경매와 강제경매를 각각 분리하여 취하시킬 수 있습니다. 임의경매는 경매의 원인이 된 근저당권이나 경매원인이 된 채무를 변제하고, 그 등기를 말소한 다음 말소된 등기사항전부증명서를 첨부하여 해당 집행법원에 경매를 취소시킬 수 있습니다.

경매란 낙찰도 어렵지만 낙찰받은 후 잔금을 납부하는 날까지 내 부동산이라고 마냥 안심할 수 없습니다. 잔금을 무사히 낼 수 있는 행운을 빕니다.

낙찰받은 후 점유자에게 언제 연락해야 하나요?

경매는 낙찰을 받았다고 해서 끝난 게 아닙니다. 낙찰 후 진행하는 명도와 수익 세팅도 중요한 부분이죠. 명도를 하기 위해서는 점유자와 연락해야 하는데 언제 하는 것이 좋을까요? 많은 사람이 명도란 살고 있는 사람을 내쫓는 것이라고 생각합니다.

하지만 우리는 대화를 통해 서로 이사 갈 날짜와 방법을 협의하는 것으로 생각하고 시작해야 합니다. 어쩔 수 없는 상황이 되어 대화가 통하지 않을 때는 강제집행을 해야 하지만요.

낙찰 후 서류 열람을 하러 갑니다. 경매법정에서 경매계까지 서류가 전달되는 시간이 있으므로 방문하기 전에 서류가 올라왔는지 확인하고 방문하면 두 번 가는 일을 방지할 수 있습니다.

우리가 보는 서류 열람은 '민사집행사건기록'이라는 서류입니다. 서류 표지에는 사건번호 사건명 채권자 채무자 소유자의 정보가 있

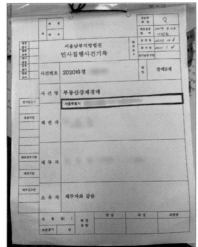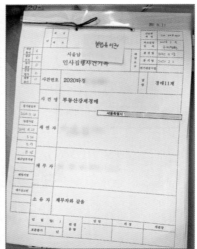

으며, 개시 결정, 현황조사, 배당요구종기 등의 일자가 적혀 있습니다. 이 서류는 편철이 되어 보관되는데, 편철 안에는 해당 경매사건에 관한 서류가 시간 순서별로 정리되어 있습니다.

이것을 보러 가는 걸 '서류 열람하러 간다'라고 말합니다. 서류 열람의 원초적인 목적은 사건에 대해 문제가 없는지 확인하는 과정과 함께 해당 경매물건 이해와 사건을 복기하기 위함입니다. 요즘은 점유자의 연락처를 알기 위해 사용되고 있습니다.

점유자와 연락하는 시기는 크게 세 가지로 나눌 수 있습니다. 낙찰 당일 바로 방문하는 경우, 잔금을 내고 방문하는 경우, 잔금 내기 전에 방문하는 경우입니다.

각각의 상황별로 어떤 장단점이 있는지 알려드리겠습니다.

1. 낙찰 당일 바로 방문하는 경우

낙찰받은 날 경매 물건지를 방문하면 점유자를 못 만날 가능성이 큽니다. 만약 집 안에 사람이 있다 해도 "낙찰자입니다"라고 했을 때 "연락도 안 하고 오면 어떻게 하냐, 낙찰자면 다냐"라고 하는 경우도 있습니다. 좋은 마음을 얻기보다는 부정적인 상황을 만들 가능성이 크죠. 우리가 어디를 방문할 때 예약을 하거나 약속시간을 정하는 것처럼 점유자와도 시간과 날짜를 정해 방문하는 게 좋습니다.

또한, 물건지에 갔을 때 부재 시 메모를 남기고 오는 분들이 많습니다. 메모를 남기고 올 때는 종이에 적힌 글씨가(예 낙찰자입니다. ○○○-○○○○-○○○○ 연락주세요.) 안 보이도록 접어서 붙여두는 걸 추천합니다. 잘못하면 명예훼손죄에 걸릴 수도 있습니다.

2. 잔금을 내고 방문하는 경우

잔금 납부 후 방문 예정이라면, 잔금을 납부할 때 '인도명령'과 '점유이전 금지가처분' 신청을 하는 것이 좋습니다. 만약의 상황을 대비하는 것인데요. 내가 생각했던 것과 다르게 명도가 수월하게 진행되지 못할 경우에 시간 낭비를 줄일 수 있습니다.

'인도명령'이란 낙찰자가 소유권을 취득하면 해당 부동산에서 퇴거를 거부한 점유자 등을 상대로 법원에 인도명령을 신청할 수 있고, 법원이 이를 심사해 집행관이 해당 점유자를 퇴거시킬 수 있도록 하는 법원의 명령입니다.

쉽게 말하면 명도를 하기 위해 대화를 시도하고 방법을 제시했지만, 점유자가 나는 이사 못 간다고 하거나 대화를 거부할 시 법원의 명령으로 점유자를 내보낼 수 있는 방법입니다. 명도 과정에서 점유자한테 법원이 인도명령 결정문을 보내면 '이제는 진짜 나가야겠구나'라고 생각해서 명도가 쉬워지는 경우도 있습니다.

또한, '인도명령'과 함께 신청한 '점유이전 금지가처분'은 부동산에 대한 인도, 명도청구권을 보존하기 위한 가처분입니다. 명도 소송 과정 중에 위장 전입을 하거나 매입을 하여 재산을 처분하는 경우가 있습니다. 이를 막기 위한 과정입니다. 제3자가 나타나 명도를 다시 하거나 인도명령 신청을 또 해야 할 수 있습니다. 이런 행위를 막기 위해 필요한 제도입니다.

여기서 중요한 포인트는 인도명령의 경우 잔금 납부부터 6개월간 신청할 수 있습니다. 6개월이 지난 후에는 더 어려운 명도소송을 할 수도 있으니, 꼭 6개월 안에 신청하거나 잔금 납부와 동시에 신청하는 걸 추천합니다.

잔금 납부를 하면서 점유자와 접촉을 하면 장점도 있는 만큼 단점도 있습니다. 단점으로는 잔금 납부 기간까지 시간이 한 달가량 낭비될 수 있습니다.

어떤 점유자는 잔금 납부 이전에 이사를 나가고 싶어서 낙찰자를 기다리는 경우도 있습니다. "빨리 이사 나갈 테니 대신에 이사비를 주십시오"라고 당당히 요구합니다. 이때는 시간을 절약하고 비용을 지급한다는 전제하에 득실을 따져봅니다.

구분	인도명령	명도소송
신청시기	매각대금 납부 후 6개월 이내(6개월 이후에는 명도소송 또는 인도소송)	매각 잔금 납부 후 기간은 따로 없음
신청대상	소유자, 채무자, 불법점유자	세입자, 무상점유자
신청방법	인도명령 신청서 작성(경매계)	법원에 소장 접수
집행과정	예고집행 본집행	명도소송 판결문 정본으로 집행문 부여 후(강제집행신청) 강제집행 진행
처리기간	신청 후 대략 2~3주 후	소 제기 후 대략 6개월
필수서류	송달확정증명원	집행력 있는 정본, 부동산점유 이전 임시처분
집행비용	인지대, 송달료, 수수료 및 공식 경비	인지대 송달료 소송경비 + 비공식 경비 고려

3. 잔금 내기 전에 방문하는 경우

잔금을 내기 전에 방문하는 경우도 있습니다. 하지만 방문은 연락을 미리 하고 점유자가 허락한다는 전제하에 해야 합니다. 방문하는 이유는 잔금을 언제 내면 좋을지, 점유자와의 이사 날짜를 맞춰주기 위한 협의 목적으로 가는 것입니다.

언제 방문을 해야 할지는 크게 세 번 고민합니다. 처음에는 입찰 전에 권리분석 단계에서 어떤 사람이 점유하고 있고 어느 정도의 명도 난이도인지 예측하면서 방문 시기를 생각해봅니다.

두 번째는 서류를 열람하면서 고민합니다. 서류 열람을 할 때 점유자의 연락처를 얻을 수 있습니다. 얻은 정보로 연락을 해보면 됩니다.

마지막으로는 연락을 취했을 때입니다. 처음 연락을 주고받을 때 상대방이 호의적으로 방문해도 된다는 말을 하면 약속을 잡고 방문합니다. 하지만 거부하는 분들도 있습니다. 이럴 때는 억지로 방문하지 않습니다.

잔금을 납부하고 이제 진정한 소유자가 되었습니다.
당당히 명도의 테이블에 앉을 수 있는 자격이 생긴 겁니다.
파이팅! 응원하겠습니다.

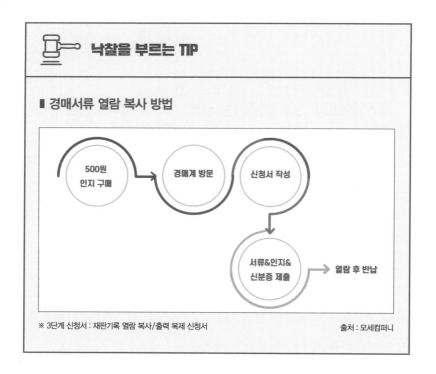

■ 경매서류 열람 복사 방법

500원 인지 구매 → 경매계 방문 → 신청서 작성 → 서류&인지& 신분증 제출 → 열람 후 반납

※ 3단계 신청서 : 재판기록 열람 복사/출력 복제 신청서

출처 : 모세컴퍼니

낙찰 후 서류를 열람할 때
무엇을 체크해야 할까요?

낙찰자는 낙찰 후 해당 물건의 기록과 정보가 담긴 서류를 열람할 권한을 갖습니다. 이제 이 사건의 이해관계인 자격이 된 것입니다. 낙찰 당일은 어안이 벙벙하고, 기쁘고, 여러 가지 감정이 교차하는 것을 맘껏 즐기세요.

그러고 나서, 서류 열람이 언제부터 가능한지 담당 계장님과 상의 후 경매계 민원실에 방문하면 됩니다. 낙찰 당일에는 서류 열람을 받아주지 않을 수 있으니 미리 확인해보거나 안전하게 2~3일 후에 방문하는 것이 좋습니다.

낙찰 법원이 당일 왕복이 어려운 먼 곳의 법정이라면, 현재 상황을 설명하고 낙찰 당일 바로 열람 신청을 해서 열람하고 오는 것을 추천해 드립니다. 시간과 비용을 절약할 수 있습니다. (법원마다 다를 수 있으니 담당 계장님과 미리 확인해야 합니다.)

다시 일반적인 서류 열람 설명으로 돌아가서, 법원에 도착하면 주로 1층에 있는 은행으로 먼저 갑니다. 서류 열람 전 법원에 있는 은행에 들러 500원(현금만 가능)으로 수입인지(흰 종이 A4용지)를 삽니다. 그리고, 경매계로 가서 [재판기록 열람 신청서]를 작성해 신분증과 함께 제출합니다. 그러면 종이에 도장을 찍어주면서 해당 경매계로 가라는 안내를 받게 됩니다.

해당 경매계로 가서 신분증을 제출하면 해당 물건의 서류 뭉치를 건네줍니다. 전반적으로 물건이 어떤 스토리를 가졌고, 어떻게 경매로 나오게 되었는지 등의 흐름을 아는 데 도움이 됩니다. 낙찰 후 다음 관심사는 명도이기 때문에, 명도를 하기 위한 정보, 즉 명도 대상자의 전화번호와 같은 기록을 찾는 데 중점을 둡니다.

출처 : 모세컴퍼니

서류 열람을 일주일 안에 하는 이유는 입찰 전에 알지 못했던 심각한 문제점을 검토하기 위해서입니다. 일주일 후 매각허가가 판사님의 결정에 따라 나면 나중에 알게 되는 심각한 문제가 있어도 대응할 방법이 없고, 보증금을 손해 보는 일도 생깁니다. 돌다리를 두드리는 심정으로 보길 바랍니다.

꼭 알아야 할
질문

71

명도할 때
하지 말아야 할 것이 있나요?

명도는 점유자와 낙찰자가 협의하여 해당 부동산을 넘겨받는 행위입니다. 살고 있던 점유자가 이사를 나가야 하는 상황이거나 미리 이사를 나간 상황일 겁니다. 그중 협상이라고 할 수 있는 것은 이사를 나가야 하는 상황일 겁니다. 점유자의 상황으로는 소유자 점유, 임차인 점유, 유치권자 점유, 점유자 미상 등이 있습니다.

이 책은 경매와 막 친해지고 있거나 경매 초보 대상이므로, 기본적인 것만 이야기하겠습니다. 유치권자 점유처럼 법적 다툼이 오래 지속하는 것은('유치권을 깬다'라는 표현을 씀) 경매 고수님들의 영역으로 놔두고, 우리는 쉽고 재미있게 경매와 놀면서 할 수 있는 영역까지만 하겠습니다.

소유자 점유에서는 하지 말아야 할 것이 있습니다. 경매가 점유자와 이해관계가 있는 상황이나 사람에 의해 진행된 만큼 심적으로 아주 힘들 거라는 전제하에 우리의 욕심을 다하는 것을 피합니다.

예를 들면, 다음과 같은 경우입니다.

- 현장 임장 중 세대 벨을 누르고 인터뷰를 시도한다.
- 경매물건의 안을 확인하기 위해 시도한다.
- 주변 이웃에게 경매 진행상황을 말해서 개인의 사생활을 침해한다.
- 낙찰받고 잔금도 내기 전에 낙찰받은 당일 해당 점유자에게 방문해서 당황하게 한다.
- 거주하고 있는 미성년자에게 안 좋은 기억을 심어준다.

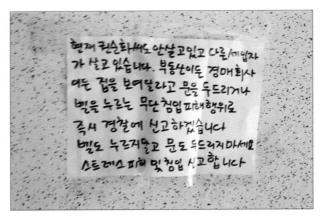

출처 : 모세컴퍼니

경매 초보가 꼭 알아야 할 질문 TOP 88

조금만 입장을 바꿔 생각하면 가능한 일입니다. 내 소중한 재산을 지키는 것도 당연히 중요하지만, 상대방의 입장도 생각해주는 경매인이 되길 바랍니다. 다만, 악의적인 목적으로 대응하는 점유자는 법의 테두리 안에서 명도할 수 있는 방법이 있습니다.

또한, 낙찰자가 법률용어, 관련 조항 등 판례를 내세워 명도하는 것은 역효과를 낳을 수 있습니다. 일방적인 요구를 조율할 때 압박만 가하는 용도로 사용하는 것이 좋습니다.

한편, 얼굴을 마주보고 하는 대면 명도와 문자나 문서로 하는 명도는 각각 다른 대화의 기술로 진행합니다.

 **낙찰을 부르는 TIP**

명도하는 요령

1. 명도를 잘하는 방법은, 시간과 비용을 효율적으로 계산해 진행하는 것입니다.
2. 돈과 시간 중 중요도를 체크합니다.
3. 잔금 납부와 동시에 인도명령을 신청합니다.
4. 빈집 명도도 법적인 절차를 밟아야 합니다.
5. 집행관의 강제집행 예고장을 활용합니다.
    (즉, 계고 과정. 강제집행 한다는 내용을 문서로 알리는 일)
6. 이사하는 날에 동시 이행으로 명도확인서와 인감증명서를 줍니다.
    (단, 협의가 가능할 때는 미리 주는 경우도 예외적으로 있습니다.)

명도 난이도도
예측이 되나요?

　보통 사람들은 낙찰 후 대금 지급기한 통지서가 나왔을 때 경매 물건지를 방문합니다. 그때 방문하면 경매 난이도를 판단할 수 있다고 생각합니다. 경매는 일반 부동산 매매와 다르게 사전방문이 안 되기 때문입니다. 그러나 저는 낙찰 전에 명도 난이도를 미리 정하고 낙찰을 받습니다.

　명도의 난이도는 소유자와 임차인으로 먼저 나뉘게 됩니다. 소유자 입장에서 보면 집에서 살고 있다가 경제적 어려움으로 인해 경매로 집이 넘어간 상황입니다. 그렇다면 경제적 타격을 받은 사람이기 때문에 임차인보다는 대화로 명도 협의를 하는 데 난이도가 올라갑니다.

　하지만 점유자가 임차인인 경우는 단순히 남의 집을 빌려 거주하고 있던 사람입니다. 그러므로 임차인이 보증금을 배당받기 위해서는 명도확인서가 필요합니다. 명도확인서는 최고가 매수신고인인 낙찰

명도가 쉬운 경우	– 임차보증금 전액 배당이 가능한 세입자가 점유했을 때 – 경매 진행 중 월세 납부를 중단해 피해가 적은 세입자가 점유했을 때 (보증금이 소액이 아니라는 전제하에)
명도방법	– 명도 당일 임차인에게 명도확인서와 인감증명서를 전달

명도가 힘든 경우	– 임차보증금을 전액 배당받지 못한 세입자가 점유했을 때 – 채무가 과다한 소유자가 점유했을 때
명도방법	– 낙찰대금 납부와 동시에 점유자 상대 인도명령 신청 ➜ 빠른 강제집행 가능 – 이사비용 지급을 명목으로 점유자와 협상 가능

자가 주는 것이기 때문에 소유자 명도보다는 원만하게 협의할 수 있습니다. 명도를 할 때 이사비는 꼭 줘야 하는 것이 아니지만 상황에 따라 줘야 하는 상황이라면 줄 수도 있습니다.

최악의 상황에 소유자는 "너 알아서 해라. 배 째라"고 말할 가능성도 있습니다. 경매 관련 우편물을 잘 받지 않고 피할 때도 명도에 어려움이 있습니다. 이럴 땐 강제집행을 해야 합니다. 또, 등기부 등본을 봤을 때 사채와 세금압류, 건강보험 등이 밀려 있다면 경제상황이 매우 안 좋은 상황입니다. 이 경우에도 강제집행까지 생각해야 합니다.

한 가지 사례를 살펴볼까요?

물건지에 방문해서 소유자와 대화를 나누었는데, 기간을 조금만 주면 나간다고 합니다. 그래서 명도협의서를 작성하고, 이사를 나갈 수 있는 시간적 여유를 주며 배려해줍니다. 하지만 약속된 날짜에 나

가지 않습니다. 이럴 땐 어떻게 해야 할까요?

정답은 강제집행밖에 없습니다. 소유자 말만 듣고 강제집행을 신청하지 않았다면 기간은 더 오래 걸리게 됩니다. 그래서 우리는 항상 명도 시작 과정에서 신청 절차를 진행하면서 명도와 함께 진행하는 것이 좋습니다(잔금 납부 시 인도명령 신청).

대부분의 점유자는 이사날짜만 서로 조율이 잘 된다면 집을 비우고 청소까지 완료하며 이사를 나갑니다.

명도에서 가장 어려운 난이도는 노약자, 환자, 장애인이 있는 집입니다. 한국인의 정이 무엇인지 이럴 때는 정말 어렵습니다. 그리고 점집이나 종교인들의 집도 어렵습니다. 가정집에서 점을 봐주던 집이 간혹 경매에 나옵니다. 이런 집들은 집 안에 불상이 가득 차 있는데, 불상은 가격 측정이 어려운 개인 재산으로 측정됩니다. 그래서 강제집행을 할 때도 집행하는 분들이 꺼리는 곳입니다.

빈집도 명도를 해야 합니다. 손품, 발품 과정에서 빈집인 것을 알수도 있고 낙찰 후 빈집인 것을 알게 되는 경우도 있습니다. 빈집이라는 이유로 무작정 문을 열면 안 되고, 사람은 없고 짐이 있는 경우에도 함부로 짐을 옮겨서는 안 됩니다. 빈집도 법률적인 절차에 맞춰 강제집행을 신청하고 집행해야 합니다.

만약 소유자가 '빈집이니 문을 열고 들어가도 된다'라고 확답을 했을 때는 바로 문을 열어도 될까요?

대면이 가능하면 소유자 확인 후 개문 확인 서명을 받고, 대면할 수 없는 상황이라면 소유자에게서 직접 빈집이라는 확인문자나 통화 기록을 남기고 문을 열어야 합니다.

소유자 명도를 하다 보면 임대차 계약을 하고 싶어 하는 분들이 있습니다. 임대차 계약의 여부는 본인 선택이지만 장단점이 있습니다. 우선 소유자는 금전적인 문제로 집이 경매에 넘어왔다는 것을 기억하고 결정해야 합니다. 임대차 계약을 원할 때 보증금을 빌려와서 임대차 계약을 할 수 있다고 합니다. 정말 돈을 빌려와서 임대차 계약을 한다면, 낙찰자 입장에선 명도 시간과 비용이 줄어드는 장점이 있습니다. 하지만 전세 계약이 아닌 월세 계약이라면 월세가 밀릴 가능성이 있습니다. 이런 위험 때문에 임대차 계약을 거절하는 경우도 있습니다.

또한, 전 소유자와 임대차 계약을 한다면 전입일이 빠른 상황이기 때문에 잔금대출이 안 될 수 있습니다. 잔금 납부를 대출로 실행할 때 전입세대 열람을 은행에서 확인합니다. 그러면 전 소유자가 전입세대 열람에 등재되어 있으니 전출을 했다가, 임대차 계약 날짜에 맞춰 전입해야 합니다.

돈을 빌려주는 은행 입장에서는 일순위에 있어야 하므로, 전 소유자가 은행보다 앞서 있는 건 승인하지 않습니다. 이때는 임대차 계약시 전출 후 전입하는 것으로 조건을 걸어 계약하면 됩니다.

전 소유주가 아닌 임차인이 재계약을 원한다면 시세에 맞춰 재계약을 하면 됩니다. 대부분 임차인은 지긋지긋한 경매 과정을 겪은 집이기 때문에 미련 없이 이사를 나갑니다. 재계약을 원하는 임차인은 극히 저렴한 임대료를 그 조건 그대로 계약하기를 원하는 정도뿐입니다. 그러나 낙찰받은 낙찰자는 수익을 위해서 시세보다 낮은 금액의 임대차 계약을 원하지 않을 겁니다.

명도 난이도를 낮추기 위해 점유자와 계약하는 방법과 명도과정을 거치고 다른 수익을 예상해보는 건 낙찰자의 선택입니다.

낙찰받은 집의 점유자가 이사를 안 가요

명도를 해야 하는데, 점유자가 이사를 거부하거나 연락을 피할 때는 강제집행을 해야 합니다.

만약 점유자가 임차인이라면 배당을 받아야 하므로 날짜 협의 후 이사 갈 가능성이 높습니다. 하지만 점유자가 소유자라면 연락을 피하거나, 이사를 거부할 수도 있습니다.

그래서 점유자가 소유자인 명도를 시작할 때는 인도명령, 점유이전 금지가처분 신청을 함께 하고 진행을 시작해야 합니다. 가처분 집행도 강제집행처럼 해당 부동산에 방문해 집행합니다.

집행날짜에 맞춰 집행관과 열쇠기사도 현장으로 옵니다. 집행관이 현장에 와서 해당 물건의 초인종을 누른 후 사람이 없다면(안 열어주는 경우) 열쇠기사가 문을 열게 됩니다.

점유자가 없다면 점유자와 부동산 정보 확인 후 벽에 고시를 붙입니다. 만약 사람이 있는 경우라면 집행 이유 설명 후 벽에 고시하고 집행은 종료됩니다.

가처분집행은 강제집행처럼 짐을 빼는 게 아니고 강제집행 전 집을 비워야 한다는 내용을 설명하는 단계여서 강제집행에 비해 빨리 끝납니다. 가처분집행을 진행했어도 명도가 안 될 때는 강제집행으로 단계가 넘어갑니다.

▮ 발령법원이 집행하는 경우

구분	집행 방법	세부 사항
부동산처분금지가처분	등기 촉탁	법원사무관 등은 가처분 결정을 한 후 채권자에게 결정 정본을 송달하면서 부동산 소재지 관할 등기소에 가처분 사실을 기입하라는 등기촉탁서를 함께 송달함으로써 등기소공무원에 의하여 등기부 기입(「민사집행법」 제293조제2항 및 제3항)
자동차·건설기계·소형선박에 대한 처분금지가처분	등록 촉탁	법원사무관 등이 해당 행정관청에 가처분의 기입등록 촉탁(「민사집행규칙」 제215조, 제210조제1항 및 제211조)
채권에 대한 가처분 (채권추심 및 처분금지가처분)	결정문 송달	채권에 대한 추심 및 처분을 금지하는 명령이 기재된 가처분 재판정본을 별도의 집행신청 없이 가처분 발령과 함께 제3채무자에게 송달함으로써 집행
인도(명도)단행가처분	부동산 명도·인도청구권의 강제집행방법	채권자는 법원으로부터 인도명령 및 추심명령을 받아 집행(「민사집행법」 제301조, 제291조 및 제244조).
금전지급가처분	금전채권의 강제집행방법	채무자가 금전지급가처분명령서를 송달받고도 임의지급을 하지 않으면 가처분 재판을 집행권원으로 하여 2주의 집행기간 내에 금전채권의 강제집행방법에 의하여 집행
이사직무집행정지가처분	등기 촉탁	법원사무관 등이 법인의 주사무소 및 분사무소 또는 본점 및 지점이 있는 곳의 등기소에 등기 촉탁(「민사집행법」 제306조)

출처 : 찾기 쉬운 생활 법령 정보

계약기간이 조금 남은 임차인이 안 나갈 경우

임차인은 배당받는 날과 동시에 이사를 하는 게 일반적이긴 하나, 임차인이 본인의 계약기간이 배당일과 별 차이가 없어(대략 2~3개월) 그 기간까지 살겠다고 우긴다면 참 난감합니다.

임차인 입장에서는 '경매 과정에서 아주 힘들었는데 그 정도도 이해 못 하냐'며 낙찰자를 이해심 없는 가해자로 만드는 경우입니다. 그러나 낙찰자는 반대로 말하면, 본인의 소중한 보증금을 찾을 수 있게 도와준 은인입니다. 절대 낙찰자에게 이런 불이익을 요구할 이유가 없습니다.

좋은 게 좋다고 그 정도의 피해를 감수할 낙찰자라면 이해하고 넘어가면 됩니다.

하지만, 저라면 본인의 이득을 취하기 위해 남의 손해를 아무렇지 않게 얘기하는 임차인에게 알아듣게 설명하겠습니다. 짧은 기간이지만 낙찰자에게 당신은 손해를 끼치는 행동을 하는 것이고, 그에 해당하는 임차료로 손해액을 보상하거나, 날짜에 맞게 이사를 해야 명도에 필요한 서류를 차질 없이 받을 수 있다는 점을 단호하게 설명하고 인지시킵니다.

그리고 임차인이 스스로 다음 진행을 결정하게 합니다.

점유자가 인도명령서를 안 받는 경우

점유자가 우편물을 받지 않아서 반송되어 오는 경우가 있습니다. 이럴 때는 법적으로 야간 송달과 공시 송달을 해야 합니다. 물론 비용도 추가로 발생하고 일정에도 차질이 생기는 악재이지만, 조금만 관점을 달리 해서 '이런 경험도 수업료 없이 해보니 좋은 기회구나!'라고 접근하는 게 정신건강에 좋습니다.

공시 송달이란 상대방의 주소 또는 근무장소를 알 수 없을 때 상대방에게 일반적인 방법으로 서류를 전달할 수 없는 경우에 당사자의 신청 또는 법원의 직권으로 행하는 것입니다. 법원사무관 등이 송달할 서류를 보관하고 그 사유를 법원에 게시, 또는 관보·공보·신문에 게시, 전자통신매체를 이용해 공시하는 방법으로 상대방이 언제라도 송달받을 수 있게 하는 송달 방법입니다.

부동산 경매에서 취득한 부동산에 불법으로 점유하고 있는 사람을 내보내기 위해 인도명령을 신청합니다. 그러면 법원은 점유자에게 인도명령 결정문을 보내게 됩니다. 그런데 이를 점유자가 고의로 회피하면 송달불능이 되어 강제집행을 할 수 없게 됩니다.

하지만 공시 송달을 이용하면 강제집행을 할 수 있는 여건이 생깁니다(공시 송달 기간 15일이 추가됨).

(부록 1에서 '집행관 송달신청서' 참고)

소심한 성격이에요.
명도를 문자로만 해도 되나요?

명도를 어떻게 할지 고민이시군요. 명도에는 여러 가지 방법이 있습니다. 하지만 명도를 문자로 전달할지, 직접 만나서 처리할지, 내용증명을 보낼지 등 방법은 낙찰자가 정하는 것이 아닙니다. 낙찰자의 성격에 따라 방법이 정해지는 것이 아니라, 명도를 진행할 낙찰물건의 특성에 맞게 진행되어야 합니다.

1. 문자로 해도 되는 명도

명도를 문자로 하는 게 좋을지, 아니면 직접 만나서 할지에 대한 선택은 낙찰자가 유리한 쪽으로 진행할 수 있습니다.

첫 번째는 대면했을 때 낙찰자의 약점이 드러나는 경우입니다. 너무 초보인 게 티 나서 덜덜 떠는 사람이거나 너무 약해 보이는 사람의 경우 문자를 선택하는 게 좋습니다.

두 번째는 대리인, 제3자인 척 연기해야 할 때입니다. 이는 임장 시에 주변 탐문과 임장을 할 때 결정됩니다. 명도 결정은 임장과 서류 열람 시 결정하면 됩니다. 서류 열람할 때 연락처를 구했다면 문자로 진행합니다. 경험과 이론상 추천하는 문자 명도방법은 이와 같습니다.

하지만, 최근 재미있는 뉴스가 있어서 소개하겠습니다. 대부분의 사람이 코로나로 인해 대면하는 방식을 불편해한다는 연구결과가 있다고 합니다. 자신이 MZ 세대가 아니더라도, 콜포비아(전화 공포증)가 아니더라도 상대방이 전화소통이나 대면 접촉을 불편해할 수 있다는 것으로, 명도 진행에도 적용되는 상황입니다.

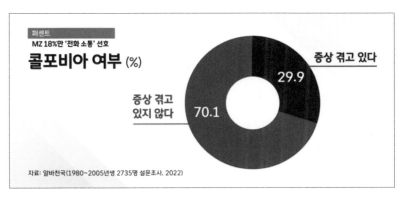

출처 : jtbc 뉴스

모르는 번호는 받지 않는 사람이 40%나 되고, 이메일 또는 문자 소통을 원하는 사람이 30%나 된다고 합니다. 미리 대본을 작성해 문자로 소통한다면 더 효율적인 소통방법이 될 수 있습니다. 코로나로 일반인들조차 많은 우울감에 시달린다고 합니다. 경매 과정에서 극도의 스트레스를 받은 점유자의 입장을 더 고려한 명도방법을 고심해야 할 시기입니다.

2. 꼭 방문을 해야 하는 명도

서류 열람 시 전화번호를 알 수 없는 점유자 또는 명도물건에 거주 여부가 불분명한 상태일 때는 여러 번 방문하여 점유자와 간단한 접촉을 통해서라도 연락처를 받아야 합니다. 전화번호를 얻을 수 있을 때까지 간단한 접촉을 한다는 마음으로 방문하면 됩니다.

지금까지 우리가 해온 경매공부법이라면 낙찰자는 이미 입찰 전 임장에서 명도계획이 머릿속에 있어야 합니다. 임장에서 집에 불이 언제 켜지는지 언제 꺼지는지까지 알고 진행하는 방법을 추천합니다. 하지만, 점유자에게 피해를 주는 방식까지 나아가면 안 됩니다. 그것은 스토킹 범죄이므로 주의합니다. 점유자가 눈치채지 못하게 관찰한 후 집에 점유자가 있다는 것을 인지하고 세대 초인종을 누르면 됩니다. 필요하다면 두 손에는 음료수라도 들고, 연락처를 알 수 없어서 실례를 무릅쓰고 방문했다고 정중히 인사드려야 합니다.

사람이 없는 것 같아요. 문을 열어도 될까요?

낙찰받은 집의 공실 여부를 판단하는 방법은 여러 가지가 있습니다. 아파트라면 관리사무소에 물어보면 알 수 있고, 관리비나 요금 내역으로도 알 수 있습니다.

이 방법은 살짝 오류가 날 수 있습니다. 관리사무소에서는 개인정보 유출 문제 때문에 정확한 내용을 알려주지 않거든요. 심증까지는 접근할 수 있지만, 확증은 없습니다.

관리비 내역에서도 집에는 다녀가나, 일상적인 생활을 해당 물건지에서 안 하고 장기간 체납시키는 점유자도 있습니다. 관리비 미납으로 추측은 어렵습니다.

다만, 관리실에서 장기 체납 관리비의 공용관리비 부분을 낙찰자에게 징수하기 위해 협조적이라는 점을 활용할 수 있습니다. 장기간 공실이더라도 임의로 그 세대의 개별현관을 열고 들어가면 안 되는

데요. 법적인 절차를 통해 개문할 때는 관리실 근무자를 증인으로 대동할 수 있습니다. (가장 좋은 경우는 전출신고를 하고 이사를 가버린 경우입니다.)

점유자가 살고 있지 않은 빈집이라는 판단하에 무턱대고 문을 따고 들어가는 것은 주거침입죄가 적용될 수 있습니다. 집 내부가 공실이라는 것이 확실하다면, 최소 2명의 증인과 함께 가서 문을 따는 모습부터 실내 내부 모습을 사진 및 동영상으로 찍어 증거로 남겨 놓아야 합니다.

만에 하나 소유자가 나타나 집에 귀중품이 있었거나 본인의 물건에 해가 갔다고 주장할 경우를 대비해 증거를 마련하는 것이 좋습니다. 가장 정석적인 방법은 인도명령을 신청한 후 강제집행을 하는 것입니다. 만약 내부에 사람과 짐 없이 빈집이라면 강제집행 계고로 명도가 종료됩니다.

내용증명으로 해야 하는 명도

내용증명을 처음부터 갑자기 보내는 것은 좋지 않습니다. 내용증명은 법적인 효력이 있으니 앞으로 진행될 법적인 과정에서 내용증명부터 보내야 한다고 알고 있는 경우가 있습니다.

그러나 입장을 바꿔 생각해보면 점유자가 경매 진행에 대해 잘 알고 있어서 절차에 따라 순탄하게 나갈 마음을 갖고 있었다고 가정해봅시다. 그런데 연락도 없고, 선행되는 접촉과정도 없이 우편물로 내용증명이 왔을 때 당황스러운 기분이 들고, 마음이 상할 수 있습니다.

물론 내용증명을 보내야 할 때도 있습니다. 내용증명은 점유자가 "대화는 필요 없으니 법대로 하자"라고 하는 경우입니다. 그때 "당신의 뜻에 따라 법적인 절차로 진행할 것이다"라는 답문 정도로 증거를 남겨둘 때 필요합니다.

내용증명을 보낼 때는 육하원칙에 따라 작성하면 됩니다. 그리고 오타를 꼭 확인해야 합니다. 법적인 절차 과정인 내용증명에서 오타가 있다면 상대방에게 허점을 보이고 자신의 단점을 드러내는 것이 됩니다. 보내기 전에 꼭 검토 후 신중하게 보내야 합니다.

또, 내용증명을 보내야 할 경우는 임차인이 너무 저렴한 가격에 살고 있는 경우입니다. 명도 진행 시 배당을 늦게 받으려는 의지를 보이고, 천천히 받아도 된다고 우리의 약점을 잡을 때입니다. 이럴 땐 "손해액을 받을 것이다"라는 내용의 내용증명을 보냅니다.

현재 시세에 비해 저렴한 임대가에 살고 있고, 명도 과정을 방해했으니, 발생하는 손해액은 점유자에게 청구하는 겁니다. 배당을 못 받게 할 수도 있다는 증거를 남기면 됩니다.

강제집행은
어떻게 하나요?

　강제집행은 채권자의 신청에 따라 국가의 집행기관이 집행권원에 표시된 사법상의 이행청구권을 국가권력을 가해 강제적으로 실현하는 법적 절차입니다.

　강제집행에는 강제력이 따르며, 채무자의 의사에 구애받지 아니하고 강제력을 행사해 의무내용을 실현하거나 특정 방법을 사용해 채무자에게 심리적 압박을 가함으로써 채무자가 부득이 협력하게 하여 의무내용을 실현하게 하는 것입니다. 한마디로 강제집행은 낙찰자의 신청에 따라 실행할 수 있습니다.

　강제집행은 이를 신청한 채권자와 집행을 받을 채무자의 이름이 집행문이 부여된 집행권원의 정본에 표시된 경우에 한해 집행 개시가 가능합니다. 집행 당사자가 누구인지를 조사할 권한이 없으므로 집행권원이나 집행문에 그 표시가 없으면 집행을 할 수 없습니다.

쉽게 설명하면 강제집행을 신청한 채권자의 신원확인 후 강제집행을 당하는 채무자의 신원도 확인합니다. 이와 동시에 현장을 증언할 수 있는 증인 두 명도 함께 참석해야 합니다.

낙찰자는 대부분 점유자와 대화를 통해 명도를 마무리하고 싶어 합니다. 점유자가 세입자라면 명도확인서가 필요하므로 법적인 절차를 진행하지 않고 원만한 합의를 통해 명도를 할 수 있습니다. 하지만 점유자가 채무자일 경우에는 명도확인서가 필요 없고, 연락을 안 받는 경우도 있습니다. 빈집일 경우에는 그나마 다행입니다. 법적인 절차를 진행 후 열고 들어가면 끝납니다.

하지만 채무자의 행방을 알 수 없고, 연락이 안 되거나 말이 안 통할 때는 '강제집행'을 진행해야 합니다. 또한, 계획하지 못한 상황이 발생할 수 있으므로 만약을 위해서 강제집행은 준비해 두는 것이 좋습니다.

국가의 권력을 이용해 강제로 부동산 인도하는 법적인 절차를 강제집행이라고 합니다. 강제집행을 신청한다고 바로 진행되는 건 아닙니다. 우선 낙찰자가 강제집행을 신청하기로 결심했다면 점유자에게 '강제집행 예정 통보서'라는 경고장을 붙일 수 있습니다. 강제집행이 진행되기 전 압박과 기회를 주는 것이지요. 경고장을 붙일 때는 명예훼손으로 고소를 당할 수 있으므로 상대방의 정보 및 허위사실을 적지 않고, 보이지 않게 접어서 붙여야 합니다.

강제집행을 진행할 의사를 전달했음에도 불구하고 협의가 안 되었다면 강제집행을 신청해야 합니다. 법원으로부터 인도명령 결정을 받고, 송달했다면 송달증명원을 발급받아 강제집행 신청서를 제출합니다. 신청서는 법원에 있으므로 작성하면 됩니다.

강제집행을 신청하려면 집행문과 송달증명원 등 서류가 필요합니다. 하지만 이 서류들을 발급받기 위해서는 인도명령 결정문이 필요하고, 결정문은 점유자에게 송달된 후 가능합니다. 점유자에게 송달되었는지 연락이 오는 것은 아닙니다.

우리는 송달 확인을 '대법원 나의 사건검색' 사이트에서 확인할 수 있습니다. 사이트에서 인도명령 사건번호를 조회해봅니다. 사건번호는 법원에서 준 인도명령 결정문에서 20×× 타인 ××××을 확인하면 됩니다.

도달된 것을 확인했다면 법원에서 집행문 부여 신청, 송달증명원, 확정증명원을 발급받으면 됩니다. (경매계장에 따라 강제집행 시 확정증명원 발급 여부가 다르므로 확인 후 발급)

발급을 받았다면 강제집행을 신청할 수 있습니다. 민사신청과로 가면 강제집행 신청서가 구비되어 있습니다. 채권자와 채무자 정보를 작성한 후 신청서와 함께 발급받은 서류를 같이 제출합니다.

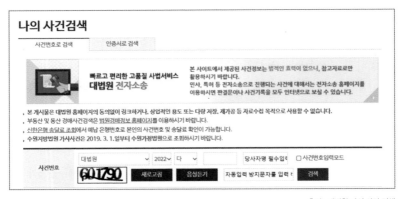

출처 : 대법원 나의 사건 검색

접수하면 집행비용을 예납해야 합니다. 예납 비용은 접수증을 받아 확인하면 됩니다. 법원에 있는 은행에 가서 납부하면 끝입니다. 접수하고 기다리다 보면 경매계 또는 계장님한테 연락이 옵니다. 계고 날짜와 집행날짜가 잡히는 것을 보고 진행하면 됩니다.

강제집행 계고 과정에서 압박을 받은 점유자와 1차 협의할 수 있습니다. 마지막까지 협의가 안 되는 점유자만이 강제집행이라는 최후의 과정까지 진행되는 것입니다.

점유자가 이사비를 달라고 하는데 어떡하죠?

법적으로 이사비를 주어야 한다는 내용은 없습니다. 점유자가 임차인일 경우 명도확인서가 필요하므로 이사비 없이 나가게 됩니다. 하지만 점유자가 소유자일 때는 과도한 이사비를 요구하는 경우가 있습니다. 이럴 때는 강제집행 비용과 비교해서 이사비를 협의하면 됩니다. 강제집행의 비용과 시간을 생각해서 점유자가 원하는 금액이 너무 부담스럽지 않다면 조율할 수 있습니다.

점유자가 이사비를 요구하는 사례

A아파트를 낙찰받았습니다. 점유자는 소유자로 사업가였는데, 사업이 망해서 집이 경매로 잡힌 경우입니다. 저는 잔금을 다 납부한 후 방문해야겠다고 생각해서 따로 연락도 없이 잔금날짜만 기다렸습니다. 잔금 납부도 안 하고 먼저 방문하면 예의가 아니라 생각했기 때문

입니다.

그런데 점유자가 먼저 연락을 해왔습니다. 기다리고 있었는데 왜 연락이 없는지, 왜 명도를 안 하고 있는지 물어왔습니다. 점유자는 이사를 빨리 나가고 싶다고 말했습니다. 하지만 정말 쫄딱 망한 상황이라 밀린 관리비를 못 내서 이사를 못 나갈 거 같다고, 밀린 관리비만 정산해 달라고 했습니다. 그래서 이사비 대신 관리를 정산해주며 좋게 마무리했습니다. 밀린 관리비는 이사비용 정도였는데(약 100만 원) 정산과 함께 협의된 날짜에 이사를 나갔습니다.

이렇게 집을 빨리 비울 수 있는 상황이라면 이사비용 대신 관리비나 기타 비용을 정산해주는 것도 방법입니다. 이외에도 이득이 되는 상황이라면 무리하지 않는 금액 안에서 추가로 비용을 주기도 합니다.

▌이사비용 협상에 대한 내역서 예시

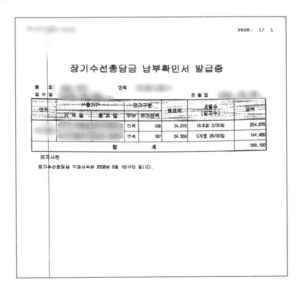

▍관리비 정산 확약서 예시

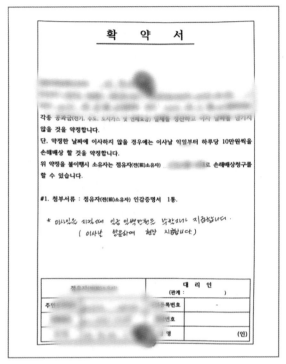

출처 : 모세컴퍼니

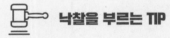 낙찰을 부르는 TIP

관리비 정산

관리비 정산 시 그동안 점유자가 납부한 장기수선충당금을 처리하는 부분에서 명확히 정해진 것은 없습니다. 이사 나가는 분과 협의하여 처리하면 됩니다. 참고로, 관리비를 납부해줬는데도 장기수선충당금을 받아서 가는 점유자는 없습니다.

명도확인서를
먼저 줘도 될까요?

낙찰자가 물건을 낙찰받았어도 해당 물건에 살고 있는 사람, 즉 점유자가 바로 집을 나갈 수는 없습니다. 이사 갈 집을 구하는 시간과 비용이 준비되어야 하기 때문입니다. 그리고 경매로 낙찰된 집에 살고 있는 점유자가 배당을 받는 경우에는 배당이 시행되었어도 바로 보증금을 배당받는 것이 아닙니다.

원칙상 점유자가 이사를 간 후(짐을 뺀 후) 법원에 서류를 제출하는 확인과정을 받아야 배당을 받을 수 있습니다. 법원이 모든 집에 방문해서 이사를 갔는지 확인할 수 없으므로 낙찰자에게 위임하는데, 그때 낙찰자가 점유자에게 이사 간 것을 확인했다고 주는 서류가 '명도확인서'입니다. 점유자는 명도확인서를 법원에 가져가면 배당을 받을 수 있습니다.

명도확인서의 양식은 정해진 것이 없지만, 대법원경매 사이트에 들어가면 명도확인서 예시 양식이 있습니다. 본인이 직접 명도확인서를 만들고 싶다면 꼭 들어가야 하는 내용들이 정해져 있으니 참고해서 만들면 됩니다.

명도확인서 제대로 작성하는 법

- 명도확인서라고 제목을 적고, 점유자(임차인)의 이름과 주소 기재
- 임차인의 주소는 주민등록상 주소지를 기재
- 사건번호 기재
- '임차인이 명도하였음을 확인합니다'라는 문구를 넣은 뒤 확인 자란에 낙찰자의 이름과 인감도장을 날인
- 명도확인서에 날인한 인감도장 확인을 위해 명도확인서와 함께 인감증명서를 첨부

입찰할 물건을 권리분석하고, 입찰가까지 잘 산정해서 낙찰까지 받았습니다. 명도를 하려고 하는데, 임차인과 이야기를 해보니 명도 날짜에 나갈 것처럼 호의적인 분위기입니다. 그런데 임차인이 꼭 이사날짜에 나갈 테니 명도확인서를 먼저 달라고 합니다.

이런 상황에서 명도확인서를 먼저 줘도 될까요?

제 경험상 절대 안 된다고 말하고 싶습니다. 우리에게는 '만일의

상황'이라는 게 있습니다.

잠깐 몇 분, 몇 시간 만난 사람의 말을 믿을 수 있으면 좋겠지만, 상황에 따라 말은 변하기 마련입니다. 명도확인서는 임차인이 배당일에 배당을 받을 수 있게 해주는 확인서 같은 것입니다. 꼭 임차인이 이사를 잘 나갔는지 확인 후 명도확인서를 주어야 합니다.

명도 과정에서 낙찰자와 점유자의 대화를 통해 명도에 대한 합의가 정해졌다면, 문서를 남겨 증거를 갖고 있는 것도 좋은 방법입니다. "○○ 언제 나갈게요", "○○ 얼마 주세요", "○○ 공과금은 어떻게 할게요"를 말로만 얘기하고 나중에는 약속이 이행되지 않는 경우도 있기 때문이죠.

따라서, 약속을 지키지 않거나 이사를 나가지 않을 경우 어떻게 할 것인지 문서로 남겨 두면 좋습니다. 이런 경우에 작성하는 문서를 '이행합의서'라고 합니다. 이행합의서는 정해진 양식이 따로 없습니다. 그래서 소유자와 점유자 ○○○는 상호 협의해 어떻게 합의하기로 한다고 작성하면 됩니다.

여기서 중요한 내용은 부동산의 표시, 즉 낙찰받은 집, 점유자가 나가야 하는 집의 주소를 같이 작성해야 합니다. 주소가 없다면 점유자가 나중에 "나는 당신이 낙찰받은 집에서 나가겠다고 한 적이 없다"라고 주장할 수도 있습니다.

대한민국법원 법원경매정보 ➡ 경매 지식과 경험 ➡ 경매 서식 ➡ 명도확인서

임차인이 명도확인서가 필요 없다고 해요. 이런 경우도 있나요?

네, 임차인이 경매신청을 했다면 명도확인서가 필요 없습니다. 명도확인서가 필요한 사람들은 소액 임차인이거나 전세권자, 대항력이 있는 임차인의 경우입니다.

경매를 신청한 임차인은 주택임대차보호법 제3조2 보증금 회수에 의해 경매로 보증금을 받기 때문에 필요가 없는 것입니다. 하지만 계장에 따라 명도확인서가 필요한 경우도 있으니 현장 상황에 맞게 진행하면 됩니다. (부록 1에서 '명도확인서', '명도합의서' 참고)

점유자(소유자, 임차인) 명도방법은 같은가요?

경매가 공매보다 유리한 점이 '인도명령제도'가 있다는 것입니다. 낙찰받기도 어렵지만, 낙찰 후 낙찰자가 가장 힘들어하는 부분이 명도 진행 과정입니다. 명도는 살고 있는 사람, 즉 점유자를 내보내는 것입니다. 그리고 명도방법은 상황과 성향, 계획에 따라 방법이 항상 변합니다.

방법은 크게 두 가지로 구분할 수 있습니다. 인도명령을 할 수 있는 점유자와 할 수 없는 점유자로 구분됩니다. 소유자를 명도할 때는 인도명령을 신청할 수 있고, 소유주가 아닌 대항력 있는 임차인은 인도명령을 신청할 수 없습니다.

배당일 이후 합의사항 없이 임차인이 명도 협조를 하지 않는다면 그 후에 인도명령 신청이 가능합니다. 그러나 대항력이 없는 임차인이라면 상황이 달라집니다. 대항력 없는 임차인의 경우에는 소유자와

인도명령

인도란 어떤 대상에 대한 물적 권리를 타인에게 넘겨주는 행위입니다. 어떠한 사유로 인해 특정한 대상을 인도하는 것이 맞지만, 이에 불응할 시 강제적으로 인도하도록 인도명령 신청을 할 수 있습니다.

이때 인도명령 신청서를 작성하면 됩니다. 사건번호, 채권자, 주소, 소유자, 경락자, 신청이유, 신청내용, 신청일자 등의 사항을 기재합니다.

같은 상황으로 판단해 인도명령이 가능해집니다.

이렇게 명도의 법적인 절차는 대항력의 차이로 구분됩니다.

앞의 내용은 법적인 절차에 관한 설명이었으나, 인도명령제도는 보험이라 생각하고 잔금일에 함께 접수합니다. 명도는 대화를 시도했을 때 점유자 성향에 따라 방법이 달라집니다. 인도명령 접수와 함께 순리대로 명도할 수 있게 최선을 다해 점유자와 대화하고, 큰 손해가 아닌 상황이라면 협조하에 진행합니다.

소유자, 임차인 모두 이곳을 떠나 다른 곳으로 이사해야 하는 상황이니 이사날짜를 조율해주면 무리 없이 진행됩니다.

배당받는 임차인은 배당일에 명도확인서와 인감증명서를 건네주면서 낙찰물건을 명도받습니다. 이는 동시 진행입니다. 반면에, 배당받지 못하는 임대인이나 임차인이 무리하게 명도에 비협조적이라면 인도명령 결정문을 받고 6개월 이내에 강제집행이 진행되어야 한다는 것을 기억해야 합니다.

꼭 알아야 할
질문

80

낙찰자가 배당일에
직접 가야 하나요?

경매의 법적인 과정 중 낙찰자가 굳이 참여하지 않아도 되는 마지막 과정이 배당절차입니다.

입찰, 낙찰, 잔금, 명도 모두 입찰자는 이해관계인의 신분으로서 직접 관여하거나 참여하게 됩니다. 앞의 과정이 끝났다면 이제 남은 일은 줄줄이 배당대기표를 접수한 채권자들이 배당받는 과정입니다.

경매에서 배당이란 매각대금에서 집행비용을 공제하고 남은 금액을 채권자에게 순위에 따라 나눠주는 것입니다. 매각대금(낙찰금)에서 배당을 받고 싶은 채권자(돈을 빌려줌)는, 처음 매각이 지정되는 날짜 전에 배당을 요구하라고 정해준 마감일까지(배당 요구 종기일) 배당을 요구하는 신청을 마쳐야 자격이 완성됩니다.

이에 더해 민사집행법에서 배당을 요구하지 않아도 당연히 배당을 요구한 자격이 주어지는 채권자도 있습니다.

매각대금 납부 ➡ 배당기일 지정 및 통지 ➡ 채권 계산서 제출 ➡ 배당표 작성 및 배치 ➡ 배당표에 대한 이의 ➡ 배당표 확정 (배당이의가 없는 경우) ➡ 배당 진행(실시) ➡ 배당이의가 있는 경우에는 배당표 불확정

매수인이 매각대금을 지급하면 법원은 배당에 관한 진술 및 배당을 실시할 기일을 정합니다. 이 기일을 실무상 배당기일이라 합니다.

부동산경매사건의 진행기간 등에 관한 예규에 의하면 매수인이 매각대금을 지급하면 3일 안에 배당기일을 지정하되, 배당기일은 대금 지급 후 4주 안의 날짜로 정하게 되어 있습니다.

보통은 대금 지급 후에 배당기일을 지정하는 것이 원칙이나 매수인이 적법하게 채무인수 신청을 하였거나, 차액지급 신청을 한 경우에는 바로 배당기일을 정하고 대금 지급기한을 정할 필요가 없습니다. 실무에서는 대금 지급 및 배당기일을 지정하고 있습니다. 재매각을 정하였다가 대금을 납부해 재매각절차를 취소한 경우에는 바로 배당기일을 정하게 됩니다.

배당 요구 시, 채권 계산서는 [이자 + 채권비용 + 그 밖의 부대비용 이유와 금액]을 적어서 경매계에 지정 날짜까지 제출합니다. 그 서류에는 집행력 있는 정본(법원판결문) 또는 사본, 그 밖의 배당을 받을 수 있는 자격을 설명하는 자료를 함께 제출해야 합니다. 가압류를 한 자격권자는 가압류등기를 완료한 등기사항 증명서를, 우선변제권자는 우선변제를 증명하는 서류를 붙여서 배당신청을 합니다.

배당요구 신청이 들어온 후 3일 이내에 법원은 이해관계인에게 통지합니다. 낙찰자는 배당절차에 직접 참여해 이의를 제기할 자격이 없습니다. 순위에 맞춰 만들어진 배당표 초안은 배당기일 3일 전까지 각 법원 경매계에서 확인할 수 있습니다.

만약 배당일에 출석한 배당받는 사람들 중에서 받는 금액에 이의가 있다면 배당이 유보되고, 이의가 없다면 배당이 진행됩니다. 배당이의의 경우 배당기일부터 7일 이내에 소 제기 증명을 법원에 제출해야 합니다. 여기서 증명을 제출하지 않는다면 배당은 그대로 시행됩니다.

예상 배당표를 권리분석 과정에서 입찰자는 선순위 임차인과 최우선변제임차인 등 우선으로 배당자격이 주어지는 채권자를 추측해서 입찰에 임해야 하고, 혹시 있을 배당 시 불이익을 미리 방지하는 절차로 사용해야 합니다.

배당일이 정해지고 배당 법정은 주로 낙찰을 진행했던 법정에서 오후 2시에 진행됩니다. 배당 법정에 가면 배당표를 가져갈 수 있도록 프린트물을 법정 앞에 비치해 놓았습니다. 머릿속으로 예상했던 배당과 법원의 배당표를 비교해보는 과정도 경매 공부를 깊게 하는 방법입니다.

출처 : 모세컴퍼니

배당 순위는
어떻게 정해지나요?

배당 순위를 쉽고 간결하게 설명하면, 다음의 순위에 따라 채권 금액을 예측하게 됩니다. 그러나 예상치 못했던 우선순위 배당이 있거나(세금, 임금 체불) 채권자의 배당신청 누락으로, 낙찰자가 낙찰금액 이외의 돈을 떠안는 불상사가 발생합니다.

그러므로 정확하게 끝 단위 숫자를 예측할 수는 없더라도 예상배당금이 점점 실배당금에 근접하는 훈련을 거듭해야 합니다. 아무리 좋은 경매물건이더라도 혹여 배당금액이 불투명하다면 입찰을 고민해봐야 합니다.

배당 순위에 대해 알아보겠습니다.

0순위 : 경매비용 / 저당물의 제3 취득자의 필요비 / 유익비

1순위 : 최우선 변제금 / 3월분 임금 / 3년분 퇴직금 / 재해보상금

2순위 : 교부권자 / 압류권자-당해세 및 가산금

3순위 : 당해세 이외 국세 및 지방세 / 근저당권 / 전세권 / 담보가
　　　　등기권 / 확정일자부임차권

4순위 : 3월 초과분 임금 / 3년 초과분 퇴직금

5순위 : 법정 기일이 근저당보다 늦은 국세 / 지방세

6순위 : 각종 공과금-의료보험, 연금보험, 산업재해보상보험료 등

7순위 : 일반채권

▌ 예상 배당표

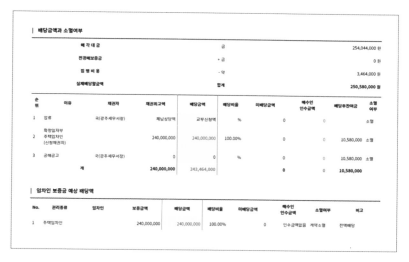

출처 : 탱크옥션

자! 배당순위에 대해서 공부를 했다면, 연습문제를 풀어볼까요?

출처 : 탱크옥션

이 물건은 실제 낙찰과 배당이 모두 끝난 사례입니다.

우리가 입찰에 들어간다고 가정해봅시다. 이 물건에 예상되는 배당과 해당 법정에서 배당받은 순서와 금액을 적어볼까요? 만약 일치한다면 여러분은 초보 딱지는 떼는 겁니다.

건물등기 (채권합계금액:187,228,888원)

순서	접수일	권리종류	권리자	채권금액	비고	소멸
갑(9)	2014-02-05	소유권이전	현○○		임의경매로인한 매각, 2013타경17336	
을(10)	2019-03-14	근저당권설정	한○○	30,000,000	말소기준등기	소멸
갑(11)	2020-01-08	가압류	이○○	100,000,000	2019카단204913	소멸
갑(12)	2020-05-06	가압류	(주)계○○○○○○○○○○○○○○○	6,490,976	2020카단32923	소멸
갑(13)	2020-05-08	가압류	산○○○○○	28,905,808	2020카단202027	소멸
갑(16)	2021-04-01	가압류	삼○○○○○	21,832,104	2021카단201263	소멸
갑(17)	2021-05-18	강제경매(11번가압류의본압류로의 이행)	이○○	청구금액 110,060,273	2021타경2537	소멸

이때 우리는 등기부등본을 보면서 배당순위를 예상하고, 탱크옥션의 예상배당표도 참고할 수 있습니다.

| | 배당금액과 소멸여부 | | | | | | | | |

매 각 대 금		금						43,200,000 원
전경매보증금		+ 금						7,920,000 원
집 행 비 용		- 액						1,563,000 원
실제배당할금액		합계						49,557,000 원

순위	이유	채권자	채권최고액	배당금액	배당비율	미배당금액	매수인 인수금액	배당후잔여금	소멸여부
1	근저당	한광규	30,000,000	30,000,000	100.00%	0	0	19,557,000	소멸
2	가압류 (신청채권자)	이대환	100,000,000	12,438,252	12.44%	87,561,748	0	7,118,748	소멸
3	가압류	(주)케이비국민카드	6,490,976	807,704	12.44%	5,683,272	0	6,311,044	소멸
4	가압류	신한카드(주)	28,905,808	3,594,577	12.44%	25,311,231	0	2,716,467	소멸
5	가압류	삼성카드(주)	21,832,104	2,716,467	12.44%	19,115,637	0	0	소멸
6	주택임차인	최현일	61,500,000	0	%	61,500,000	61,500,000	0	잔액인수
	계		248,728,888	51,120,000		199,171,888	61,500,000	0	

| | 임차인 보증금 예상 배당액 | | | | | | | |

No.	권리종류	임차인	보증금액	배당금액	배당비율	미배당금액	매수인 인수금액	소멸여부	비고
1	주택임차인	최현일	61,500,000	배당금없음	0.00%	61,500,000	61,500,000	잔액인수	

참고로 다음의 표는 실제 해당 법정의 배당표입니다.

이제, 마지막에 나오는 배당표의 빈칸을 채우면서 완성해볼까요? 실력이 쌓일 때까지 꾸준히 연습하길 바랍니다.

TIP

당해세는 후순위로 접수되었을지라도 주택임차보증금보다 먼저 배당을 받았었지만, 2023년 4월부터 주택임차보증금이 먼저 배당받을 수 있다니 경매인들에게 희소식입니다. 워낙 임차인의 보증금을 지켜주는 법개정이지만 낙찰자가 예상치 못한 당해세만큼의 임차보증금을 떠안아야 하는 리스크를 막아줍니다.

서 울 남 부 지 방 법 원
배 당 표

사 건   2021타경2537 부동산강제경매 (경매4계)

배 당 할 금 액		금	51,142,753	
명 세	매 각 대 금	금		
	지연이자 및 절차비용	금	0	
	전경매보증금	금		
	매각대금이자	금	22,753	
	항고보증금	금	0	
집 행 비 용		금	2,233,283	
실제배당할 금액		금		
매각부동산		서울 구로구 오류동 156-110 제지층 제비01호		
채 권 금 액	채 권 자			
	원 금	143,410	75,030	30,000,000
	이 자	0		8,700,000
	비 용	0		0
	계	143,410	75,030	38,700,000
배 당 순 위		1	2	3
이 유		교부권자(당해세)	교부권자(조세)	근저당권자
채권최고액		0	0	30,000,000
배 당 액		143,410	75,030	30,000,000
잔 여 액		48,766,060	48,691,030	18,691,030
배 당 비 율		100%	100%	100%
공 탁 번 호				

채 권 자		국민건강보험공단 오산지사		
채 권 금 액	원 금	1,260,470	19,545,643	23,314,475
	이 자	0	4,614,362	17,102,200
	비 용	0	0	0
	계	1,260,470	24,160,005	40,416,657
배 당 순 위				
이 유		교부권자(공과금)	가압류권자(서울남 부지법2021카단 201263)	근배당요구권자(서 울중앙지법 2020 차전265943)
채권최고액		0	21,832,104	0
배 당 액		1,260,470	1,902,323	3,521,675
잔 여 액		17,430,560	15,528,237	12,006,562
배 당 비 율		100%	8.71%	8.71%
공 탁 번 호				

채 권 자				
채 권 금 액	원 금	100,000,000	5,598,640	
	이 자	28,964,383	3,230,877	
	비 용	0	0	
	계	128,964,383	8,829,517	
배 당 순 위				
이 유		신청채권자(서울남 부지법2019가단 276417)	배당요구권자(서울 중앙지법 2020차 전490218)	
채권최고액		0	0	
배 당 액		11,237,209	769,353	
잔 여 액		769,353	0	
배 당 비 율		8.71%	8.71%	

■ 서울남부지방법원 배당표

배당할금액	금		
명 세	매각대금	금	
	지연이자 및 절차비용	금	
	전경매보증금	금	
	매각대금이자	금	
	항고보증금	금	
집행비용	금		
실제배당할 금액	금		
매각부동산			
채권자			
채 권 금 액	원금		
	이자		
	비용		
	계		
배당순위			
이유			
채권최고액			
배당액			
잔여액			
배당비율			
공탁번호			
사법보좌관			

경매 초보가
꼭 알아야 할 질문
TOP 88

3부

내 경매물건을
가치 있게 만드는 법 7가지

낙찰받은 집을 임대하면
세입자가 싫어하지 않을까요?

경매로 낙찰받은 집을 임대 놓을 때 꺼려 하는 세입자가 종종 있습니다. 우리는 경매로 투자하는 입장이라 경매의 좋은 점을 잘 알고 있습니다. 하지만 경매를 모르거나 선입견이 있는 경우엔 문제가 있는 집으로 오해하기도 합니다.

젊은 부부가 경매로 낙찰받은 집을 구경한 후 가계약을 했다고 가정해봅시다. 가계약을 했다는 것은 가계약금을 넣었다는 뜻이고, 어느 정도 계약이 된 상태입니다.

하지만 계약일 전에 부모님이 경매받는 집이라는 것을 알게 되면서 가계약금을 돌려달라고 합니다. 신혼부부가 어디 재수없게 그런 집에 들어가냐고 하는 것이 이유입니다.

경매로 낙찰받은 집에 대한 나쁜 이미지를 없애는 것은 임대인의 능력입니다.

▌ 이사 가고 싶지 않은 집

▌ 이사 가고 싶은 집

출처 : 모세컴퍼니

　멋진 인테리어를 해서 새신부가 꼭 살고 싶은 집이 된다면 경매로 낙찰받은 재수 없는 집이라는 오명을 벗을 수 있을 것입니다.

▌쌍방 합의로 해약을 전제로 하는 가계약 문자

가계약 해제권 유보 및 가계약금 반환 특약

임대인 ○○○가 임차인 ○○○에게 주소지 : ○○○~ 를 임대하기로 하는 가계약을 체결하였습니다. 이에 임대인과 임차인은 아래 내용에 합의합니다.

– 아 래 –

1. 당사자 일방은 정식으로 부동산 계약서를 작성하기 전까지는 언제든지 본 가계약을 해지할 수 있다.

▌일방적인 변심에 의한 해약을 방지하는 문자

가계약 해제권 유보 및 가계약금 반환 특약

임대인 ○○○가 임차인 ○○○에게 주소지 : ○○○~ 를 임대하기로 하는 가계약을 체결하였습니다. 이에 임대인과 임차인은 아래 내용에 합의합니다.

– 아 래 –

1. 당사자 일방은 정식으로 부동산 계약서를 작성하기 전 가계약을 해지할 시 가계약금 환불은 하지 않는다.

출처 : 모세컴퍼니

그리고, 가계약 시 유리하다고 생각되는 문자를 주고받습니다.

낙찰받은 집이 개발된다고
연락왔어요. 좋은 건가요?

　서울역에서 청파동으로 가는 길 중간에 초역세권이지만 주목을 못
받는 동네가 있습니다.

출처 : 모세컴퍼니

그 위상도 당당한 용산구의 아픈 손가락 서계동. 그러나 서계동은 입지가 좋아서 곧 그 값어치를 할 날이 머지않았습니다.

제가 소유한 부동산의 경우, 가로주택정비사업으로 조합 설립이 끝난 상황이라서 진행속도가 빠르다는 장점과 소규모 단지라는 단점을 동시에 안고 진행 중입니다. 물건지 외의 지역은 이번 신속통합 후보지 발표에 선정되어 토지거래허가구역으로 지정되었습니다. 동네 전체가 개발계획 안에 들어갔다는 희소식입니다.

여기서 고민이 하나 생깁니다. 내 물건이 전체 개발을 목표로 해서 개발 시 물건의 가치 상승분을 많이 볼 것인가! 그러나 개발 완료 시점까지 자유롭게 거래할 수 없고 현 상태를 유지하며 계속 진행해야 합니다. 즉, 환승이 없다는 것입니다.

▌서울 용산구 서계동 개발 관련

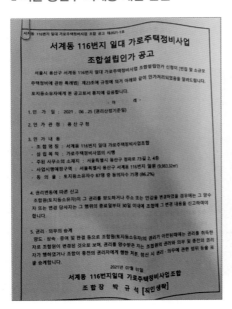

그보다 작은 이익일 것이 분명하지만 자유롭게 매매를 할 수 있는 소규모 재건축 사업인 가로정비는, 전체 재개발보다는 단점이 많습니다. 하지만 저처럼 매매를 활발히 해야 하는 전업투자자로서는 이 부분이 더 매력적입니다.

각자의 처한 상황에 맞는 개발계획이 진행된다는 가정하에 낙찰받은 물건이 개발된다는 연락을 모두 기다

서울시, 용산구 서계동 등 신통기획 후보지 25곳 선정

정아름 기자

기사승인 2022. 12. 30. 09:04

서울시가 용산구 서계동 통합구역 등
신속통합기획 최종 후보지 25곳을 선정했다.

서계동 통합구역 위치도/제공 = 서울시

리고 있을 겁니다. 우리의 최종 목표는 헌 집이 새 집으로 바뀌는 투자를 지향하는 것입니다.

가로주택정비사업이란?

┃가로주택정비사업

가로구역에서 종전의 가로를 유지하면서 소규모로 주거환경을 개선하기 위한 정비사업 유형

노후·불량주택지역

가로주택정비사업

가로주택정비사업은 '빈집 및 소규모주택 정비에 관한 특례법'에 따른 소규모주택정비사업의 유형 중 하나로, 가로구역에서 종전의 가로를 유지하면서 소규모로 주거환경을 개선하기 위한 사업입니다.

리모델링 1

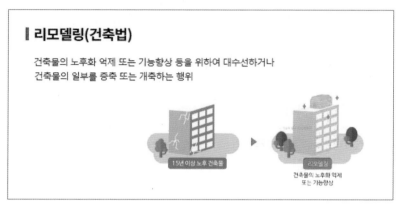

출처 : 서울시 알기 쉬운 도시계획 용어

리모델링 2

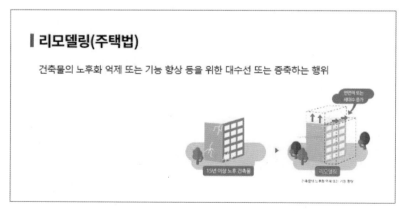

출처 : 서울시 알기 쉬운 도시계획 용어

리모델링이란 기존 건축물의 기능 저하 속도를 억제, 향상함으로써 건축물의 기능, 구조, 성능, 환경을 개선하고 수명을 연장하는 활동을 포함하는 포괄적인 개념입니다.

리모델링 제도는 2001년 건축법 개정으로 처음 도입되었으며, 현재는 건축법 및 주택법에 의해 규정되고 있습니다. 건축법에 의한 리모델링은 대수선, 증축, 개축이 해당하며, 주택법에 의한 리모델링은 대수선 및 증축이 해당합니다.

리모델링이 쉬운 구조는?

건축법 시행령에는 다음과 같이 정의하고 있습니다. 리모델링이 쉬운 구조인지 판단을 위한 세부적인 기준은 '리모델링이 용이한 공

▌ 건축법에 의한 리모델링 중 증축에 해당하는 사례

출처 : 모세컴퍼니

동주택 기준'에서 정하고 있습니다.

1. 각 세대는 인접한 세대와 수직 및 수평으로 통합하거나 분할할 수 있을 것
2. 구조체에서 건축설비, 내부 마감재료 및 외부 마감재료를 분리할 수 있을 것
3. 개별 세대 안에서 구획된 실의 크기, 개수 또는 위치 등을 변경할 수 있을 것

공동주택을 리모델링이 쉬운 구조로 설계하면 용적률, 건축물의 높이 제한, 일조권 확보를 위한 높이 제한을 120% 범위에서 완화하여 적용할 수 있도록 하고 있습니다.

■ 리모델링과 재건축 비교

리모델링	항목	재건축
주택법	근거	도시 및 주거환경 정비법
건축물 노후화 억제 및 기능 향상	성격	노후 불량 구조물 밀집지역 주거환경개선 및 주택공급
수직증축 B등급 이상 수평증축 C등급 이상	안전진단	최소 D등급 이하 (D, E)
준공 후 15년 이상	최소 연한	준공 후 30년 이상 ➡ 20년으로 변경
대수선 또는 부분 철거 후 증축	공사방식	전면 철거 후 신축
기존 전용면적의 30~40% 이내	증축범위	용적률 범위 내
법적 상한 초과 (건축 심의로 결정)	용적률	법적 상한 이하

건폐율, 용적률, 높이 제한, 조경 등 총 7개	건축기준 완화	없음
없음	기부채납	도로, 공원, 녹지 등 제공
없음	소형주택	증가하는 용적률의 50% 필수
가능 (환금성 확보)	조합원 지위 양도	금지 (세대원 전원 해외 이주 등 조건부 허용)
없음	재건축 초과이익 환수	사업이익이 3,000만 원 이상일 경우 초과 금액의 최고 50% 부담

모아타운은 또 무엇인지?

가로주택 정비사업은 재개발에 비해 사업기간이 매우 짧다는 장점이 있습니다. 재개발은 사업기간이 대략 입주까지 10년 이상 걸리지만, 가로주택 정비사업은 3~4년이면 입주를 할 수 있습니다. 또한 조

출처 : 탱크옥션

합원 수에 비해 일반분양 세대수가 많아 추가분담금의 부담이 적습니다. 조합 설립 이후 4년 안에 입주까지 할 수 있어서 재개발보다 단기간으로 사업이 완성되는 개발 사업입니다.

모아타운은 사업의 규모가 전면을 재개발하는 것이 아닌 4~5개의 필지를 합쳐 구역을 만들어 개발하는 방식입니다. 개발의 범위가 작아 속도가 빠르고 재개발을 하면 10년 이상 걸리는 사업을 4년 안에 마무리할 수 있습니다. 모아타운은 세분화하면 4가지의 모아주택으로 구분됩니다. 자율주택형, 가로주택형, 소규모 재건축형, 소규모재개발형이 있어 모아타운 내에서 주택 소유자들이 다양한 정비방법을 선택하여 추진할 수 있습니다.

재개발은 노후도가 67% 되어야 개발할 수 있지만, 모아주택은 57%만 만족한다면 개발 진행을 할 수 있습니다. 아직은 시행 중인 정책이라 제대로 된 선례가 없어 어떤 위험이 생길지 정확한 예측은 어렵습니다.

모아타운에 대해 더 자세히 알고 싶다면 서울시에서 안내해주는 '모아주택 모아타운 사업소개 안내서'를 참고하면 됩니다.

재건축과 리모델링의 순서는 비슷합니다. 재건축은 대략 10년 이상, 리모델링은 대략 6년 이상 걸립니다. 재건축은 낡은 주거공간을 허물고 다시 주거공간인 건축물을 짓는 일입니다.

하지만 리모델링은 뼈대를 보강하면서 주거공간인 건축물을 증축, 개축, 대수선하여 건축물을 바꾸는 일입니다. 그러다 보니 리모델링의 속도가 더 빠른 것입니다.

조합설립인가가 승인되었다면 재건축의 경우 소유권이전등기 시 전매가 금지됩니다. 하지만 리모델링은 금지조항이 없어 거래가 자유로운 장점이 있습니다. 아파트에 리모델링한다는 현수막이 걸린다면 시세차익을 볼 수 있습니다. 그렇다면 낙찰받은 집에 리모델링 소식이 있을 때 동의하는 게 좋겠지요?

집이 개발되는 경우 새로운 집을 얻는 것이니 시세차익을 기대할 수 있지만, 그만큼 투자금이 시간에 묶여 있게 됩니다. 따라서 어떤 것이 더 좋다는 정답은 없습니다.

큰 비용이 묶인 채로 기다리는 것은 기회비용과 투자비용이 크게 들어간다는 뜻입니다. 적은 금액으로 집을 얻었다면 시간을 길게 잡아야 하고, 시간을 단축하고 싶다면 그만큼 많은 투자비용이 소요됩니다.

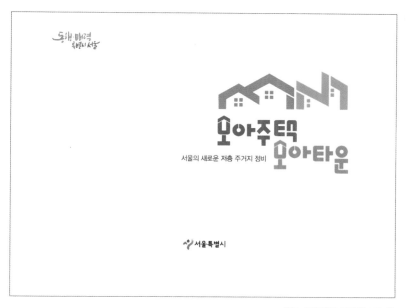

출처 : 서울특별시 모아주택 모아타운

낙찰 후에 바로
매도하는 게 좋을까요?

바로 매도하는 이유는 경매로 받은 물건이기 때문인가요?

그 이유가 아니라면 입찰 전에 길게 보유할지 아니면 바로 매도하기 위한 물건인지 정했어야 합니다. 입찰 전 계획을 세울 때 매도할 물건이어서 입찰을 들어간 것이라면 매도하는 게 맞습니다. 분명히 수익성을 계산해 입찰 전 계획을 다 세웠을 것입니다.

낙찰받은 집을 단타로 팔면 세금을 많이 내더라도 지금 가진 종잣돈은 불릴 수 있습니다. 단타를 해서 좋은 경험도 쌓고, 종잣돈까지 불릴 수 있어 좋습니다. 하지만 장기투자하는 사람들처럼 큰 수익은 없습니다.

장기투자가 답이지만 상승기일(2022년 3월 전까지) 때는 부동산을 사자마자 팔아도 매수자들이 기다리고 있어서 단타가 충분히 가능한 시장이었습니다.

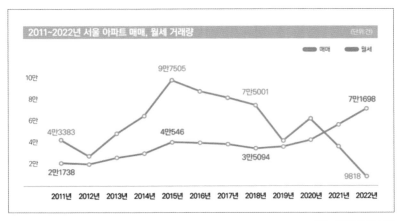

2011~2022년 서울 아파트 매매, 월세 거래량 (단위:건)

매매 월세

9만7505

7만5001

7만1698

4만3383

4만546

3만5094

2만1738

9818

2011년 2012년 2013년 2014년 2015년 2016년 2017년 2018년 2019년 2020년 2021년 2022년

출처 : 서울부동산정보광장

　그러나 2022년 3월 이후 하락기와 보합세가 이어지는 부동산 시장에서는 아무리 경매로 싸게 낙찰받은 후 저렴한 가격에 내놔도 매수자들은 매수할 의향이 없습니다. 그래서 짧은 기간 동안 고수익의 단타는 어렵습니다. 이럴 때는 비교물건 중에 가장 싼 가격으로 매수자를 먼저 선점해야 단타가 가능해집니다.

　이렇듯 낙찰받은 물건을 바로 매도할지 장기보유할지는 입찰 전계획을 세우고 자신의 포트폴리오에 맞게 진행해야 합니다. 사정상 급하게 매도하는 물건은 급매로 내놓아야 하므로 수익은커녕 손해를 볼 수 있습니다.

임대를 위해
어디까지 수리해야 할까요?

경매로 낙찰받아 수익을 내는 방법에는 두 가지가 있습니다.

첫째, 임대를 놓습니다. (직접 거주 포함)
둘째, 소유하지 않고 적당한 가격에 매매합니다.

낙찰된 물건을 최대한 수익화할 방법과 낙찰자가 현재 처한 상황
에 따라 두 가지 중 한 가지를 선택합니다. 어느 한 가지를 선택하더
라도 매번 인테리어 비용을 들여서 수리하진 않습니다. 오히려 기존
상태 그대로 새로운 입주자를 찾아주면 새 입주자의 취향에 맞게 인
테리어 할 기회를 줄 수 있습니다. 그 조건이라면 저렴하게 내놓아서,
가격 면에서 매력을 발산해주는 걸 추천합니다.

제 경우는 인테리어를 주로 하는 편입니다. 그 이유는 제가 인테리

어를 좋아하고 집을 자신 있게 업그레이드 시켜줄 수 있으므로 가치를 올려서 새 주인을 찾도록 하는 걸 선호합니다.

임대를 놓기 전 인테리어가 필요하다는 생각이 들 때는 우선 낙찰받은 집의 컨디션을 봐야 합니다. 인테리어를 하기로 결정했다면 어느 정도의 수리가 필요한지 인테리어를 할 범위를 정해야 합니다. 낙찰받은 집을 전세로 임대를 놓는다면 어느 정도로 수리된 집을 원하는지 주변 부동산중개업소에서 조언을 구하면 도움이 됩니다.

더불어 부동산중개업소의 조언과 주변 시세 조사를 통해 본인이 내놓을 전세가와 인테리어 수준을 맞춰가면 좋습니다. 전세가는 낮은 편인데 인테리어를 고급스럽게 해놓고 전세가를 높게 받는다면 당연히 전세가 쉽게 빠지지 않습니다. 또 반대로 높은 전세가를 형성하고 있는 동네인데 주변 물건들보다 부족한 인테리어를 해놓는다면 경쟁력 없는 물건이 됩니다.

그러므로 주변 경쟁물건과 시세 조사를 정확히 한 후 인테리어 공사의 범위를 정하면 수월합니다.

임대 놓기 전 공사하면 좋은 인테리어 공정

도배

벽지의 종류는 크게 합지벽지와 실크벽지로 구분할 수 있습니다.

합지벽지는 종이로 이루어져 있으며 오염, 습기 등에 약하지만 실크벽지에 비해 저렴하다는 장점이 있습니다. 실크벽지는 종이 위에 PVC로 코팅한 벽지를 말합니다. 합지벽지보다 오염에 강하고 방수

효과가 있습니다. 장점이 많은 만큼 합지벽지보다는 비용이 발생하지만 시공하였을 때 더욱 고급스러운 느낌을 줍니다.

벅지 종류에 따른 시공 방법

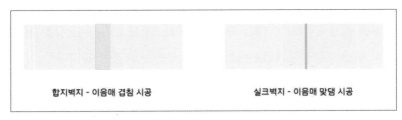

합지벅지 - 이음매 겹침 시공 　　　　실크벅지 - 이음매 맞댐 시공

출처 : 모세컴퍼니

도배비용 산출 방법

도배비용 = (도배 평수 ÷ 5 × 도배지 가격) + 인건비 + 부자재 값

도배 평수 구하는 법 = 실평수 × 3 또는 분양 평수 × 2.5

장판

임대를 놓는 집을 인테리어 할 때 바닥재로는 주로 장판을 많이 선택합니다. 마루나 타일에 비해 가격이 저렴하고 시공이 쉽기 때문입니다. 장판의 두께가 두꺼울수록 금액은 비싸지지만 그만큼 쿠션감이 좋고 내구성이 강합니다. 가장 얇고 임대용 인테리어에 많이 사용되는 1.8t 두께는 가격이 저렴한 만큼 찢김이나 찍힘 등을 대비해 사용에 주의합니다.

주로 과거에 임대용으로 많이 사용되던 펫트 장판은 가격이 저렴합니다. 장판의 두께를 고를 수 있는 모노륨 장판과는 달리 펫트 장판의 두께는 2.0t로만 구성되어 있고, 내구성이 약합니다. 비용을 절약하고 싶거나 디자인 선택이 중요하지 않을 때 펫트 장판을 많이 사용하곤 합니다.

모노륨 장판은 펫트 장판에 비해 비용이 더 발생합니다. 내구성도 비교적 강하지만 특히 디자인적으로 종류가 다양하므로 폭넓은 선택이 가능합니다.

	가격	시공 방법	내구성	디자인
펫트 장판	비교적 저렴함	겹침 시공	약함	한정적
모노륨 장판	비교적 비쌈	용착제 시공 또는 겹침 시공	강함	다양함

출처 : 모세컴퍼니

전기배선 확인

임차인이 들어오기 전에 전체적인 전기배선의 상태를 점검해주면 좋습니다. 배선에 문제가 있을 경우 임차인의 생활에 영향을 주는 공사가 진행될 수 있으므로 공실인 상태에서 미리 확인한 후 공사의 여부를 결정합니다.

추가로 아파트의 경우는 에어컨이 따로 단독으로 배선되어 있습니다. 하지만 빌라, 특히 구축 빌라는 에어컨 단독 배선이 되어 있지 않아서 여름철에 에어컨을 작동시키면 집 전체의 전기가 떨어지는 일이 발생할 수 있습니다. 따라서 배선 공사를 한다면 꼭 에어컨 단독 배선을 점검한 후 조금의 비용을 더 추가해 한 번에 공사하는 것이 임대인의 입장에서 편리한 방법입니다.

보일러 체크

겨울은 세입자 전화가 무서운 계절입니다. 천천히 수리해도 되는 하자가 있고, 급하게 수리해야 하는 하자가 있습니다. 하자 중에서 가장 빠르게 고쳐야 하는 하자는 보일러입니다.

보일러가 고장 났을 경우 원인을 계속 찾다 보면 수리기간이 길어지고, 그 기간 동안 임차인은 추운 겨울을 보내야 합니다. 보일러가 고장 나면 가장 먼저 하는 일은 에러 코드 확인 후 AS 센터에 전화하는 일입니다. 전화하기 전 보일러 조절기에 어떤 에러 코드가 뜨는지 본 후 AS 센터와 전화하면 수월합니다. AS 센터에서 에러 코드에 맞는 대처 방법을 알려주지만 어떤 방법을 시도해도 안 될 때는 수리기사 또는 보일러 교체를 진행합니다.

2020년 4월부터는 일반 보일러가 아닌 친환경 보일러 설치가 의무화되었습니다. 보일러를 설치하는 공간에 물이 빠져나가는 배수구가 있어야만 친환경 보일러 설치가 가능합니다.

만약 보일러 교체 시 친환경 보일러를 설치하면 각 지자체에서 지원금이 나오는 경우가 있으므로 이에 해당하는지 확인 후 설치하면 지출이 줄어듭니다. 친환경 보일러 지원금은 제조일로부터 10년 이상 지난 보일러를 교체할 때 지원대상이 됩니다. 지원금 예산과 지원대상은 지자체마다 상이할 수 있어 확인 후 교체하길 바랍니다.

인테리어 분야에 전혀 관심도 없고 배우고 싶지도 않다고 하더라도, 간단한 수리를 통해서 하자 보수를 해야 하는 상황이 종종 발생합니다. 주택에서 빈번하게 발생하는 하자에 대해서는 적당한 대처방법은 알고 있기를 추천합니다.

낙찰을 부르는 TIP

보일러가 안 되는 경우

노후화된 보일러도 아니고 도시가스가 끊긴 상황도 아닌데, 보일러가 안 되는 경우가 있습니다. 보일러가 오래되었다면 작동에 문제가 있을 수 있지만, 그런 경우가 아닌데도 보일러 작동이 안 되는 경우입니다. 이때는 먼저 건물 외부에 있는 도시가스 계량기(도시가스 배관)를 확인해야 합니다.

간혹 도시가스 계량기 배관에 붙어 있는 밸브가 잠겨 있는 때도 있습니다. 도시가스 계량기 밸브가 잠겨 있다면 보일러가 작동하다 점화가 안 되어 에러가 뜨는 상황이 발생합니다. 이런 경우에는 도시가스 배관에 붙어 있는 밸브를 열고, 보일러 작동을 해보면 정상적으로 작동되는 것을 볼 수 있습니다.

▌ 도시가스 계량기 밸브가 잠겨 있는 모습(좌) / 열려 있는 모습(우)

출처 : 모세컴퍼니

임대차 계약을 한 집의
하자 처리 비용은 누가 내나요?

세입자와 임대차 계약을 한 후에 발생하는 하자 문제는 잘못에 대한 책임이 누구에게 있는지 불분명합니다. 세입자로서는 근본적으로 집에 관해 문제가 발생한 것이니 주인인 임대인이 해결해주어야 한다고 생각합니다. 또한, 임대인으로서는 세입자가 어느 정도 기간을 살다가 발생한 문제이니 세입자에게 책임이 있다고 생각합니다.

민법 제623조에 따르면 '임대인은 목적물을 임차인에게 인도하고 계약 존속 중 사용 및 수익에 필요한 상태를 유지할 의무를 진다'라고 명시되어 있습니다. 이 조항을 보면 임대를 둔 집에 하자가 발생하였을 경우 임대인이 책임을 지고 해결해야 하는 의무가 있음을 알 수 있습니다. 이렇게만 보면 갑을을 떠나 임대인의 입장에서 매우 불리해 보입니다.

임차계약을 한 집에 관한 부분이라면 임차인의 부주의로 인해 파손이 생긴 것, 세입자가 생활하며 불편한 점 모두 임대인이 관리해줘야 하는 불미스러운 일이 발생할 수 있기 때문입니다.

하나의 조항을 더 살펴보겠습니다.

민법 제374조에 따르면 '임차한 건물에 선량한 관리자의 주의로 보존해야 한다'라고 명시되어 있습니다. 추가로 민법 제615조에서는 '임차인은 임차한 해당 물건에 대해 원상회복 의무를 진다'라고 되어 있습니다.

이렇게 두 조항을 살펴보면 임차인은 임차를 들어온 계약기간 동안, 하자를 낸 것에 대한 부분은 원상복구를 해야 하며 깨끗하고 책임 감 있게 사용 및 관리할 의무가 있습니다.

임대인의 책임 소지가 있는 하자보수
- 전기가 차단되었을 경우
- 비로 인해 천장에서 물이 샐 경우
- 녹물이 나오는 경우
- 배관 노후로 인해 문제가 발생한 경우
- 보일러 고장

임차인의 책임 소지가 있는 하자보수
- 변기가 막혔을 경우
- 배관 자체에 문제는 없지만, 사용자의 머리카락, 이물질 등으로 인해 배수구가 막혔을 경우
- 수도꼭지, 욕실 물품 교체, 사소한 부품 등 큰 비용 없이 처리할

수 있는 소규모 수선

• 벽지 및 내부시설 등 임차인의 사용에 따른 손상이 발생한 부분

임차인은 본인의 사용 부주의 및 파손으로 인한 하자는 임차인 스스로 해결할 필요가 있으며, 임대인은 임차인에게 계약 기간 동안 집을 인도한 사람이기 때문에 호텔의 관리인과는 다르다는 것을 인지해야 합니다. 반대로 전기배선, 노후화된 배수구 등 집의 구조적인 결함으로 인한 문제 또는 전반적인 수리가 필요한 경우는 임대인이 책임을 지고 해결해주어야 합니다.

이처럼 임대인과 임차인의 관계를 정의하기란 모호하고 감정적인 부분이 많습니다. 서로 상생하며 본인의 책임과 맡은 역할을 충실히 해준다면 좋은 관계를 유지한 채 얼굴을 붉힐 일은 없을 것입니다.

임대인과 임차인이 알아두면 좋은 정보

집에 생긴 문제는 누가 부담해야 할까요?

임대인이 부담해야 하는 부분
- 보일러 고장
- 천장에 누수가 발생했을 시 임대인이 윗집 주인과 해결하고 비용을 청구한다.
- 전기배선 문제로 전기가 차단되었을 경우
- 타일이 떨어지거나 주요 설비에 문제가 발생했을 경우

- 싱크대 및 변기 등이 사용하기 어려운 상태일 경우

➡ 집의 구조적 결함이나 사용 부주의가 아닌 경우, 임대인은 수선 의무를 가진다.

임차인이 부담해야 하는 부분

- 형광등 전구 및 건전지를 교체해야 하는 경우
- 설비 문제가 아닌 임차인의 사용감으로 인해 변기 및 배수구가 막혔을 경우
- 임대인에게 통보를 하지 않은, 임차인의 개인적인 인테리어 원상복구
- 고장 및 수리가 아닌, 임차인의 필요로 인해 설치하는 경우(도어락, 방법창, 전등 등)

➡ 임차인의 과실 및 부주의로 인한 파손이나 간단한 소모품 교체는 임차인이 부담한다.

주택임대사업자 제도가
뭔가요?

임대사업자란 공공주택사업자가 아닌 자로서 1호 이상의 민간임대주택을 취득해 임대사업을 할 목적으로 [민간임대주택에 관한 특별법 제5조]에 따라 등록한 자입니다.

민간임대주택이란 임대 목적으로 제공하는 주택으로서 임대사업자가 같은 법 같은 조에 따라 등록한 주택을 말합니다. 민간임대주택의 종류는 취득유형에 따라 민간건설 임대주택, 민간매입 임대주택으로 구분되며 임대의무기간에 따라 공공지원, 장기일반 민간임대주택으로 구분됩니다. (2020년 기준)

저도 다주택자로서 주택을 주택임대사업자에 등록해 놓고 혜택을 받은 적이 있습니다. 2018년, 정부 정책에 따르면 주택임대사업자 등록을 9·13 대책 전까지 적극적으로 권장하더니, 갑자기 너무 많은 혜택을 준 것이 문제라고 생각한 정부가 있었던 혜택도 '취소'하며 지키지 못할 약속으로 만들어 버렸습니다. (9·13 대책 이후 등록은 종합부동산세 합산 배제 혜택 소멸)

이것은 황당하기 짝이 없는 일이었습니다. (2020. 7. 10 부동산 정책 발표) 임대사업자 등록 기간이 완료된 단기임대사업자들의 물건을 임대사업자의 의사는 묻지도 않고 4년 경과 후 자동 말소시키기까지 하였습니다.

2023년, 다시 민간임대사업자 제도를 실행하려고 준비 중이라고 합니다. 신의를 저버린 정부에서 하는 정책에 선뜻 마음이 안 열리는 것은 저뿐일까요?

다주택자 중 각종 세금을 감당하며 소정의 임차료를 받아서 생활하는 개인사업자도 많습니다. 작정하고 사기를 쳐서 한탕 하겠다는 몇몇 악덕 범죄자들 때문에 월세를 받아서 생활하는 임대인들이 싸잡아 매도당하는 겁니다.

주택을 임대하는 과정은 해당 구청과 세무서에 등록 및 신고를 하고 매년 소득세와 재산세, 종합부동산세도 내면서 정당하게 세금을 많이 내는 일입니다. 세금을 탈세하는 게 적폐지요.

임차료는 5%만 올리는 규제도 지키면서 임차인의 각종 불편 전화도 대응해주는 선한 임대인들이 대우받는 분위기가 조성되어야 합니다. 임대인과 임차인을 반대편처럼 가르는 나쁜 문화는 없어져야 합니다.

경매를 직업으로
해도 되나요?

이 질문을 하는 이유를 알 것 같습니다. 전업으로 했을 때 돈벌이가 되는지, 월급만큼 수익이 생기는지에 대한 질문 같습니다. 경매라는 직업도 자영업이라 생각하면 똑같습니다. 낙찰받고 수익이 나면 그 돈으로 1년 동안 먹고 살면 됩니다.

그러나 수익이 나게 하는 방법을 모르는 상태로는 전업하면 안 됩니다. 언제라도 물건을 낙찰받아 수익을 나게 한다면 적극 추천입니다. 자유 시간도 많고 임장을 여행삼아 다닐 수 있는 좋은 직업입니다. 파이어족이 될 수도 있습니다.

하지만 아이러니하게도 정말 큰 수익을 만들기 위해서는 모든 자유시간을 포기해야 합니다. '자는 시간 빼고는 경매만 한다'라고 생각하면 되고, 자면서도 경매만 생각해야 합니다. 단순히 설렁설렁 취미로 하는 게 진짜 경매가 아닙니다.

경매는 한 물건을 낙찰받기까지 공부하는 시간이 많이 필요합니다. 처음 입찰했을 때 바로 낙찰이 되는 것이 아닙니다. 물론, 경매에서 말하는 500띄기, 1000띄기는 언제든 할 수 있습니다. 적은 투자금으로 시작하고 싶다면 지방에 매수자가 있는 부동산을 낙찰받아 바로 팔면 됩니다. 그러면 세금을 제하고도 수익을 내는 단타를 할 수 있습니다.

경매로 단타를 해서 수익이 났다면 그 돈을 소비하는 데 쓰지 않고 또 다른 물건 투자나 더 높은 수익을 내는 사업에 재투자하세요. 그러면 전업 경매인이 될 수 있습니다. 경매로 얻은 수익으로 소비를 할지, 투자할지는 자신의 선택입니다.

또한, 전세를 놓은 후 받은 전세금을 빚이라 생각하는 건 그 전세금을 소비에 사용할 생각이 있기 때문입니다. 그 돈이 빚으로 변하는 것입니다. 빚을 자산이라고 말할 수 있으려면, 그 빚을 활용해 나의 자산을 불리고 상환해야 할 때 사고 없이 바로 돌려줄 수 있는 안전한 상태로 만들어 놓아야 합니다.

꼭 기억하세요! 경매는 노력한 만큼 보답하는 기술입니다.

'노력만큼은 자신있다'라고 하는 분은 직업으로 경매를 하셔도 좋습니다. 작은 부에서부터 큰 부까지 목표만큼 이룰 수 있다고 자신있게 말씀드립니다.

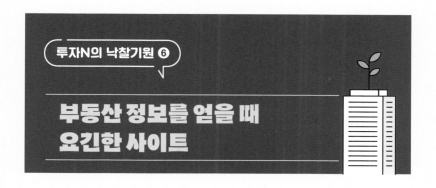

부동산 정보를 얻을 때 요긴한 사이트

1. 임대를 놓을 때

직방 www.zigbang.com

임대를 놓을 수 있는 사이트 중 가장 흔히 접할 수 있는 사이트입니다. 직방 앱이나 사이트에 집주인이 직접 집을 등록하면, 동네나 근처에 있는 부동산이 집주인에게 연락합니다. "저희 부동산에서 집을 소개해도 될까요?" 이런 전화가 오면 허락하면 되고, 본격적인 홍보가 시작됩니다. 이렇게 누구나 볼 수 있는 직방 사이트에 존재하는 매물들은 모두 이런 간단한 절차를 거친 후 등록되는 것입니다.

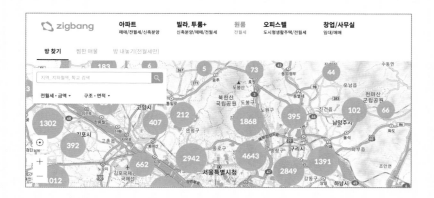

초기에는 직방이 아파트 전문으로 운영되었지만, 빌라, 오피스텔, 원룸까지 범위를 확장했습니다. 현재는 많은 매물을 보유하고 있으며, 매물은 무작위로 순서가 정해집니다. 현재는 상관없지만, 한동안 아파트 매물등록을 일시 정지를 하거나 시기에 따라 안 하는 경우도 있습니다. 매물등록 전에 확인 후 '방 내놓기'를 이용하면 됩니다.

네이버 부동산 https://land.naver.com

직방은 임대인들이 직접 매물을 올리는 형식이었다면, 네이버 부동산은 부동산에서 주로 올립니다.

네이버 부동산도 임차인이 원하는 물건을 종류별로 볼 수 있게 되어 있어 집을 구하는 분들이 많이 찾는 사이트입니다. 또한, 다른 사이트들과 달리 사진이 없어도 매물등록이 가능합니다.

정보란을 많이 적을수록 상단에 올라간다는 말이 있습니다. 우리가 부동산에 매물을 내놓을 때 집의 장점, 교통, 인프라, 어떤 분들에게 추천하는지 등 설명글을 작성해 부동산 사장님께 전달하는 것도 좋은 방법입니다.

피터팬 www.peterpanz.com

피터팬은 두 종류가 있습니다. 처음에는 카페로 시작해 임대인과 임차인의 직거래를 중점으로 부동산 거래를 했습니다. 하지만, 점점 범위가 넓어지면서 부동산 중개사도 이용이 가능해지고 사이트도 만들어졌습니다. 이처럼 피터팬 카페만의 차별점은 직거래가 된다는 것입니다.

아직은 사이트보다 카페가 유명해서 카페 접근성이 더 높은 편입니다. 카페에 글을 올리면 피터팬 사이트에도 연동되어 매물이 올라갑니다(임대인이 허락했을 시). 피터팬 카페는 2022년 10월에 새롭게 단장해 집주인과 세입자 인증절차가 추가로 업데이트되었습니다.

피터팬 카페에는 20~30대가 많습니다. 그래서 저렴한 물건이 더 인기 있고, 사회초년생이나 대학생분들이 구할 수 있는 가격대의 매물이 많습니다. 요즘은 신혼부부도 피터팬 카페에서 집을 구하는 추세라 서울에 있는 쓰리룸과 아파트도 종종 보입니다.

다방 www.dabangapp.com

다방에도 방을 내놓는 서비스가 생겼습니다. 하지만 아직은 직방, 네이버 부동산보다 매물이 적어 그만큼 유입되는 사람의 수도 적습니다. 그래도 고객 입장에서는 직방보다 검색이 쉽습니다. 검색하는 부분이 세분되어 있어 전세대출이나 LH 임대주택을 구하기에 쉽습니다.

2. 특수한 경우일 때

청년 주택 정보 카페 cafe.naver.com/lhuniv9
서울에서 저렴한 집을 낙찰받거나 수도권 등 청년 주택이 가능한 집일 경우 이곳

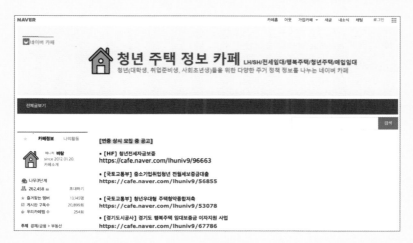

을 이용합니다. 융자가 없고 조건에 맞는 집이라면 LH 임대주택이 가능합니다. LH 임대주택은 매물을 구하기 어려워 집의 상태만 괜찮다면 거래가 빨리 되는 편입니다. LH 임대주택이 되는 집을 받은 경우, 집을 빨리 빼고 싶다면 추천합니다.

네모 / 온하우스 / 공실클럽
아직은 많이 사용되지 않는 사이트입니다. 직방에 내놓으면 온하우스와 연결되어 연락이 오는 경우도 있습니다.

3. 경매 관련 사이트

경매물건 찾기(유료)

탱크옥션 www.tankauction.com

지지옥션 www.ggi.co.kr

옥션원(구 굿옥션) www.auction1.co.kr

경매나라 www.auctionnara.co.kr

스피드옥션 www.speedauction.co.kr

경매물건 찾기(무료)

대법원 경매정보 www.courtauction.go.kr

경매마당 https://madangs.com

네이버 부동산경매 https://land.naver.com/auction

두인경매 www.dooinauction.com

윈스옥션 www.winsauction.com

시세 조사

아실 https://asil.kr

호갱노노 https://hogangnono.com

네이버 부동산 https://land.naver.com

벨류맵(토지, 다가구 시세 조사 참고) www.valueupmap.com

디스코(토지가격, 실거래가) www.disco.re

국토교통부 실거래가 공개시스템(실거래가 및 개별공시지가)

https://rtdown.molit.go.kr

국토교통부 한국감정원-부동산 공시가격 알리미 www.realtyprice.kr

KB부동산 Live on(부동산 시세) https://kbland.kr

땅야(토지 실거래가 조회) www.ddangya.com

부동산플래닛(실거래가 및 매물 조회) www.bdsplanet.com

부동산지인(부동산 빅데이터) https://aptgin.com

부동산 관련 서류 열람 및 발급

일사편리(부동산 통합 민원) www.kras.go.kr

대한민국법원 인터넷등기소(부동산 등기 열람 및 발급) www.iros.go.kr

정부24(건축물대장 발급) www.gov.kr

새움터(건축행정 시스템) https://cloud.eais.go.kr

정책 및 부동산 자료

코리아닥스 https://koreadocs.com

서울도시계획포털 https://urban.seoul.go.kr

경기도 부동산포털 https://gris.gg.go.kr

토지e음(토지이용규제정보서비스) www.eum.go.kr

씨리얼(부동산 종합 포털) https://seereal.lh.or.kr

인테리어

레몬테라스 https://cafe.naver.com/remonterrace

하우스텝(인테리어 상담 및 시공 + 쇼룸 방문 가능) www.houstep.co.kr

오늘의집(인테리어 시공, 소품 및 디자인 참고 가능) https://ohou.se

셀프 인테리어 my home(인테리어 후기 및 정보)

https://cafe.naver.com/overseer

임대

직방 www.zigbang.com

다방 www.dabangapp.com

피터팬 www.peterpanz.com

그 외

전국은행연합회(은행 대출) www.kfb.or.kr

엑스레이맵(상권 분석) www.biz-gis.com

랜드북(신축 및 건축) www.landbook.net

경매는 특히, 흙수저에게 유용한 재테크 수단입니다. 잘만 활용한다면 '경제적 자유'를 얻을 수 있습니다.

경제적 자유! 이 단어는 들을 때마다 심쿵합니다. 전혀 어울리지 않는 '경제'와 '자유'라는 단어가 합쳐져서 이런 가슴 뛰는 시너지를 낼 수 있다니 신기합니다.

대한민국에서 살아가면서 딱히 자유를 갈망했던 적은 없었습니다. 그러나 경제적으로 자유롭지 못한 경험을 해본 저로서는 경제적 자유라는 단어를 들으면 가슴이 시리기까지 합니다.

경매를 17년 동안 직업으로 삼고 매진할 수 있었던 원동력 또한 경제적 자유를 향한 간절함이었습니다. 그리고, 현재 경제적으로 자유로워졌습니다. 덕분에 기부도 할 수 있게 되었지요. 지금의 순간이 오기까지 간절하게 많은 도전을 거듭하면서 이뤄낸 결과물입니다.

"부의 기회는 하늘이 주는 것이고, 자신의 그릇만큼 담아준다."

저는 항상 이런 마인드로 투자하고 있습니다. 해결하기 어려운 문제도 나 자신의 그릇을 키우기 위한 미션으로 생각합니다.

생각의 한 끗만 달리해서 본다면 부자가 되기 위해 경매만큼 좋은 기술은 그 어디에도 없습니다. 경매를 만나 제 삶이 바뀐 것처럼, 이제 경매를 시작하는 여러분도 부의 크기를 키우는 전환점이 되길 간절히 바랍니다.

출처 : 대한민국법원 법원경매정보 서식

■ 기일입찰표 및 위임장

[전산양식 A3360] 기일입찰표(흰색)　　　　용지규격 210mm×297mm(A4용지)
(앞면)

기 일 입 찰 표

지방법원 집행관 귀하　　　　　　　　　입찰기일 :　년　월　일

사건번호		타 경　　　　호	물건번호	※물건번호가 여러개 있는 경우에는 꼭 기재		
입찰자	본인	성　명		㉮	전화번호	
		주민(사업자)등록번호		법인등록번호		
		주　소				
	대리인	성　명		㉮	본인과의 관계	
		주민등록번호			전화번호	－
		주　소				

입찰가격	천억	백억	십억	억	천만	백만	십만	만	천	백	십	일		보증금액	백억	십억	억	천만	백만	십만	만	천	백	십	일	
													원													원

보증의 제공방법	☐ 현금·자기앞수표 ☐ 보증서	보증을 반환 받았습니다.
		입찰자　　　　　㉮

주의사항.
1. 입찰표는 물건마다 별도의 용지를 사용하십시오. 다만, 일괄입찰시에는 1매의 용지를 사용하십시오.
2. 한 사건에서 입찰물건이 여러개 있고 그 물건들이 개별적으로 입찰에 부쳐진 경우에는 사건번호외에 물건번호를 기재하십시오..
3. 입찰자가 법인인 경우에는 본인의 성명란에 법인의 명칭과 대표자의 지위 및 성명을, 주민등록란에는 입찰자가 개인인 경우에는 주민등록번호를, 법인인 경우에는 사업자등록번호를 기재하고, 대표자의 자격을 증명하는 서면(법인의 등기사항증명서)을 제출하여야 합니다.
4. 주소는 주민등록상의 주소를, 법인은 등기기록상의 본점소재지를 기재하시고, 신분확인상 필요하오니 주민등록증을 꼭 지참하십시오.
5. **입찰가격은 수정할 수 없으므로, 수정을 요하는 때에는 새 용지를 사용하십시오.**
6. 대리인이 입찰하는 때에는 입찰자란에 본인과 대리인의 인적사항 및 본인과의 관계 등을 모두 기재하는 외에 본인의 <u>위임장(입찰표 뒷면을 사용)</u>과 인감증명을 제출하십시오.
7. 위임장, 인감증명 및 자격증명서는 이 입찰표에 첨부하십시오.
8. 일단 제출된 입찰표는 취소, 변경이나 교환이 불가능합니다.
9. 공동으로 입찰하는 경우에는 공동입찰신고서를 입찰표와 함께 제출하되, 입찰표의 본인란에는"별첨 공동입찰자목록 기재와 같음"이라고 기재한 다음, 입찰표와 공동입찰신고서 사이에는 공동입찰자 전원이 간인 하십시오.
10.입찰자 본인 또는 대리인 누구나 보증을 반환 받을 수 있습니다.
11.보증의 제공방법(현금·자기앞수표 또는 보증서)중 하나를 선택하여 ☑표를 기재하십시오.

▌기일입찰표 및 위임장

위 임 장

대리인	성 명		직업	
	주민등록번호	-	전화번호	
	주 소			

위 사람을 대리인으로 정하고 다음 사항을 위임함.

다   음

지방법원   타경   호 부동산

경매사건에 관한 입찰행위 일체

본인 1	성 명	㉑	직 업	
	주민등록번호	-	전 화 번 호	
	주 소			
본인 2	성 명	㉑	직 업	
	주민등록번호	-	전 화 번 호	
	주 소			
본인 3	성 명	㉑	직 업	
	주민등록번호	-	전 화 번 호	
	주 소			

* 본인의 인감 증명서 첨부
* 본인이 법인인 경우에는 주민등록번호란에 사업자등록번호를 기재

지방법원 귀중

▌경매취하서

경 매 취 하 서

사건번호   타경   호
채 권 자
채 무 자
　위 사건의 채권자는 채무자로부터 채권전액을 변제(또는 합의가 되었으므로)받았으므로 별지목록기재 부동산에 대한 경매신청을 취하합니다.

첨 부 서 류

1. 취하서부본(소유자와 같은 수)   1통
1. 등록세 영수필확인서(경매기입등기말소등기용)   1통

　　　　　　　년　　　월　　　일

　　　　채권자   (인)
　　　　연락처(☎)

　　　　지방법원   귀중

　　　(최고가 매수신고인 또는 낙찰인의 동의를 표시하는 경우)
위 경매신청취하에 동의함.
　　　　　　　　년　　　월　　　일

　　　위 동의자(최고가 매수신고인 또는 낙찰인)   (인)

　　　　　연락처(☎)

☞유의사항
1) 경매신청은 경락인의 대금납부까지 취하할 수 있는 바, 경매신청취하로 압류효력은 소멸하나 매수신고 후 경매신청을 취하하려면 최고가매수신고인(차순위매수신고인 포함)의 동의가 있어야 합니다.
2) 동의를 요하는 경우에는 동의서를 작성하여 취하서에 첨부하거나 또는 취하서 말미에 동의의 뜻을 표시하고 본인이 아닌 경우에는 인감증명을 첨부하여야합니다.

▌ 경매취하동의서

경 매 취 하 동 의 서

사건번호

채 권 자

채 무 자

소 유 자

위 사건에 관하여 낙찰인은 채권자가 위 경매신청을 취하하는데 대하여
동의합니다.

첨 부 서 류

1. 낙찰인 인감증명   1부

                    년   월   일

            낙 찰 인   (인)

            연락처(☎)

        지방법원   귀중

▍공동입찰신고서 및 공동입찰자목록

[전산양식 A3364]

공 동 입 찰 신 고 서

법원 집행관 귀하

사건번호　　20　타경　　　호

물건번호

공동입찰자　별지 목록과 같음

위 사건에 관하여 공동입찰을 신고합니다.

20　　년　월　일

신청인　　　외　　인(별지목록 기재와 같음)

※1. 공동입찰을 하는 때에는 입찰표에 각자의 지분을 분명하게 표시하여야 합니다.
　2. 별지 공동입찰자 목록과 사이에 공동입찰자 전원이 간인하십시오.

용지규격 210mm×297mm(A4용지)

■ 공동입찰신고서 및 공동입찰자목록

[전산양식 A3365]

공 동 입 찰 자 목 록

번호	성 명	주 소 / 주민등록번호	전화번호	지분
	(인)			
	(인)			
	(인)			
	(인)			
	(인)			
	(인)			
	(인)			
	(인)			
	(인)			
	(인)			

용지규격 210mm×297mm(A4용지)

▌매각대금완납증명원

<h2 align="center">낙 찰 대 금 완 납 증 명 원</h2>

<table>
<tr><td>사   건</td><td>타경</td><td>호</td><td rowspan="5" style="border:1px solid black; text-align:center;">수입인지
500원</td></tr>
<tr><td>채 권 자</td><td></td><td></td></tr>
<tr><td>채 무 자</td><td></td><td></td></tr>
<tr><td>소 유 자</td><td></td><td></td></tr>
<tr><td>경 락 인</td><td></td><td></td></tr>
</table>

  위 사건의 별지목록기재 부동산을 금   원에 낙찰받
아   . . . 에 그 대금전액을 납부하였음을 증명하여 주시기 바랍니
다.

년   월   일

       낙찰인   (인)

       연락처(☎)

          지방법원   귀중

☞유의사항
1) 경락(낙찰)부동산 목록을 첨부합니다.
2) 2부를 작성합니다(원본에 500원 인지를 붙임).

▌명도확인서

명 도 확 인 서

사건번호 :

이   름 :
주   소 :

　위 사건에서 위 임차인은 임차보증금에 따른 배당금을 받기 위해 낙찰인에게 목적부동산을 명도하였음을 확인합니다.
첨부서류 : 낙찰인 명도확인용 인감증명서 1통

년　　　　월　　　　일

낙 찰 인　　　　　　　　　　(인)
　연락처(☎)

지방법원　　　　　　　귀중

☞유의사항
1) 주소는 입찰기록에 기재된 주소와 같아야 하며, 이는 주민등록상 주소이
　어야 합니다.
2) 임차인이 배당금을 찾기전에 이사를 하기 어려운 실정이므로, 낙찰인과
　임차인간에 이사날짜를 미리 정하고 이를 신뢰할 수 있다면 임차인이 이사
　하기 전에 낙찰인은 명도확인서를 해줄 수도 있습니다.

▌ 명도합의서

명 도 합 의 서

사건번호

물건지

낙찰자 [위 부동산 최고가 매수신고인 겸 소유자]

성명 :　　　　　　　(인) [연락처 :　　-　　-　　]

점유자

성명 :　　　　　　　(인) [연락처 :　　-　　-　　]

합 의 내 용

1. 임차인 (　　　)은 20　년　월　일 까지 위 부동산을 소유자에게 인도(명도)함과 동시에 퇴거를 원칙으로 하고, 20　년　월　일 상기 명도일까지 관리비 등 각종 공과금을 모두 정산한다.

2. 분양 시 기본 옵션을 그대로 유지하고(파손 시 원상복구) 인도(이사)한다.

3. 낙찰인은 임차인에게 필요한 경우 인감증명서와 명도확인서를 교부하기로 한다.

4. 상기 약정일까지 약속을 이행하지 않을 시 점유자가 민.형사상의 모든 책임을 진다.

5. 인도(이사)시에는 깨끗이 정리하고, 잔존물(쓰레기)이 없도록 한다. 명도일 이후에 남은 잔존물은 폐기 처분하여도 민.형사상 책임을 묻지 않기로 한다.

6. 기타 :

20　년　월　일

※ 명도합의서의 경우, 현장에서 필요성을 절실히 느껴 직접 만든 양식입니다. 본 내용은 변호사 검토를 거친 것으로, 양식대로 기재된다면 법적 효력이 있습니다. 필요한 분께 도움이 되길 바랍니다.

▌부동산인도명령신청서

부동산인도명령신청서

수입인지
1,000원

사건번호 : 20   타경   부동산강제(임의)경매

신 청 인 : ○ ○ ○

   (주소)

피신청인 : ○ ○ ○

   (주소)

신 청 취 지

피신청인은 신청인에게 별지 목록 기재 부동산을 인도하라는 재판을 구합니다.

신 청 이 유

위 사건에 관하여 신청인(매수인)은 20   .   .   매각대금을 낸 후 피신청인
(□채무자, □소유자, □부동산 점유자)에게 별지 기재 부동산의 인도를 청구하
였으나 피신청인이 이에 불응하고 있으므로, 민사집행법 제136조 제1항의 규정
에 따른 인도명령을 신청합니다.

20   .   .   .

신청인(매수인)   (서명 또는 날인)

(전화번호 :   )

○○지방법원 (○○지원) 귀중

※ 유의사항
1. 매수인은 매각대금을 낸 뒤 6개월 이내에 채무자·소유자 또는 부동산 점유자에 대하여
   부동산을 매수인에게 인도할 것을 법원에 신청할 수 있습니다.
2. 괄호안 네모(□)에는 피신청인이 해당하는 부분을 모두 표시(☑)하시기 바랍니다(예를 들
   어 피신청인이 채무자 겸 소유자인 경우에는 "☑채무자, ☑소유자, □부동산 점유자"로 표
   시하시기 바랍니다).
3. 당사자(신청인＋피신청인) 수×3회분의 송달료를 납부하시고, 송달료 납부서(법원제출용)를
   제출하시기 바랍니다.
별지

※ 추가로 '부동산의 표시'를 첨부합니다.

부동산의 표시

<예시>
1. 서울특별시 ○○구 ○○동 100
   대 100㎡
2. 서울특별시 ○○구 ○○동 100
   [도로명주소] 서울특별시 ○○구 ○○길 25
   위 지상
   시멘트블럭조 기와지붕 단층 주택
   50㎡. 끝.

■ 입찰(경매) 기일변경(연기) 신청서

입찰(경 매) 기일   변 경   신청서
연 기

사건번호   타경   호
채 권 자
채 무 자

위 사건에 관하여   .   .   . :   로 경매기일이 지정되었음을
통지받았는바   사정으로 그 변경(연
기)을 요청하오니 조치하여 주시기 바랍니다.

년   월   일

채 권 자   (인)

연락처(☎)

지방법원   귀중

▌집행관 송달신청서

집 행 관 송 달 신 청 서

사 건 번 호

채 권 자

채 무 자

소 유 자

  위 사건에 관하여 소유자는 경매신청서에 기재된 주소지에 거주하고 있으면서 고의로 송달을 불능시키고 있으니 귀원 집행관으로 하여금 송달토록 하여 주시기 바랍니다.

첨　부　서　류

1. 주민등록등본　　　　　　　　　　　　　　　　1통

년　　　　월　　　　일

채　권　자　　　　　　　　　　(인)

연락처(☎)

지방법원　　　　　　귀중

항 고 장

사 건   타경(타채, 타기)

항 고 인

주 소

위 사건에 관하여 귀 법원에서 20 . . .에 한 결정에 대하여 불복하므로 항고를 제기합니다.

원 결 정 의 표 시

항 고 취 지

(예시) 원결정을 취소하고 다시 상당한 재판을 구합니다.

항 고 이 유

첨부서류 1.
        2.

20 . . .

위 항고인   (날인 또는 서명)

연락처(   )

지방법원   귀중

※ 주의

1. 집행절차에 관한 집행법원의 재판에 대하여 즉시항고를 제기하는 경우에는 항고장에 항고이유를 적지 아니한 때에는 항고인은 항고장을 제출한 날부터 10 일 이내에 항고이유서를 제출하여야 합니다(민사집행법 제 15 조 제 3 항).
2. 매각허가결정에 대한 항고를 하는 경우에는 민사집행법 제 130 조 제 3 항의 보증을 제공하였음을 증명하는 서류를 제출하여야 합니다.
3. 위 1 항의 항고이유서 또는 2 항의 보증을 제공하였음을 증명하는 서류를 제출하지 아니한 경우에는 즉시항고가 각하될 수 있습니다(민사집행법 제 15 조 제 5 항, 제 130 조 제 4 항).

주택임대차보호법 알아보기

연습문제 1.
다음의 경우에는 주택임대차보호법에 의해 보호를 받을 수 있다.

① 동거가족만 전입신고 했거나, 점유보조자가 점유한 경우
    ➡ 보호 받는다!

② 상가나 공장의 내부구조를 변경하여 주거로 사용한 경우
    ➡ 보호 받는다!

③ 미등기 건물이나 주택 일부의 점포로 개조한 경우
    ➡ 보호 받는다!

④ 두 필지 다가구 중 하나의 지번에만 신고한 경우
    ➡ 보호 받는다!

⑤ 다가구주택에 층 · 호수를 기재하지 않고 신고한 경우
    ➡ 보호 받는다!

⑥ 임대인의 동의를 얻고 임차권을 양도받은 경우
    ➡ 보호 받는다!

⑦ 주택임차인이 외국인인 경우 ➡ 보호 받는다!

⑧ 공무원이 실수한 경우 ➡ 보호 받는다!

연습문제 2.

다음의 경우에는 주택임대차보호법에 보호를 받을 수 없다.

① 전입 전 근저당권이나 가압류 등기된 경우

　　➜ 보호 받을 수 없다!

② 비주거용 일부에 주거한 경우 ➜ 보호 받을 수 없다!

③ 전입신고를 잘못했거나, 동이나 호수 표시가 다른 경우

　　➜ 보호 받을 수 없다!

④ 동이나 호수 표시를 미기재한 경우 ➜ 보호 받을 수 없다!

⑤ 일시적으로 주민등록 이전한 경우 ➜ 보호 받을 수 없다!

⑥ 주택임차인이 법인인 경우 ➜ 보호 받을 수 없다!

소액임차인의 보증금과 최우선변제금액

담보물권 설정일	지역	소액보증금	최우선변제금
2008. 8. 21.~2010. 7. 25.	수도권 과밀억제권역	6,000 만원	2,000 만원
	광역시(군 제외)	5,000 만원	1,700 만원
	그 밖의 지역	4,000 만원	1,400 만원
2010. 7. 26.~2013. 12. 31.	서울특별시	7,500 만원	2,500 만원
	수도권 과밀억제권역	6,500 만원	2,200 만원
	광역시(군 제외), 안산, 용인, 김포, 광주	5,500 만원	1,900 만원
	그 밖의 지역	4,000 만원	1,400 만원
2014. 1. 1.~2016. 3. 30.	서울특별시	9,500 만원	3,200 만원
	수도권 과밀억제권역	8,000 만원	2,700 만원
	광역시(군 제외), 안산, 용인, 김포, 광주	6,000 만원	2,000 만원
	그 밖의 지역	4,500 만원	1,500 만원

2016. 3. 31.~ 2018.9.17	서울특별시	10,000 만원	3,400 만원
	수도권 과밀억제권역	8,000 만원	2,700 만원
	광역시(군 제외), 안산, 용인, 김포, 광주, 세종	6,000 만원	2,000 만원
	그 밖의 지역	5,000 만원	1,700 만원
2018.9.18~ 2021.5.10	서울특별시	11,000 만원	3,700 만원
	수도권 과밀억제권역	10,000 만원	3,400 만원
	광역시(군 제외), 안산, 용인, 김포, 광주, 세종	6,000 만원	2,000 만원
	그 밖의 지역	5,000 만원	1,700 만원
2021.5.11~	서울특별시	15,000 만원	5,000 만원
	과밀억제권역 용인 화성 세종 김포	13,000 만원	4,300 만원
	광역시(군 제외), 안산, 광주, 파주, 이천, 평택	7,000 만원	2,300 만원
	그 밖의 지역	6,000 만원	2,000 만원
개정	서울특별시	16,500 만원	5,500 만원
	과밀억제권역 용인 화성 세종 김포	14,500 만원	4,800 만원
	광역시(군 제외), 안산, 광주, 파주, 이천, 평택	8,500 만원	2,800 만원
	그 밖의 지역	7,500 만원	2,500 만원

※ 자료 : 주택임대차보호법시행령 제 10 조(보증금 중 일정액의 범위 등)와 제 11 조(우선변제를 받을 임차인)의범 위와 관련하여 담보물권 설정일을 기준으로 연도별로 작성하였음.

소액으로 경매투자에 나서기 좋은 곳을 발품임장 코스로 정했습니다. 바로 서울의 두 번째 경전철인 신림선입니다. 9호선 샛강역에서 시작하여 관악산(서울대)역까지 이어집니다. 특히, '서울대벤처타운역'은 신림뉴타운과 신림동 고시촌이 있어서 서울대 학생, 1인 가구, 자취생들이 밀집해 있습니다.

이곳은 원래 2호선 신림역과 서울대입구역 사이에 있던 신림 고시촌입니다. 서울대벤처타운역이 생기면서 고시촌 입구 및 번화가의 접근성이 좋아졌고, 서울에서 집값, 방값이 저렴한 곳이기 때문에 청년층의 비율이 점점 높아지는 추세입니다.

서울대벤처타운역 인근 경매물건이 있는지 검색을 해봤습니다. 마침 인근에 초보가 보기에 적당한 금액의 쓰리룸 빌라와 반지하 물건이 검색되었습니다. 발품임장을 하기 전에 현장에서 체크해야 하는 것은 손품 과정에서 이미 다 체크했다는 가정하에 집을 나섭니다.

물건의 상황을 머릿속으로 모두 확인하고 나가도 현장에선 하얀 백지 상태가 됩니다. 저 역시 처음엔 그랬으니 너무 마음의 상처를 안 받으셔도 됩니다. 매일 조금씩 발전할 겁니다.

■ 신림선 노선도

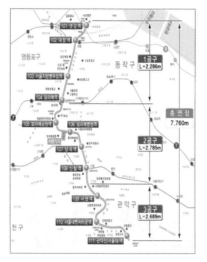

출처 : 서울시

■ 신림동 임장 코스

출처 : 네이버 부동산

첫 번째 물건 : 쓰리룸 다세대 빌라

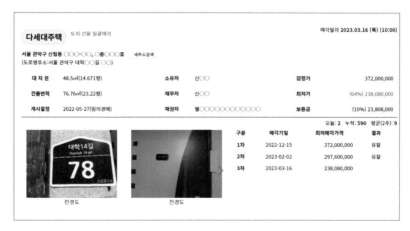

출처 : 탱크옥션

부동산 위치	서울대벤처타운역에서 970m (도보 20분 소요)		
건물용도	다세대주택	건물면적	76.76㎡ (23.22평)
대지권	48.5㎡ (14.671평)	구조	방3, 화장실2
현장임장 때 주의사항	낙찰을 받게 되면 어떤 고객을 입주시킬지, 이주 수요를 받을 수 있는지, 고시 원룸촌에서 쓰리룸의 수요는 어느 정도일지 생각하며 임장합니다.		

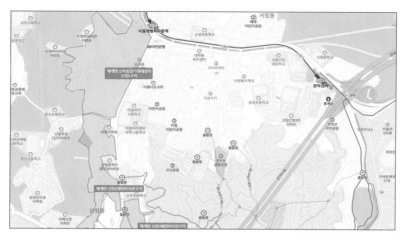

출처 : 아실

　신림 1구역은 초역세권과 3개의 개발구역 중 가장 많은 세대수를 보유하고 있습니다. 하지만 무허가 건축물 등 여러 갈등으로 인해 13년 동안 정체되었다가 2020년 11월 21일 조합설립인가를 받았습니다. 그 후 조합설립 2년 만에 건축 심의를 통과했고, 2022년에 신속통합기획대상지로 선정되어 2023년 말 이주 예정입니다. 신속통합기획대상지로 선정되기 전에는 3,961가구 아파트를 건설할 예정이었지만, 대상지로 선정되면서 용적률 상향 혜택을 받아 282가구를 더 늘릴 수 있게 되었습니다.

해당 물건은 낙찰받은 후 HUG전세안심대출보다 낮은 가격인 2.5억 원에 전세 세팅을 한다면, 무피 투자가 가능한 물건입니다. 보통 전세안심대출 가격보다 낮은 가격에 전세 매물을 등록하면 임대 완료까지 속도가 빨라집니다.

전세안심대출 가격 = 197,000,000원 (물건의 공시가격) × 140%
***퍼센트는 변경될 수 있음. 확인 필요.**

■ 가파른 경사를 올라오는 노인들

발품임장을 가 보니 지도에 표시된 경사도보다 체감상 훨씬 더 경사가 급했습니다. 손품 단계에서 경사도가 단순한 오르막길이라 표현되어 있었지만, 실제로 경사도는 보통의 오르막길보다 더 힘든 수준이었습니다. 동네에서 쉽게 갈 수 있는 뒷동산처럼 등산하는 느낌으로 해당 물건을 향해 걸어갔습니다.

또한, 방문한 지역은 고시촌, 원룸촌으로 유명한 지역이어서 '젊은 대학생, 청년층이 다른 연령층에 비해 많이 보일 것이다'라고 생각했습니다. 하지만 생각과 다르게 현장에는 시간대에 상관없이 다양한 연령층으로 많은 유동인구가 있었으며, 노인 분들의 비율도 높았습니다. 젊은이들도 올라가기 힘든 언덕을 노인 분들은 지팡이와 보행기를 사용해 다녔습니다. 역시 뇌피셜로 추측할 수 없는 것을 보는 것이 발품임장입니다.

▌**실제 경매물건의 모습**

　오후 4시 20분, 뒤쪽 베란다로 해가 지고 있습니다(북서향). 그렇다면 도면상 보았던 남동향 집이 맞았습니다. 옆집에 'SOS 안심지킴이집' 슈퍼마켓이 있는 것도 여성과 어린이에게 장점입니다.

　결론은, 전반적으로 관리 상태가 좋은 넓은 평형의 쓰리룸 빌라였습니다. 재개발이 된다면 대지 14.6평과 2종일반주거지역으로 좋은 감정평가를 받을 수 있는 우량 물건이었습니다. 입찰가만 잘 정하면 경매 초보도 입찰 가능한 물건입니다. 도장 꽝!

두 번째 물건 : 반지하 원룸

다세대주택	토지·건물 일괄매각 임차권등기		매각일자 2023.03.08 (수) (10:00)

서울 관악구 신림동 ○○○-○○, 지하층비○○호 (신림동,고원빌라트)　　새주소검색
(도로명주소:서울 관악구 신림로○○길 ○○-○○)

대지권	18.72㎡(5.663평)	소유자	김○○○○	감정가	84,200,000
건물면적	27.45㎡(8.304평)	채무자	김○○○○	최저가	(80%) 67,360,000
개시결정	2022-08-04(강제경매)	채권자	서○○○○○○○	보증금	(10%) 6,736,000

오늘: 3 누적: 382 평균(2주): 8

구분	매각기일	최저매각가격	결과
1차	2023-02-01	84,200,000	유찰
2차	2023-03-08	67,360,000	

전경도　　　전경도

출처 : 탱크옥션

부동산 위치	서울대벤처타운역에서 403m (도보 5분 소요)		
건물용도	다세대주택	건물면적	27.45㎡ (8.3평)
대지권	18.72㎡ (5.66평)	구조	방1, 화장실1
현장임장 때 주의사항	주변 원룸의 공실 여부, 지면에서 얼마나 내려간 반지하 집인지 확인해야 합니다.		

　자취생들이 몰려 있는 지역에 나온 원룸 물건입니다. 서울대벤처타운역에서 500미터 거리 안에 들어와 있습니다. 실제로 역에서부터 해당 물건까지 걸린 시간은 평지로 걸어서 5분이며, 이 정도는 역세권입니다. 지상층이면 좋았겠지만 해당 물건은 반지층이었으며, 땅은 5.6평을 갖고 있었습니다.

　한 번 유찰되어 6,736만원부터 입찰이 가능했습니다. 감정평가 단계에서 책정된 감정가에서 건물의 가격이 제외된 금액이 1회 유찰가격과 동일합니다. 적은 투자금으로 시작할 수 있고, 낙찰가와 비슷한 전세가가 조성되어 있는 지역이라면 무피투자가 가능한 물건입니다. 서울 신림동의 땅을 5.6평 가져간다고 생각하면 됩니다.

임차인 현황을 확인해 보면 소액임차인 임차권등기로 되어 있어 권리분석은 쉬운 편입니다.

임차인이 한국토지주택공사(LH)로 보증금 5,000만 원입니다. 이 집은 LH전세임대였을 가능성이 높습니다. LH전세임대는 주로 대학생, 청년층이 이용합니다. LH전세임대는 임대인 입장에서 귀찮고, 금액과 LH에서 원하는 조건에 맞춰 허가가능한 집이 많이 없습니다.

해당 물건은 LH가 들어와 있는 걸 보았을 때 임대 허가가 가능한 집이라는 걸 알 수 있습니다. 그렇다면 낙찰받을 경우 LH전세임대로 전세 세팅을 해도 됩니다.

▌ 감정가 확인

토지/건물 현황   감정원 : 한강 / 가격시점 : 2022-08-12 / 보존등기일 : 0000-00-00

구분(목록)	면적	감정가	비고
토지(1)	대지권 357㎡(107.993평) 중 18.72㎡(5.663평)	67,360,000원	

구분(목록)	현황/구조	면적	감정가	비고
건물(1)	3층 중 지하층 다세대주택	27.45㎡ (8.304평)	16,840,000원	▶사용승인일:1995-11-08

출처 : 탱크옥션

반지하는 건물의 가격보다 땅의 가치를 파악하는 게 중요합니다. 반지하라고 무조건 기피할 필요는 없으며, 반지하의 매력을 가진 남다른 가치가 있을 경우 입찰에 들어갑니다. 발품임장을 갔을 때 반지하라면 몇 개의 계단을 내려가는지(대략 6개 계단보다는 적은 걸 추천),

땅(지면)과 창문이 얼마나 붙어 있는지, 창문 주변에 하수구 맨홀과 같은 역류 가능성 위험도 체크합니다.

■ 실제 경매물건의 모습

실제로 가서 보니, 계단이 6개 커트라인 안으로 들어왔습니다. 그보다 더 내려가면 지대가 높은 곳이거나 집이 지하 수준으로 내려가서 일조권에 치명적이죠.

유료 경매사이트에 올라와 있는 사진에서 확인하지 못한 것을 현장에서 확인해야 합니다. 반지하도 상황별로 많이 다른데요. 높이, 계단 수에 따라 1층 같은 곳도 있고, 영화 〈기생충〉에 나온 것처럼 변기가 방보다 높은 곳도 있습니다. 경매물건은 창문이 땅과 붙어 있는 반지하였습니다.

등기상 반지하로 되어 있지만 1층과 비슷한 위치에 있다면 가장 좋은 반지하입니다. 하지만 해당 물건은 6개의 계단을 내려가고, 땅과 너무 붙어 있는 반지하입니다. 땅과 붙어 있을 경우 장마철에 물이 넘칠 수 있습니다.

반지하 특성상 집을 보수하고 유지하는 일이 지상층에 있는 집보다 더 힘들긴 합니다. 단차가 낮다 보니 수도가 막히거나 역류하는 일이 많고, 곰팡이, 습기 문제도 있습니다. 그래서 반지하를 낙찰받을 때 최대한 지상층과 비슷하며 문제가 덜 생길 수 있는 집을 낙찰받습니다.

창은 큰 편이었고, 빌라와 빌라 사이가 넓어 가려지는 채광은 아니었지만, 창문 앞이 주차장과 큰 도로여서 창문의 역할이 어렵다는 생각이 듭니다.

반지하가 첫 번째 물건처럼 언덕에 있었다면 언덕이 단점이 아닌 장점으로 바뀝니다. 침수 문제가 줄어들기 때문입니다. 하지만 평지에 있고 창문은 땅과 붙어 빗물받이도 없다면 곰팡이 등 하자가 생길 가능성이 커집니다.

저렴한 가격으로 많은 자취생들을 유입시켰지만 신림동도 점점 임대 가격이 상승하는 추세입니다. 해당 물건 주변의 원룸 전세가격을 조사해 보니 지상층은 1억 이상, 반지하는 1억 아래로 형성되어 있었습니다.

반지하로 나온 물건도 현장 임장을 통해 다른 시각으로 본다면 좋은 투자물건이 될 수 있습니다. 반지하의 가장 큰 장점은 적은 돈으로 투자가 가능하다는 점입니다. 반지하의 좋은 점을 아는 투자자는 많지 않기 때문에 지상층 빌라, 아파트에 비해 경쟁률도 낮습니다. 저도 성수동의 반지하를 투자해 높은 수익률과 땅을 얻었습니다. 반지하의 단점은 수리를 통해 충분히 개선할 수 있습니다.

결론은, 6개 계단의 반지하로 최악의 조건을 피했으며, 대지권도 확보되는 물건이었습니다. 주변 시세에 비해 저렴하게 낙찰받아서 임대한다면 수익을 내기 좋은 물건입니다.

이 외에도 소액 투자가 가능한 많은 사례들이 있습니다. 지면이 부족해 다 담지 못하는 것이 안타깝습니다. 앞으로 어떤 물건을 낙찰받아서, 어떤 수익을 만들어 낼지는 여러분이 얼마나 진심인지에 따라 달라질 것입니다.

꼭 현장에 돈이 있다는 진리를 기억하고, 발품임장 중에 길에서 만나길 바라겠습니다.

경매 초보가 꼭 알아야 할 질문 TOP 88

1판 1쇄 발행 2023년 3월 29일
1판 2쇄 발행 2023년 5월 15일

지은이 투자N
발행인 김태웅
편집주간 박지호 **기획편집** 이미순, 유효주
디자인 섬세한 곰
마케팅 총괄 나재승 **마케팅** 서재욱, 오승수
온라인 마케팅 김철영, 김도연
인터넷 관리 김상규
제작 현대순
총무 윤선미, 안서현, 지이슬 **관리** 김훈희, 이국희, 김승훈, 최국호

발행처 ㈜동양북스
등록 제2014-000055호
주소 서울시 마포구 동교로22길 14(04030)
구입 문의 (02)337-1737 **팩스** (02)334-6624
내용 문의 (02)337-1763 **이메일** dymg98@naver.com

ISBN 979-11-5768-864-7 03320